KB027138

사회복지조사론 2판

| 박옥희 저 |

학지사

머리말

오늘날 21세기 정보화 시대를 맞이하여 각종 여론조사 등 수많은 사회조사가 행해지고 있다. 사회조사방법은 사회복지학을 비롯하여 사회학, 경제학, 정치학 등 사회과학을 공부하는 학생들이 반드시 알아 두어야 할 지식이다. 사회복지를 공부하는 학생들에게 '사회복지조사론' 과목은 사회복지사 자격증을 취득하기 위한 필수과목 중 하나로서, 사회조사방법에 관한 지식은 사회복지사들에게 그만큼 꼭 필요한 것이라고 할 수 있다.

사회복지관에서는 지역주민들을 대상으로 욕구조사를 실시하고, 클라이언트를 대상으로 각종 조사를 수행한다. 그러므로 사회복지사는 사회조사와 관련된 기본지식과 기술을 습득할 필요가 있다.

이 책은 저자가 몸담고 있는 학교에서 수년간 '사회복지조사론' 과목을 가르치면서 정리한 내용을 토대로 집필한 것이다. 사회복지조사 분야에서는 양적 조사가 대부분을 차지하고 있으나, 이 책에서는 이에 대한 대안 혹은 보완으로서 중요한 의미가 있는 질적 조사에 대한 내용도 포함하였다.

이 책은 모두 8개 장으로 구성되어 있다.

제1장 '과학과 사회과학의 특성'에서는 과학의 정의와 목적, 특성, 사회과학과 자연과학의 차이, 양적 방법론과 질적 방법론의 특성에 대해 설명하고 있다.

제2장 '조사연구의 과정'에서는 조사연구의 정의와 목적, 사회조사의 역사, 조사연구의 과정 그리고 이론과 조사연구의 관계에 대해 설명하고 있다.

제3장 '측정과 척도'에서는 측정의 정의와 기능, 측정오류, 신뢰도와 타당도, 척도의 정의와 기능 및 척도의 기본유형과 종류 및 사례에 대해 소개하고 있다.

제4장 '자료수집방법'에서는 질문지법을 비롯하여 면접법, 관찰법, 실험법, 문서연구법, 온라인조사법(전자조사법)의 여섯 가지 대표적인 자료수집방법에 대해 소개하고 있다.

제5장 '표본조사'에서는 표본조사의 정의와 특성, 주요 개념, 표본추출방법의 종류, 표본크기에 대해 설명하고 있다.

제6장 '질적 조사연구'에서는 질적 조사연구의 정의와 특성, 과정 그리고 사례연구, 전기연구, 현상학적 연구, 근거이론 연구, 문화기술지의 질적 조사연구의 다섯 가지 대표적인 종류에 대해 소개하고 있다.

제7장 '단일사례설계'에서는 단일사례설계의 정의와 특성, 주요 개념, 과정, 측정방법, 유형에 대해 설명하고 있다.

제8장 '욕구조사'에서는 욕구의 정의와 유형, 욕구조사의 의의와 필요성 및 내용, 욕구조사 시 자료수집방법에 대해 설명하고 있다.

이 책을 집필하면서 학생들이 이해하기 쉬운 책을 만들려고 노력하였으나, 난해한 부분이 있다면 이는 전적으로 저자의 부족함 탓이다. 모쪼록 사회복지조사방법을 배우는 학생들에게 도움이 되기를 바라며, 이 책이 나오기까지 수고해 주신 학지사 관계자 여러분과 나의 가족에게 고마운 마음을 전한다.

저자 박옥희

차례

제8장 욕구조사 235

제1장

과학과 사회과학의 특성

제1절 과학의 정의와 목적

인간이 지식을 습득하는 방법에는 과거로부터 사실이라고 믿어 온 것을 지식으로 받아들이는 인습에 의한 방법, 특정 분야의 권위자나 성경과 같이 확고한 신념에 기반한 권위에 의한 방법, 직관에 의한 방법 등이 있다. 과학은 인간이 지식을 습득하는 이러한 여러 가지 방법 중 하나로, 인간은 과학과 더불어 여러 가지 다른 방법을 통하여 지식을 습득하고 세계를 이해하며 살아간다. 이 중에서도 과학적 방법은 오늘날 세상을 이해하고 설명하는 가장 주된 방법이라고 할 수 있다.

사회현상을 연구함에 있어 과거에는 철학이 모든 문제를 제기하고 또한 제기된 문제를 모두 해결할 수 있다고 여겼으나 19세기 이후 과학이 발달하면서 철학이 모든 문제를 해결할 수 있는 학문이 아님을 알게 되었다.

과학(science)이라는 용어는 어떤 사물을 '안다'라는 라틴어에서 유래된 것으로서 어떤 대상을 체계적으로 연구하는 지적 활동 또는 그 성과물을 의미한다. 과학은 현상 속에서 보편적 진리나 법칙을 찾기 위하여 논리적이고 체계적인 방법을 사용하여 지식을 탐구하는 방법이자 그 결과물로서의 지식체계다. 과학은 현상에 대한 체계적인 설명을 추구하는 지적 활동이며 모든 현상은 과학의 대상이 될 수 있다.

과학은 우리가 살고 있는 세계를 이해하고 설명하고자 하는 데서부터 시작한다. 과학적 활동은 탐구의 대상이 되는 사물이나 현상에 대한 기술과 그 안에 내재된 규칙성의 발견, 그리고 이론과 법칙의 정립 등으로 이루어진다. 과학자들은 세상에 나타나는 현상이나 사건들을 관찰하여 기술하려고 하며, 산만하고 단편적인 일상의 경험 속에서 어떤 일정한 규칙성과 질서를 발견하려고 한다. 그리고 더 나아가 이러한 규칙성에 근거하여 이론이나 법칙을 구성하고자 한다.

과학의 목적은 변수들 간의 관계를 구체화해서 현상을 설명하는 이론을 제시하는 것이다. 과학은 현상이 어떤 상태로 존재하며 왜 존재하는지에 대한 체계적인 지식을 제공한다. 과학은 자연현상이나 사회현상 속에 존재하는 규칙성을 발견하여 이를 토대로 이론과 법칙을 개발하고, 이러한 이론과 법칙에 의거하여 현상을 예측한다.

제2절 과학의 특성

과학은 다음과 같은 특성을 가진다.

(1) 과학은 논리적이다. 과학은 인습이나 전통, 직관 등에 근거한 것이 아니고 인간의 논리적 사고에 기초한 논리적이고 합리적인 활동이다.
(2) 과학은 결정론적이다. 즉, 어떤 현상도 아무런 이유 없이 자연적으로 발생하는 것이 아니라 특정한 원인이 있어서 발생하는 것이라고 본다. 그리고 이러한 원인은 논리적으로 이해되고 확인할 수 있어야 한다. 그러나 과학에서의 결정론은 확률적, 개연적인 결정론으로서 어떤 현상의 원인을 100% 확실하게 단정하기는 어렵다.
(3) 과학은 객관적 성격을 갖는다. 과학적 사실은 누구에게나 동일하게 인식될 때 객관성을 지니며 과학적 사실로서 성립된다.
(4) 과학은 경험적으로 검증 가능한 것이다. 과학적 지식은 경험적 자료에 기반하여 검증된 것이어야 한다. 과학자는 경험적 자료에 기반하여 어떤 사실을 검증함으로써 그 사실의 타당성을 확인한다.
(5) 과학은 일반화를 목표로 한다. 즉, 일회적인 개별 현상을 설명하기보다는 보편적이고 일반적인 현상에 대한 이해와 설명을 추구한다.
(6) 과학은 간결성을 지닌다. 과학에서 말하는 간결성의 원리란 어떤 현상

을 설명할 때 될 수 있는 한 최소한의 요인으로 설명하려고 한다는 뜻이다.

(7) 과학은 특정적이다. 이것은 과학적 설명이 적용되는 대상과 범위가 제한되어 있다는 뜻이다.

(8) 과학은 수정 가능하다. 과학에서 추구하는 것은 영구불변의 절대진리가 아니며 과학적 이론은 수정 가능하고 상대적인 것이다. 과학적 이론은 계속해서 다른 것으로 대체된다.

(9) 과학은 재생가능성을 지닌다. 즉, 일정한 절차와 방법에 따라 연구를 반복하면 동일한 결과가 발생한다.

과학과 일상적 판단 간의 차이는 과학적 방법이 갖는 높은 수준의 형식성(formality), 엄밀성(rigorousness), 검증가능성(verifiability), 보편타당성(general validity)에 있다고 할 수 있다. 과학과 상식은 현상을 경험적으로 관찰하여 논리적으로 설명하고자 하는 점에서 유사하며 과학적 지식은 상식을 바탕으로 하여 형성된다. 그러나 과학은 상식보다 더욱 체계화된 지식의 묶음이다. 과학과 상식은 모두 개념 간의 관계를 언급하지만 상식은 과학처럼 체계적인 명제나 이론화를 시도하는 것이 아니라는 점에서 과학과 다르다. 또 과학은 상식적으로는 받아들여지지 않는, 겉으로는 무관한 듯한 명제들 간의 관계를 체계화하려 하지 않는 상식과 달리, 이를 실증적으로 규명하려 한다는 점에서 상식과 다르다.

제3절 사회과학과 자연과학의 차이

과학은 크게 자연과학(natural science)과 사회과학(social science)으로 나눌 수 있다. 사회과학은 인간의 행위와 인간 간의 상호작용 결과로 발생한 사회현상을 연구대상으로 하여 이를 분석하고 일반법칙을 찾아내려는 지적 활동이고, 자연과학은 자연현상과 물리적 세계를 탐구하는 지적 활동이다.

사회과학은 중세 봉건사회가 붕괴되고 근대 시민사회가 탄생하면서 새로운 시민사회의 합리성을 설명하려는 요구로부터 탄생되었다. 즉, 사회과학은 근대 시민사회의 탄생과 자본주의 사회의 성립과 더불어 시작되었으며, 새로운 사회질서를 합리적, 과학적으로 설명하려는 데서 비롯되었다. 사회과학은 17~18세기에 영국에서는 정치학을 선두로, 18~19세기에 프랑스에서는 사회학을 선두로 하여 발달하였다.

사회과학과 자연과학은 몇 가지 기본적인 측면에서 차이가 있다. 우선 연구대상 면에서 차이가 있는데, 사회과학의 연구대상은 인간행위와 이것으로 이루어진 사회현상인 반면, 자연과학의 연구대상은 자연현상이다. 인간행위와 사회현상은 자연현상과는 다른 특성을 지닌다. 인간은 자유의지를 가진 존재이므로 인간의 행위와 이것으로 이루어진 사회현상은 매우 가변적이고 다양하고 특수하여 일반화하기가 용이하지 않다. 인간의 행위에는 동기, 의도, 감정 등이 수반되므로 이해하기가 복잡하고 예측하기가 어렵고 주관적이다. 이러한 인간행위로 이루어진 사회현상 역시 복합적이고 끊임없이 변화하므로 탐구하기가 어렵다. 과학이 현상에서 규칙성을 발견하여 이론을 도출하는 활동이라고 할 때 인간행위와 사회현상에도 규칙성이 있긴 하지만 이는 인간의 의도에 따라 언제든지 변화할 수 있으며 예외가 많아 과학이 추구하는 목적을 성취함에 있어 어려움으로 작용한다.

사회현상은 자연현상과 달리 어떤 관점(perspective)에서 보는지에 따라서 동일한 현상이라도 다르게 보인다. 즉, "세상은 있는 대로 보는 것이 아니라 보는 대로 있다." 따라서 사회과학에서는 무엇을 볼 것인가 이전에 어떤 관점에서 어떻게 볼 것인가가 중요하다. [그림 1-1]은 보는 관점에 따라서 오리로도 보일 수 있고 토끼로도 보일 수 있다.

사회과학에서는 인간행위의 본질을 파악할 수 있는 실험과 같은 방법이 완전하지 못하다. 특히 인간은 자신이 실험대상이 되고 있다는 것을 인지하

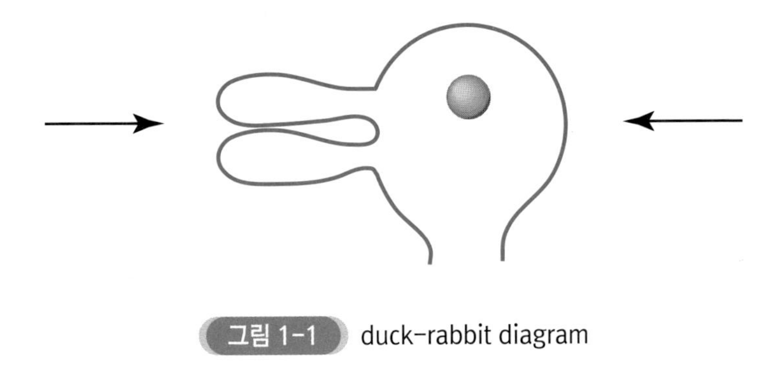

그림 1-1 duck-rabbit diagram

게 되면 평소와는 다른 행동을 보일 수 있기 때문에 자연과학과 같이 엄밀한 통제에 의한 연구가 어렵다.

또한 사회과학은 인간을 대상으로 하는 것이므로 이를 과학적으로 분석하는 데 어려움이 있다. 연구대상이 인간이기 때문에 연구과정에서 인간을 목적으로만 사용해야지 수단으로 사용해서는 안 되며, 이를 소홀히 할 경우 윤리적, 도덕적 문제가 발생할 수 있다. 또한 연구의 내용이 인간에게 해를 주는 것이어서도 안 된다. 연구대상인 인간에게 신체적, 정신적, 물질적 피해를 주는 연구는 피해야 하며, 연구대상자에게 연구의 목적을 알리고 승낙을 얻어서 연구하는 것을 원칙으로 한다.

사회과학과 자연과학은 가치와의 관계에서도 차이가 있다. 자연과학에서의 가치전제가 단순하고 자명한 것이라면 사회과학에서의 가치판단은 복잡하고 불가분한 것이다. 사회과학에서는 모든 연구가 연구자의 개인적 관심에서부터 출발하고 연구자가 갖고 있는 관심과 가치가 연구과정에 개입되며 연구결과의 해석에도 연구자의 가치판단이 개입된다. 한편, 자연과학에서도 가치판단은 불가피하며 자연과학이라고 해서 완전히 가치중립적인 것은 아니다. 가치판단이 반드시 과학적 연구에 해로운 것은 아니며 과학에도 가치가 개입될 수 있다는 사실을 인식하는 것이 필요하다.

과학적 연구과정에 있어 가치는 우선 연구문제를 선정하는 데 개입된다. 그리고 선정된 문제를 해결하기 위하여 수집한 자료에 담긴 내용들 간의 관계를 형성하는 명제나 이론의 전개와 개념화과정에 가치가 개입된다. 또한 연구자 자신의 개인적 가치관과 연구자가 준거로 삼고 있는 학문 분야의 지배적인 가치가 작용하게 된다. 이렇듯 가치는 연구자가 주관을 가진 인간인 이상 연구과정에 불가피하게 개입되는데, 중요한 것은 연구자 자신이 어떠한 가치를 갖고서 연구에 임하고 있는지를 명확히 인식하고, 가치의 개입으로 인하여 연구결과가 왜곡되지 않도록 유의해야 한다는 점이다. 이렇듯 과학적 연구에서 가치개입을 부정적으로만 볼 필요는 없으며, 특히 사회과학적 연구는 인간주의(humanism)에 기초한 것이어야 하므로 완전히 몰가치적인 태도가 오히려 부정적일 수 있다.

사회과학의 이러한 특성으로 인하여 사회과학이 자연과학과 같이 과학으로 정립될 수 있는 것인지, 사회과학에 자연과학적 접근방법을 적용하는 것이 적합한 것인지 등의 문제에 대하여 과학자들 간에 많은 논쟁이 제기되어 왔다.

〈표 1-1〉 사회과학과 자연과학의 비교

사회과학	자연과학
연구대상: 인간행위와 사회현상	연구대상: 자연현상
독창적(지식의 축적이 누적적이지 않음)	누적적인 지식 축적
연구자가 연구대상인 사회의 일부	연구대상이 연구자 외부에 존재
연구자의 가치관, 개인적 특성에 영향 받음	연구자의 개인적 특성에 영향 받지 않음
명확한 결론이 어려움 (하나의 정답이 존재하지 않음)	명확한 결론이 가능 (하나의 정답이 존재)
기존 이론과 단절되지 않은 새로운 이론 탄생	기존 이론과 다른 새로운 이론이 빈번히 탄생
예측력이 낮음	예측력이 높음
가치개입적	가치중립적
실증적 방법+반실증적 방법 사용	실증적 방법 사용
제한적, 확률적 법칙 존재	보편적, 결정론적 법칙 존재
사회문화적 특성에 영향 받음	사회문화적 특성에 영향 받지 않음
종류: 정치학, 경제학, 사회학, 사회복지학 등	종류: 물리학, 화학, 생물학, 천문학 등

사회과학자들은 과학의 본질이 그것이 다루는 대상에 있는 것이 아니라 다루는 방법에 있기 때문에 사회과학도 과학으로 정립될 수 있다고 본다. 즉, 사회과학도 연구대상을 관찰, 측정하여 규칙성을 발견하고 이론과 법칙을 수립하고자 하는 점에서는 자연과학과 다를 바 없는 과학이라는 것이다.

사회과학은 의지가 담긴 인간의 행위를 다루므로 그 안에서 어떤 규칙성을 찾는다는 것은 자연과학에서 규칙성을 찾아내는 것보다 훨씬 더 어려운 일이다. 그러나 인간의 행위는 무작위로 아무런 질서 없이 이루어지는 것이 아니라 사회적 규범과 관습에 따라 이루어지므로 어떤 유형을 보이게 되며, 따라서 이러한 인간행위로 구성되는 사회현상에서도 자연현상에서 볼 수 있는 것과 같은 엄격한 규칙성은 아닐지라도 어느 정도의 규칙성을 발견할 수 있고 이에 따라 사회과학이 성립될 수 있는 것이다. 만일 인간의 행위가 완전히 무규칙하다면 이에 관한 과학은 성립될 수가 없다. 인간행위의 규칙성에 근거하여 사회과학에서도 과학이 목표로 하는 일반화가 가능하게 되고 이론의 정립도 가능하게 되는 것이다.

제4절 양적 방법론과 질적 방법론

근대과학의 역사는 14~16세기의 르네상스와 인문주의 시기를 지나 17~18세기의 합리주의, 19세기의 실증주의를 거치면서 발전하였다. 16~17세기에 활동하였던 갈릴레이는 근대과학의 기초를 다졌고, 17~18세기에 활동하였던 뉴턴은 수학적 정확성과 논리적 엄격성을 강조하면서 과학철학에 영향을 주었다. 19세기에 이르러 형이상학적이고 사변적인 철학에 기초한 주관적 사고에 의한 연구가 주를 이루던 것에서부터 사실을 경험적으로 관찰하여 검증하는 실증주의(positivism)가 출현함으로써 연구방법에 큰 변화가 초래되었다. 그 당시 자연과학적 연구의 토대가 되었던 실증주의는 자연과학뿐 아니라 사회과학에도 영향을 미쳐서 사회과학에도 자연과학적 연구방법을 적용해야 한다고 주장하였다.

사회현상을 다루는 학문이 철학으로부터 독립하여 과학이라는 명칭을 부여받은 것도 19세기에 이르러서다. 이처럼 사회과학은 성립 당시부터 자연주의의 수용을 조건으로 과학의 정통성을 인정받았다. 자연주의란 물리학의 방법을 의미하며, 객관적으로 관찰 가능한 현상에 대해 경험적으로 자료를 수집하고 이 자료를 근거로 귀납적 방법에 의하여 일반법칙을 발견함으로써 주어진 현상을 설명하는 것을 주장하는 것으로 실증주의의 과학철학이다. 실증주의는 지식은 객관적 관찰을 통해 얻어진다고 주장한다. 실증주의를 주장한 19세기의 대표적인 학자는 Comte다. 그는 사회과학도 자연과학과 같이 실험과 관찰을 통해 검증된 것만을 지식으로 받아들일 수 있다고 주장하였다. 20세기에 이르면서 1920~1930년대에 오스트리아의 비엔나를 중심으로 논리실증주의(logical positivism)가 나타나 양적 연구방법론의 이론적 토대가 되었다.

한편, 19세기 후반에 독일의 철학자이자 역사가인 Dilthey가 질적 연구방법인 해석학을 주장하고 독일의 사회학자인 Weber가 이해의 방법(Verstehen)을 주장하였다. 미국에서는 Dilthey의 이론에 영향을 받은 학자들이 유입되었고 19세기 후반에서 20세기 초에 실용주의가 대두되었으며, 상징적 상호작용론 같은 사회학이론이 등장하면서 질적 연구방법이 대두되었다. 미국에서 질적 연구가 활발하게 발표되기 시작한 것은 1960년대 말에서 1970년대 초부터다.

자연과학적인 실증주의 방법론은 19세기 이래 사회과학에서 지배적인 방법론으로 자리매김하였으나 20세기 후반부터 사회과학에 자연과학적 방법론을 적용하는 것에는 한계가 있다는 비판이 증대하였다. 사회과학이 자연과학적 방법론을 수용하는 것에 따르는 쟁점은 사회현상이 자연현상과는 근본적으로 다른 독자적인 특성을 갖는 것인지, 그리하여 사회현상이 자연과학적 방법이 아닌 독립된 방법에 의해 탐구되어야 하는지다.

연구방법론(research methodology)이란 연구과정 전체를 지배하는 이념, 철학 및 지식체계로서 연구목적을 위해 필요한 자료수집이나 분석을 위한 기준이나 방향을 제시한다. 사회과학과 자연과학의 차이점으로 인하여 사회과학을 연구하는 방법론은 두 가지 입장으로 구분된다. 하나는 사회과학이든 자연과학이든 모든 과학에는 자연과학에서 사용하는 전형적인 과학적 방법, 즉 실증주의적 접근방법을 적용해야 한다는 입장이고, 다른 하나는 사회과학과 자연과학의 근본적 차이점을 강조하면서 사회과학에는 자연과학적 방법이 아닌 독창적인 접근방법을 적용해야 한다는 주장이다.

전자를 양적 방법론, 자연과학적 방법론 또는 방법론적 일원론이라고 하고, 후자를 질적 방법론 또는 방법론적 이원론이라고 한다. 전자는 자연과학적 방법이 유일한 과학적 방법이며, 따라서 이러한 방법이 사회현상의 연구에도 적용되어야 한다고 주장한다. 후자는 자연현상과 사회현상은 본질적으로 다르기 때문에 사회과학의 방법은 자연과학과는 달라야 한다고 주장한다. 즉, 사회과학은 개별기술적(idiographic)이고 개별적인 현상에 대한 이해를 도모하는 반면, 자연과학은 법칙정립적(nomothetic)이고 여러 현상의 범주에 관한 일반적 이해를 목표로 한다는 것이다. 자연과학에서는 정확한 측정과 통제된 실험이 가능한 대상을 다루지만 사회과학에서는 정확한 측정이나 통제된 실험이 대부분 불가능하며, 따라서 사회과학에서는 이해의 방법이, 자연과학에서는 설명의 방법이 보다 적절하다고 주장한다.

사회과학에서 자연과학적 방법론을 논할 때는 특히 실증주의가 제시하는 방법론을 의미한다. 실증주의는 연구자의 존재와 무관하게 객관적인 세상이 존재한다고 주장한다. 연구자와 연구되는 현상은 분리되어 있으므로 연구자는 현상에 영향을 주지 않고 객관적으로 연구할 수 있다고 본다. 연구자는 사실에 대한 객관적 설명을 위해서는 가치중립적이어야 한다고 주장한다. 실증주의는 모든 현상은 스스로 존재하는 자연법칙의 작용에 의한 결과이며, 따라서 과학은 이러한 법칙을 발견해 내는 것이라고 본다.

실증주의는 자연과학적 방법이 모든 진리 탐구를 위한 최선의 방법이므로 자연현상뿐 아니라 사회현상의 연구에도 적용할 수 있다고 본다. 모든 과학적 탐구는 설명과 예측을 목표로 한다는 점에서 법칙정립적이고 객관성을 추구하며 가치중립적이라고 본다. 사회과학의 목표는 사회현상을 지배하는 법칙의 발견이며, 법칙을 발견하기 위해서는 자료를 수량화해야 한다고 주장한다.

실증주의적 연구는 현상에 대한 객관적 관찰과 측정을 통하여 가설을 경험적으로 검증하고, 측정된 현상에 수치를 부여하는 통계학적 분석에 의존한다. 실증주의에 의하면 사회과학의 주된 관심사는 사회현상에 대한 일반법칙을 정립하고 거기서부터 경험적으로 검증 가능한 결과를 유도해 내며, 관찰 가능하고 측정할 수 있게 개념을 조작화하고, 경험적으로 수집 · 정리된 자료를 통계적으로 분석 · 처리하는 것이다.

실증주의에서 과학은 외적 세계에 관한 설명력과 예측력을 가진 지식을 얻고자 하는 것이 목적이다. 그러기 위해서는 현실에서 발견되는 규칙적 관계를 바탕으로 법칙을 형성하고 법칙들로 구성되는 이론을 구성해야 한다. 이들 법칙은 현상을 설명하고 예측할 수 있으며, 실험과 관찰에 의해서만 객관적으로 검증될 수 있다고 본다. 초개인적이고 인간 외적인 사회적 사실은 인정하지 않으며, 현상의 이면을 탐구한다거나 관찰할 수 없는 현상에 대한 지식을 추구하는 것은 과학의 목적이 아니라고 본다.

오늘날 대부분의 과학적 연구는 실증주의에 기반하여 이루어지고 있지만 실증주의적 입장을 부인하고 새로운 방법론을 주장하는 학자들도 있다. 특히, 사회과학과 같이 가변적이고 복합적인 인간행위를 연구하는 데는 실증주의적 접근방법이 받아들여지기 어려운 경우가 많다. 따라서 이에 양적 방법론을 비판하고 나온 것이 질적 방법론이다. 19세기 독일의 Dilthey는 "자연은 설명하고 정신생활은 이해한다."라고 하였다. 즉, 자연과학은 사물의 분석을 밖에서 하지만 사회과학은 인간행위의 이해를 위해 안에서부터 분석해야 한다고 주장하였다. 19세기 독일의 사회학자인 Weber도 인간행위를 연구함에 있어 '이해의 방법'을 주장하였다. 그에 의하면 사회학이란 사회행위의 해석적 이해를 다루는 과학이다. 사회학의 목적은 인간의 사회적 행위의 목적과 동기를 밝히는 것이며, 이를 위해서는 이해의 방법이 필요하다고 본다. 이는 사회현상을 관찰자가 아닌 행위자의 관점에서 파악하는 것이며, 인간의 행위와 그 의미를 즉흥적으로, 즉시 인식하는 것을 말한다.

이렇듯 질적 방법론자들은 자연과학의 연구대상인 자연현상은 인과관계를 규명하는 설명의 대상이 되지만 사회과학의 연구대상인 인간행위와 사회현상은 그 의미가 중요하므로 이해의 대상이 된다고 본다. 질적 방법론자들은 사회과학에서는 연구자로부터 독립된 객관적인 사실이나 현상이 존재하지 않으며, 연구자의 주관이 개입되지 않은 완전히 객관적인 관찰이 불가능하다고 본다. 질적 방법론에 입각한 연구에서는 조사에 필요한 절차나 단계를 사전에 엄격하게 결정하지 않고, 연구자가 그때그때 상황에 따라서 적절한 방법을 선택한다.

이러한 두 가지 대비되는 방법론 간의 논쟁을 사회과학방법론 논쟁이라고 하는데, 이를 존재론, 인식론, 가치론적 차원에서 비교하면 다음과 같다.

1. 존재론적 차원

연구대상의 성격에 대하여 사회현상이 자연현상과 본질적으로 같은 것인가 아닌가에 대하여, 양적 방법론자들은 같은 것이라고 보고 질적 방법론자들은 다르다고 본다. 양적 방법론자들은 사회현상과 자연현상은 둘 다 실재하는 것이고 객관적인 사실이라고 간주한다. 자연현상과 사회현상에는 불변의 규칙성이 존재하므로 보편적 법칙의 정립이 가능하다고 본다. 질적 방법론자들은 사회현상은 자연현상과 달리 규칙성, 안정성을 띤 것이 아니라 유동적인 것이라고 본다. 사회현상은 자연현상과 달리 규범적이고 상호주관적인 성격을 가진다고 본다.

2. 인식론적 차원

사회과학과 자연과학의 지식의 근거는 무엇인가에 관하여 양적 방법론자들은 모든 과학적 지식은 객관적이고 경험적인 관찰로부터 얻어지며 모든 과학적 지식은 객관적 타당성을 지닌다고 본다. 사회과학이든 자연과학이든 모든 과학은 관찰에 의하여 경험적 자료를 수집하고 이에 근거하여 법칙을 정립한다는 점에서 같다고 본다. 질적 방법론자들은 사회현상은 자연현상과 달리 의미를 지니며, 따라서 의미를 이해하는 것이 중요하다고 본다. 순수한 감각적 자료에 대한 직접적인 인식은 존재하지 않으며, 경험은 정신에 의해 구성된다고 본다. 그리고 경험적 관찰을 감각적 지각에 한정시키는 것은 문제가 있다고 본다. 사회과학에서는 자연과학에서와 같은 객관적 지식이 가능하지 않다고 보고, 연구자도 인간이므로 인간으로서의 인지적 한계를 갖는다고 본다.

3. 가치론적 차원

양적 방법론자들은 모든 과학에서 사실과 가치는 구분되어야 하고 구분될 수 있다고 본다. 사실과 가치는 엄격히 구분되며 사실은 가치중립적인 것으로 간주된다. 반면, 질적 방법론자들은 사회과학에서는 가치가 개입되는 것이 불가피하다고 보고, 중요한 것은 사회과학자가 자신의 가치를 인식하고 밝히는 것이라고 본다.

〈표 1-2〉 양적 연구와 질적 연구의 특성 비교

양적 연구	질적 연구
이론적 근거: 실증주의, 논리실증주의	이론적 근거: 현상학, 해석학
결과지향적(조사결과 중시)	과정지향적(조사과정 중시)
가설과 이론의 검증이 목적	이론의 개발이 목적
연역적 방법 사용	귀납적 방법 사용
객관적 실재 가정	상호주관적, 구성된 실재 가정
인간행동의 규칙성, 안정성 중시	인간행동의 가변성, 역동성 중시

연구자와 연구대상 간에 거리 유지 (연구자는 비관여적, 객관적)	연구자와 연구대상 간에 밀접한 관계 유지 (연구자는 동참적, 주관적)
조사결과의 일반화 가능	조사결과의 일반화 곤란
외부로부터의 설명(외부자적 관점)	내부로부터의 이해(내부자적 관점)
연구절차를 사전 결정	연구절차가 융통적, 유동적
정형화된 척도 사용	연구자의 준거틀 사용
가치중립적	가치개입적
질문지, 실험, 구조화된 면접과 관찰	심층면접, 참여관찰, 문서연구
통계를 사용한 양적 분석	해석적, 서술적 분석
확률표본추출 사용	비확률표본추출 사용
표본크기가 큼	표본크기가 작음

〈표 1-3〉 질적 조사와 양적 조사의 비교

구분	질적 조사	양적 조사
특성	• 주관적이며 특별한 개입 없이 시작 가능하다. • 방법과 연구디자인에 융통성이 많다. • 가설 없이 시작이 가능하다. • 탐색적 성격이 강하다. • 별다른 이론적 배경 없이 시작이 가능하다. • 학습자로서 연구자의 역할 • 작은 표본 및 대상자에게도 적용 가능하다. • 자연스러운 실제 환경에서 주로 실시된다.	• 객관적이고 주로 개입이나 실험을 동반하다. • 융통성이 적다. 즉, 연구설계 및 변수가 사전에 확정된다. • 주로 가설 검증이 목적이다. • 설명적 성격이 강하다. • 구체적인 이론적 배경을 가지고 시작한다. • 전문가로서 연구자의 역할 • 규모가 큰 표본에 주로 실시한다. • 비교적 구조화된 환경에서 실시된다.
자료 수집 방법	• 관찰 • 심층면접 • 개인기록의 분석 • 참여관찰 • 포커스 그룹 등	• 개입 • 실험 • 구조화된 설문지 등
척도 활용	척도나 측정도구의 활용이 낮고 통계학이나 수량적 분석이 드물다.	척도를 빈번히 활용하고 계량화된 분석에 초점을 둔다.

목적	주로 어떤 주제, 관계 및 패턴의 발견	주로 가설검증
조사 유형	• 근거이론연구 • 사례연구 • 문화기술학적 조사연구 • 참여행동 조사연구(PAR)등	• 설문조사연구 • 실험조사연구 • 단일사례연구 • 욕구조사 • 프로그램평가조사 등
연구자	문화인류학자, 사회학자, 사회복지학자	사회복지학자를 포함한 대다수의 사회과학자
장점	• 심층적이고 풍부한 사실 발견이 가능하다. • 문제에 대한 새로운 시각(통찰력)을 제공한다. • 조사설계 및 자료수집의 융통성(가끔 저비용)이 있다. • 쉽게 시작할 수 있고, 작은 집단(표본)에도 가능하다.	• 객관적이고(측정 가능한) 일반화할 수 있는 결과를 산출할 수 있다. • 재정지원과 출판이 용이하다. • 'hard' 데이터의 구축이 가능하다.
단점	• 주관적이라는 인상을 주기 쉽다. 즉, 결과에 대한 주관적 이해가 반드시 현실이나 경험적 검증과 일치하지는 않는다. • 조사결과를 일반화하는 데 어려움이 있으며, 재정지원기관에서는 'hard' 데이터를 'soft' 데이터보다 선호하는 경향이 있다. • 조사결과의 효율성을 입증하거나 실천적 적용을 이끌어 내기에는 미흡하다. • 재정지원과 출간에 어려움이 있다(일반적으로 재정지원기관과 학술지 심사위원들은 주로 양적 조사 오리엔테이션에 더 강하다).	• 결과가 충분히 구체적이지 못한 경향이 있다. • 조사연구의 장이 다소 덜 자연스러울 수 있다. • 모든 결과를 계량화하려는 시도가 있다. 즉, 조작적으로 정의할 수 있거나 측정 가능한 자료만 보려고 하기 때문에 조사결과가 제한적이고 피상적이기 쉽다.

두 가지 조사방법 모두 체계적인 자료수집을 통해 사실 발견을 도출하는 과학적인 조사방법이다. 따라서 양적 조사와 질적 조사는 상호배타적으로 그 우월성을 판단하기 곤란하며, 조사의 목적이나 주제 및 조사 속성에 따라 선택적으로 활용할 수 있을 것이다. 그리고 이 양자는 상호보완적이라는 인식하에 두 방법을 적절히 통합 또는 선택적

으로 활용한다면 조사의 가치를 더 높일 수 있을 것이다. 즉, 질적 조사의 일반화 문제와 타당성 · 신뢰성 문제는 객관적이고 실증적인 속성을 지닌 양적 조사를 통해 보완될 수 있으며, 양적 조사의 제한적이고 피상적인 결과들은 질적 조사의 구체적이고 현장감 있는(real-life) 속성을 통해 보완될 수 있다. 실제 프로그램평가조사의 경우 두 방법을 혼용한다. 즉, 양적 설문조사와 포커스 그룹을 활용하여 이해의 폭과 깊이를 확보하려고 한다. 이 방법은 마치 렌즈의 줌을 가까이하기도 하고 멀리하기도 하여 관찰하는, 즉 '숲'과 '나무'를 모두 보는 것으로 비유할 수 있다.

자료: 황성동(2015). 알기 쉬운 사회복지조사방법론(2판). 서울: 학지사. pp. 254-255.

제2장

조사연구의 과정

제1절 조사연구의 정의와 목적

1. 조사연구의 정의

조사연구(research)란 합리적이고 과학적인 절차와 논리적 원칙에 입각하여 기존의 지식을 기각 또는 강화하거나 새로운 지식을 만들어 내려는 탐구 활동으로서 연구자가 풀고자 하는 문제에 대한 해답을 찾기 위하여 자료를 수집하고 분석하여 결과를 얻는 일이다.

'survey'라는 용어를 일반적으로 '조사'라고 번역하는데, 이는 보통 표본을 이용한 조사인 표본조사(sample survey)를 의미한다. 그러나 실험법을 사용한 조사는 표본을 사용한다고 하더라도 survey에는 포함시키지 않는 경우가 많다. 이처럼 영어의 survey는 우리말로는 조사라고 부르지만 그 범위가 제한적인 조사라고 할 수 있다. 어떤 학자는 survey란 개념을 실험법이나 관찰법, 문서연구법 등이 아닌 질문지법이나 면접법 등을 사용한 표본조사를 지칭하는 것으로 사용하기도 한다. 반면, 조사연구(research)라는 용어는 이보다 더 광범위한 뜻으로서 다양한 자료수집방법을 사용하여 조사하는 모든 연구를 지칭한다.

2. 조사연구의 목적

조사연구의 목적은 일반적으로 탐색을 목적으로 한 조사연구, 기술을 목적으로 한 조사연구, 설명을 목적으로 한 조사연구로 구분할 수 있다.

1) 탐색

연구를 수행함에 있어 알고자 하는 현상에 대하여 사전지식이 없거나 선행연구가 없는 경우 탐색(exploration)을 목적으로 한 조사연구를 실시하게 된다. 탐색을 목적으로 한 조사연구의 대표적인 것으로서 예비조사(pilot study)가 있다. 예비조사는 조사연구를 시행하기에 앞서 그것이 과연 실행 가능한지, 본격적인 조사연구를 수행해야 할 필요성이 있는지를 예비적으로 알아보기 위하여 또는 보다 체계적이고 본격적인 조사에 사용할 수 있는 방법을 개발하고 모색하기 위하여 이루어진다. 특히 이러한 탐색적 목적의 조사연구는 새로운 분야에 대하여 연구하고자 할 때 매우 유용하며, 조사하고자 하는 주제에 대하여 많은 시사점을 제공해 준다. 연구자가 새로이 흥미를 느끼는 문제가 있을 때 탐색적 조사를 통하여 연구주제에 관한 통찰력을 얻을 수 있다.

탐색적 조사연구를 통하여 문제에 대한 대답을 얻기를 바라는 것은 곤란하다. 이 연구는 대답을 제공해 주기보다는 대답에 대한 힌트만을 주거나 가능성 있는 대답에 대한 통찰력을 제공해 주거나 대답을 얻을 수 있는 조사방법을 시사해 주는 역할만을 하기 때문이다. 이처럼 연구문제에 대하여 만족할 만한 대답을 제공해 주지 못한다는 것이 탐색적 조사연구의 한계다.

2) 기술

현상에 대한 실태를 단순히 기술(description)하기 위하여 조사연구를 실시한다. 기술적 목적의 조사연구에서는 현상의 원인을 규명하기보다 현상 자체에 관심을 갖고서 있는 그대로의 현상을 묘사, 기술한다. 과학적 관찰을 통한 이러한 기술은 일상적인 기술에 비하여 보다 정확하고 정밀하며 체계적이다. 기술적 조사연구의 예로는 정부에서 매년 실시하는 사회통계조사, 5년마다 실시하는 인구주택총조사, 각종 여론조사 등이 있다.

3) 설명

현상의 원인을 규명하여 설명(explanation)하고자 하는 목적에서 조사연구를 실시한다. 설명은 단순한 기술과 달리 왜 그러한 현상이 발생하였는지에 대한 해답을 제시하는 것이다. 설명이란 변수들 간의 인과관계에 대한 진술이며, 과학적 이론이 추구하는 목적이라고도 할 수 있다.

설명을 위한 조사연구에서는 보통 연구대상이 되는 특정 현상의 여러 측면을 동시에 관찰하고 검토하여 분석하고자 한다. 어떤 현상이 그러한 것에 대한 원인을 구체화하고 어떤 것이 다른 것의 원인이 된다는 것을 명시함으로써 설명한다.

제2절 사회조사의 역사

사회조사의 역사는 18세기경 영국에서 시작되었다. 그 당시의 사회조사는 사회개혁을 위한 실용적 목적의 조사가 대부분이었다. 즉, 18~19세기에는 노동자나 교도소 등에 대한 실태조사를 통하여 농업 개혁이나 교도소 개혁 등의 사회개혁을 주장하였다. 1917년에 출간된 Richmond의 『사회진단』이라는 저서는 사회사업 사례기록을 분석, 정리한 책으로서 전문적인 사회사업 개입에 대한 조사의 효시이며, 이를 필두로 사회사업 전문개입에 대한 조사가 1920년대부터 본격화되었다.

미국에서는 제1차 세계대전을 전후하여 사회조사를 중심으로 한 경험적 연구가 발달하기 시작하였다. 경험적 조사연구의 선구적인 것으로서 Thomas와 Znaniecki가 유럽과 미국에 망명한 폴란드 농민들의 일기, 자서전 등 각종 개인기록을 수집하여 이들의 생활사를 추적하는 연구를 하였는데, 이는 사례연구와 생활사연구의 발달에 크게 기여하였다. 미국에서는 특히 농촌 및 도시사회학 분야에서 사회조사를 통한 자료수집을 많이 하였다. 1920~1930년대에 Zimmerman은 농촌조사를 통해 농촌사회의 구조와 변동을 연구하였고, Park, Burgess 등은 시카고 같은 대도시를 조사하여 실증적 조사방법의 발달에 공헌하였다. Lynd는 Middletown이라는 소도시를 참여

관찰법을 사용하여 종합적으로 조사하였으며, Warner는 다양한 사회조사방법을 사용하여 Yankee City에 대한 장기간의 조사를 실시하였다.

〈표 2-1〉 초창기의 주요 사회조사

A. Young	• 농업개혁가로서 사회개혁을 위한 실태조사 실시 • 영국 농업노동자들의 생활비와 가계조사 실시
J. Howard	• 사회개혁가로서 영국 교도소에 대한 실태조사 실시 • 수감자와의 직접 면접조사를 통하여 수감자의 처우 개선 주장
F. Eden	• 영국 노동자 가정의 생활실태, 빈곤실태 조사
D. Davis	• 영국인 목사로서 빈곤 노동자들의 가계조사 실시
A. Quételet	• 절대 빈곤지역과 상대 빈곤지역의 범죄발생률 조사
Le Play	• 사례연구의 선구자, 근대적 사회조사의 효시 • 유럽지역의 노동자 계층에 대한 장기간의 가계조사 실시
C. Booth	• 런던의 빈민가정을 장기간에 걸쳐 조사 • 조사대상 가정에 직접 기거하여 참여관찰조사 실시 • 조사대상자들을 8계층으로 구분하고 빈곤층 비율 파악, 빈곤에 대한 규정에 기여
B. Rowntree	• Booth의 조사를 계승 • 영국 요크시의 노동자 가정을 직접 방문조사 • 최초로 빈곤선의 기준 규정, 빈곤선 측정방법 확립에 기여 • 장기간에 걸친 빈곤율 추이 조사 • 빈곤층을 1차적 빈곤과 2차적 빈곤으로 구분
D. Dix	• 미국의 사회개혁가로서 정신장애인의 보호에 기여 • 미국의 정신장애인 형무소에 대한 실태조사를 통하여 형무소 개혁 주장
P. Kellog	• 도시화, 공업화로 인한 문제에 대한 대책을 모색하기 위하여 미국 피츠버그 지역 조사 • 피츠버그 지역 산업체 실태조사 • 미국의 사회조사방법의 기초 확립
M. Richmond	• 사회사업 전문화를 위한 첫 저서인 『사회진단』 저술, 사회사업 사례 기록 · 정리 • 사회사업 개입에 대한 조사의 효시
Thomas와 Znaniecki	• 유럽과 미국에 망명한 폴란드 농민들의 개인기록을 수집하여 생활사 연구 • 사례연구, 생활사 연구방법에 기여
Lynd	• 미국의 소도시를 참여관찰법을 활용하여 종합적으로 조사연구

우리나라의 경우 1950년대 후반부터 사회조사에 대한 학계의 관심이 증가하였다. 해방 전에는 단순한 실태조사 위주였으나 해방 후 미국에서 도입된 실증주의의 영향하에 연구목적의 조사가 발달하기 시작하였다. 1960년대

〈표 2-2〉 **사회조사분석사 자격기준과 시험과목**

<table>
<tr><th>등급</th><th>검정기준</th><th>응시자격</th><th colspan="2">시험과목</th></tr>
<tr><td rowspan="2">1급</td><td rowspan="2">1) 종합적인 조사계획을 수립할 수 있는 능력의 유무
2) 표본을 추출하는 방식을 결정할 수 있는 능력의 유무
3) 조사목적에 적합한 조사방법, 통계기법을 선택·결정·활용할 수 있는 능력의 유무
4) 조사보고서 작성업무를 총괄적으로 기획하고 관리할 수 있는 능력의 유무</td><td rowspan="2">다음 각호의 어느 하나에 해당하는 사람
1. 해당 종목의 2급 자격 취득 후 해당실무에 2년 이상 종사한 자
2. 해당실무에 3년 이상 종사한 자</td><td>1차시험
(필기)</td><td>1) 고급조사방법론 (I · II)
2) 고급통계처리 및 분석
(객관식 4지 택일형)</td></tr>
<tr><td>2차시험
(실기)</td><td>사회조사분석실무
(고급조사방법론, 고급통계처리 및 분석)
(작업형: 100점)</td></tr>
<tr><td rowspan="2">2급</td><td rowspan="2">1) 질문지(조사표)를 체계적으로 작성할 수 있는 능력의 유무
2) 조사방법에 관한 기본지식의 유무
3) 회수된 조사표를 검토·분석하기 위한 자료 준비(편집·부호화·자료정선 등)를 수행할 수 있는 능력의 유무
4) 통계프로그램을 활용하여 조사결과를 분석할 수 있는 능력의 유무
5) 분석결과를 토대로 조사보고서를 작성할 수 있는 능력의 유무</td><td rowspan="2">제한 없음</td><td>1차시험
(필기)</td><td>1) 조사방법론 (I · II)
2) 사회통계
(객관식 4지 택일형)</td></tr>
<tr><td>2차시험
(실기)</td><td>사회조사분석실무
(설문 작성, 단순통계처리 및 분석)
(작업형: 40점, 필답형: 60점)</td></tr>
</table>

후반부터 조사연구의 중요성이 더욱 강조되어 각종 정부기관이나 연구단체, 기업체 등에서 과학적 조사를 활발하게 실시하였다. 오늘날 사회조사는 사회복지분야뿐 아니라 모든 분야에서 널리 활용되고 있으며, 여론조사기관의 수도 지속적으로 증가하고 있다.

이처럼 사회조사에 대한 수요가 증가함에 따라 사회조사분석사라는 국가기술자격이 생겼다.

제3절 조사연구의 과정

조사연구의 과정을 그림으로 나타내면 [그림 2-1]과 같다.

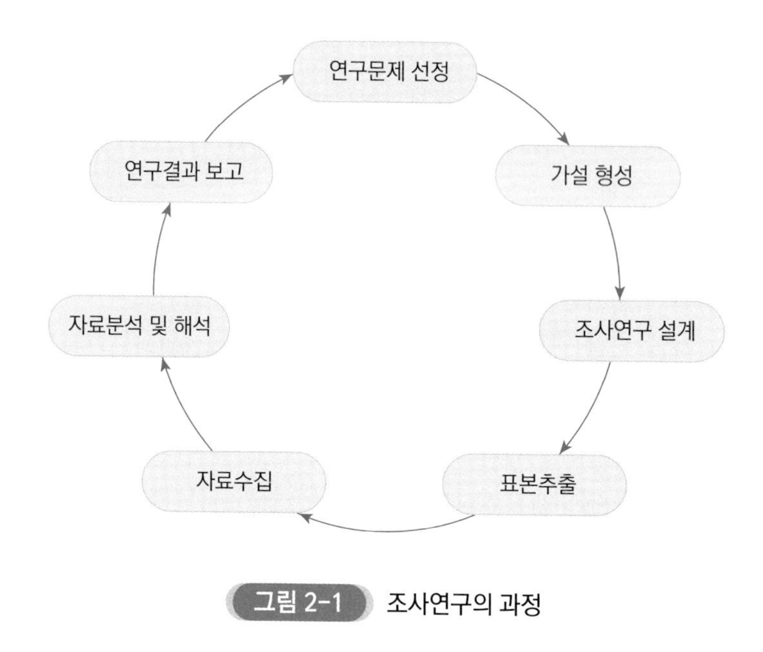

그림 2-1 조사연구의 과정

1. 연구문제 선정

조사연구는 연구자가 어떤 것을 문제로 인식하는 데서부터 출발한다. 연구자가 의문시하는 연구할 가치가 있는 문제를 찾아내는 일은 조사연구의 전 과정에서 가장 기초적이고 중요한 작업이다. 연구문제가 적절히 선정되었을 때 조사를 통하여 제대로 된 해답을 얻을 수 있다. 즉, 조사연구의 결과는 연구문제의 성격에 따라 좌우된다. 따라서 연구문제를 정하는 일은 연구의 성격을 규정하는 핵심적이고 중요한 작업이다. 연구문제를 형성하는 일은 얼핏 생각하기에 쉬운 것 같으나 결코 쉬운 일이 아니다.

연구문제를 형성하는 과정에는 명확한 지침이 있는 것이 아니며 연구자의 창의성이 요구된다. 가치 있는 연구문제를 정하는 데는 연구자의 기량과 독창성이 요구된다. 어떠한 문제의식이 연구문제가 되기 위해서는 막연하고 추상적인 의문에서부터 구체적이고 명료한 의문으로 발전되어야 한다. 때로 연구자가 연구문제를 명확히 규정하지 않은 채 조사부터 하는 경우도 있다. 그러나 이것은 조사연구를 혼란하게 할 뿐이다. 명확하고 구체적인 연구문제가 설정되어야만 조사연구가 나아갈 방향이 뚜렷해진다.

연구문제에 대한 생각은 연구자가 갖고 있던 평소의 관심사나 홍미에서부터 시작된다. 자신이 갖고 있던 평소의 생각이나 관심사를 논리적으로 정리하는 과정에서 연구문제가 명료화된다. 연구자의 호기심, 정보에 대한 욕구, 문제 해결에 대한 욕구, 정보의 분석력과 이해력 등은 연구문제 형성에 도움이 된다.

연구문제의 출발이 되는 의문과 문제의식은 여러 가지 경로를 통하여 발생된다. 실무현장에서의 실제 경험, 개인적 경험, 홍미나 관심사, 동료와의 토론, 기존의 이론, 실제적인 문제상황의 발생 등에 의하여 유발된다.

연구문제는 의문에서부터 시작되는데, 의문은 다음과 같은 것에서부터 출발한다.

(1) 이슈화된 사회문제에 대한 해결책의 모색
(2) 기존 지식이나 이론의 불충분함
(3) 상호 모순되는 기존 지식이나 이론의 존재
(4) 연구결과들이 서로 일치하지 않는 경우
(5) 기존 이론으로는 설명할 수 없는 새로운 현상의 발생
(6) 연구자의 개인적 경험
(7) 직무수행 중 실천현장에서의 경험

사회복지는 응용학문, 실천학문이므로 직무수행 도중에 실천현장에서 나타난 문제를 연구문제로 다루는 경우가 많다. 의문을 갖게 되면 문헌연구, 전문가로부터의 의견 청취, 동료와의 토론 등을 통하여 의문을 보다 구체화해서 이를 연구문제로 명료화해야 하는데, 여러 생각이 복잡하게 혼재하고 추상적인 의문 형태로 존재하는 것을 연구문제로 명료화하는 것이 결코 쉬운 일은 아니다. 추상적이고 광범위한 아이디어로부터 점차 생각을 정리하는 과정이 필요하다.

연구문제는 다음과 같은 조건을 갖추어야 한다.

- **독창성**: 새로운 견해나 시각, 이론 등을 제시하는 것
- **경험적으로 검증 가능한 것**: 경험적으로 검증할 수 없는 문제, 예를 들어 추상적 문제나 도덕적 판단의 문제는 연구문제가 될 수 없다.
- **연구범위의 적절성**: 한정된 범위에서의 구체적이고 특정적인 문제일 것, 연구범위가 지나치게 광범위하면 연구하기 어렵다.
- **현실적 수행가능성**: 연구 소요시간, 연구비용, 연구인력, 자료수집의 용이성 등의 측면에서 현실적으로 수행가능한 것
- **윤리적 측면에서 문제가 없는 것**: 인간을 대상으로 하는 것이므로 윤리적, 도덕적 측면에서 문제가 없어야 한다.

연구문제를 서술할 때는 의문문 형식으로 서술하고 단순명료하게 서술해야 한다. 연구문제는 학문적 · 실천적 측면에서 가치 있고 의미 있는 것이어야 한다. 연구자는 이론적 · 방법론적 측면과 실천적 · 정책적 측면에서 연구문제의 중요성과 의의를 제시함으로써 왜 그것을 문제로 선택하였는지 합리화해야 한다. 이 두 가지 측면은 연구문제의 적절성을 판단하는 기준이기도 하다.

순수하게 이론적이고 학문적인 목적을 가진 연구를 순수연구(pure research)라고 하고, 조사결과를 실생활에 활용하기 위한 실천적 목적을 가진 연구를 응용연구(applied research)라고 한다. 이론적 측면에서는 기존 이론 및 지식에 비추어 연구문제가 얼마나 새로운 지식을 제공하는 것인지 그리고 실천적 측면에서는 실제 생활에서 연구결과가 어떤 실용적이고 실질적인 결과를 가져올 것인지가 연구문제의 적절성을 판단하는 기준이 된다.

연구자는 연구문제의 시의적절성, 실생활과의 관련성, 정책과의 관련성, 적용 인구층의 광범위성, 영향력이 있거나 중요한 사람들과의 관련성, 새로운 이론이나 관점의 제시 여부, 기존 연구에 대한 보완성, 일반이론과의 연관성 혹은 일반화 가능성, 기존 개념의 정교화 여부, 새로운 자료수집방법이나 자료분석방법의 개발 여부, 기존의 자료수집방법이나 분석방법의 개선 여부, 측정도구의 개발이나 개선 여부 등을 제시함으로써 하고자 하는 연구의 필요성과 의의를 설명할 수 있어야 한다.

연구문제를 형성하는 과정에서 문헌연구(literature review)는 반드시 해야 할 일이다. 문헌연구란 다루고자 하는 연구문제와 관련된 기존 이론과 연구들을 문헌에서 찾아 검토하는 것을 말한다. 연구자는 전문서적이나 학술지 등의 문헌연구를 통하여 연구문제와 관련하여 어떤 것이 이미 연구되었으며, 어떤 것이 불충분하게 연구되었는지, 불일치하는 연구결과가 있는지 등을 살펴서 어떤 것이 연구할 가치가 있는 것인지 파악해야 한다. 만약 문헌연구를 통하여 연구문제에 대한 답을 구할 수 있다면 그것은 연구할 필요가 없다.

문헌연구를 함으로써 기존의 연구에 기반하여 자신의 연구문제를 보다 명료하게 규정하고 연구의 중복을 막을 수 있으며, 연구문제에 대한 새로운 시각과 문제해결의 단서에 관한 유용한 지식을 얻을 수 있다. 또한 어떤 조사방법이 적절한지, 어떤 측정도구가 유용한지, 어떤 분석방법이 적절한지에 관하여 추측할 수 있다. 문헌연구를 위해서는 우선 연구문제와 관련된 문헌이 어디에 있는지 그 소재를 파악해야 한다.

연구문제를 정한 후에는 연구문제에 대한 힌트와 사전지식을 얻기 위하여 예비조사를 실시하는 것이 좋다. 예비조사(pilot study)는 연구의 핵심이나 문제점을 분명히 파악하기 위하여 현지에서 조사대상을 미리 조사함으로써 연구되어야 할 요점을 발견하고 추가로 조사해야 할 사항을 알아내며 연구가설을 세우고 구체적인 조사항목을 선정하는 데 실마리를 얻기 위해 실시한다. 예비조사과정에서는 연구문제에 관한 전문지식을 가지고 있는 전문가들로부터 의견을 구하는 것이 좋다.

연구문제가 확정되면 연구계획서를 작성하여 연구에 대한 전반적인 계획을 수립해야 한다. 연구계획서에 들어갈 내용은 조사연구의 목적과 내용, 조

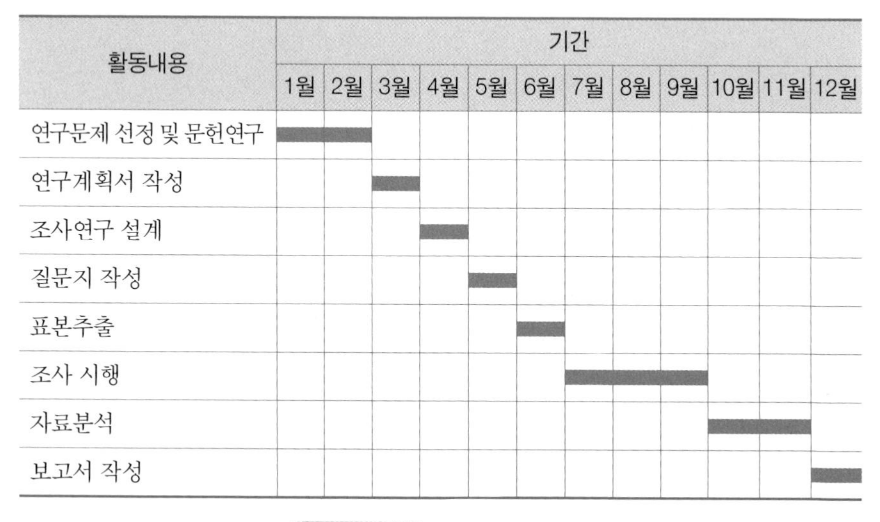

그림 2-2 조사연구 일정표

사연구의 대상, 자료수집방법과 조사도구, 주요 변수의 정의와 측정방법, 자료분석방법, 조사연구 일정, 조사연구 비용 등이다. 조사연구 일정은 [그림 2-2]와 같이 Gantt차트 같은 것을 사용하면 언제 무슨 일을 해야 하는지 한눈에 파악할 수 있으므로 편리하다.

2. 가설 형성

연구문제를 선정한 후에는 그와 관련된 가설(hypothesis)을 만들어야 한다. 그러나 모든 조사연구에서 가설이 필요한 것은 아니고 가설검증을 목적으로 하는 조사연구인 경우에만 가설을 형성할 필요가 있다. 일반적으로 탐색이나 기술을 목적으로 한 조사연구에서는 가설을 구성하는 절차가 필요하지 않다.

가설이란 둘 또는 그 이상의 변수들 간의 관계에 대해 진술한, 검증되기 이전의 가정적인 명제다. 가설에는 반드시 둘 이상의 변수가 포함되며, 가설에 포함된 변수는 경험적으로 측정 가능해야 한다. 가설은 이미 알려진 사실에 관한 진술이 아니라 아직 사실로 증명되지는 않았으나 추구할 만한 가치가 있는 추측이다. 이는 믿음에 근거하지 않고 어떤 논리적 관계를 경험적 사실에 의해서 검증할 수 있는 명제다. 가설은 연구자가 갖고 있는 연구문제에 대한 잠정적인 해답이라고 할 수 있다.

대부분의 가설은 두 개의 변수를 포함한다. 예를 들어, "부모 · 자녀 간의 대화가 증가할수록 부모 · 자녀 간의 갈등은 감소할 것이다."와 같은 것이다. 셋 이상의 변수로 이루어진 가설도 있다. 사용된 변수의 수가 세 개 이상인 가설을 복합가설, 두 개 이하인 가설을 단순가설이라고 한다. 그러나 셋 이상의 변수를 포함한 가설은 두 개의 변수를 포함한 가설보다 검증하기가 더 복잡하므로 가능하면 두 개의 변수를 포함한 단순가설을 만드는 것이 좋다. 일반적으로 조사연구에서는 보통 하나의 가설보다 여러 개의 가설을 만든다.

가설은 과학적 연구에서 사실에 대한 설명을 제시하며 새로운 사실을 탐구하는 데 지침이 된다. 또한 가설은 이론과 경험적 사실 사이에서 다리 역할을 한다. 이론으로부터 도출된 가설은 경험적 사실들의 관찰에 기반하여 검증된다. 가설은 연구자가 가지고 있는 자료에서 어떤 의미 있는 관계를 발견해 내고 현상을 체계적으로 이해할 수 있게 질서를 잡아 주며, 새로운 연구문제를 도출해 내는 역할을 한다. 또한 가설은 관련이 있는 지식을 연관시켜 준다.

가설은 보통 다음과 같이 변수들 간의 관계를 나타내는 가정적인 문장형식을 취한다.

> (만약) ……이면 ……일 것이다.
> ……할수록 ……할 것이다.
> ……가 증가(감소)하면 ……가 증가(감소)할 것이다.
> ……와 ……는 다를 것이다.
> ……는 ……보다 클(작을) 것이다.
> ……와 ……는 양(음)의 관계가 있을 것이다.

연구자가 검증하기 위하여 만든 가설을 연구가설(research hypothesis)이라고 한다. 가설이라고 하면 보통 연구가설을 뜻하는 것이다. 가설검증을 할 때는 보통 연구가설을 직접 증명하기보다는 이것과 반대되는 의미를 가진 귀무가설을 설정한 뒤 이 귀무가설이 기각되면 연구가설을 채택한다. 연구가설을 대립가설(alternative hypothesis)이라고도 하는데, 이는 귀무가설에 대립되는 가설이라는 의미다.

귀무가설 또는 영가설(null hypothesis)이란 대립가설의 역으로서 대립가설에서 명시한 것을 부정하기 위해 설정하는 가설이다. 귀무가설은 보통 변수들 간에 아무런 관계가 없다거나 서로 다른 집단들 간에 차이가 없다는 식으로 서술된다. 귀무가설과 대립가설은 상호모순관계에 있으므로 귀무가설이 기각되면 대립가설이 채택되고 귀무가설이 채택되면 대립가설이 기각된다.

- **대립가설(H_1)의 예:** ① 사회복지사의 업무량과 소진 정도 간에는 양의 관계가 있을 것이다.
  ② 종교가 있는 사람들이 종교가 없는 사람들보다 자원봉사활동을 더 많이 할 것이다.
- **귀무가설(H_0)의 예:** ① 사회복지사의 업무량과 소진 정도는 아무런 관계가 없을 것이다.
  ② 종교가 있는 사람들과 종교가 없는 사람들 간에는 자원봉사활동 정도에 차이가 없을 것이다.

가설을 기각하거나 채택하는 데는 나름대로의 근거가 필요하다. 표본조사에서 특수한 경우에 속하는 결과가 나타나면 귀무가설은 기각된다. 여기서 특수한 결과라고 간주되는 영역을 기각영역(region of rejection)이라고 하고, 조사결과가 기각영역 안에 포함될 확률의 허용수준을 유의수준(significance

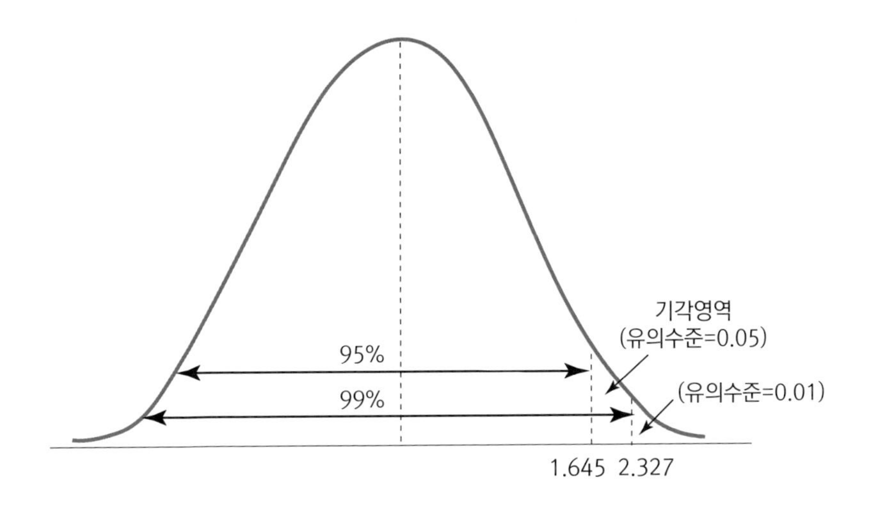

그림 2-3 기각영역과 유의수준

level)이라고 한다. 관례적으로 유의수준은 0.05나 0.01로 하는데, 이것은 무수히 많은 표본 중에서 우연히 전체의 5%나 1%에 해당하는 극단적인 결과가 나올 확률로서, 이에 따라 귀무가설을 기각하는 데 허용되는 확률이다. 유의수준을 0.01로 한다는 것은 유의수준을 0.05로 하는 것보다 귀무가설의 기각영역을 좁힌다는 의미다. 귀무가설의 기각영역을 좁힌다는 것은 귀무가설의 기각을 보다 더 어렵게 한다는 뜻이다. 사회과학적 연구에서는 일반적으로 0.01보다 0.05를 유의수준으로 한다.

가설검증과 관련하여 발생할 수 있는 오류에는 다음과 같은 것이 있다.

- **제1종 오류**: 귀무가설이 참일 때 귀무가설을 기각 또는 대립가설을 채택하는 오류
- **제2종 오류**: 대립가설이 참일 때 귀무가설을 채택 또는 대립가설을 기각하는 오류

가설은 다음과 같은 요건을 갖추어야 한다.

첫째, 명료성을 지녀야 한다. 즉, 가설의 뜻이 분명해야 한다. 이를 위해서는 가설에 포함되어 있는 개념이 명확히 정의되어야 하며, 이 개념을 조작화시킨 변수도 조작적으로 명확히 정의되고 그 의미가 쉽게 전달될 수 있도록 보편적인 용어로 표현되어야 한다. 가설에 포함된 변수들의 의미가 명확해야만 가설의 의미가 명확하고, 그래야 차후에 다른 연구에서도 같은 가설을 사용하여 다시 검증할 수 있다.

둘째, 경험적 검증가능성을 지녀야 한다. 이를 위해서는 가설을 구성하고 있는 변수들이 경험적으로 측정 가능한 것이어야 한다. 도덕적 문제나 가치판단의 문제같이 경험적으로 검증할 수 없는 문제는 가설이 될 수 없다.

셋째, 구체성을 지녀야 한다. 즉, 가설의 내용이 너무 일반적이고 막연하고 추상적이어서는 안 되고, 구체적이며 특정적이어야 한다. 가설이 적용되는 범위는 제한적이어야 하며, 특정 문제에 대한 해답을 제공하는 것이어야

한다. 가설이 한정적이고 특정적일수록 검증하기가 용이하다. 단순히 변수들 간에 관계가 있고 없음만을 진술하는 것보다는 관계의 방향까지 명시하는 가설이 더 구체적인 가설이다.

넷째, 가치중립성을 지녀야 한다. 즉, 가설을 구성할 때에는 가능한 한 연구자의 편견이나 가치가 개입되지 않도록 해야 한다. 어떠한 것을 연구문제로 삼아 가설로 구성하는 것은 연구자의 관심에서부터 출발하지만 가설의 내용에는 연구자의 개인적 편견이 배제되어야 한다.

다섯째, 모든 사람이 인정하는 당연한 사실은 가설로 성립될 수 없다.

가설 속에는 정의가 포함되어서는 안 된다. 또한 가설은 동어반복적(tautological)이어서도 안 된다. 예를 들어, "민주주의 사회에서는 의사결정이 다수결원칙에 의해 이루어진다."라는 진술은 동어반복적인 것이다.

가설은 기존 이론으로부터 연역되거나 경험적 사실들의 일반화를 통하여 귀납적으로 구성될 수 있다. 특정 사례를 면밀히 검토하거나 일반상식에 기반하여 도출될 수도 있으며, 연구자의 직관이나 경험 등에 의하여 얻어질 수도 있다. 가설이 구성되고 구성된 가설이 검증되는 과정의 예를 들면 [그림 2-4]와 같다.

여기서 X와 Y는 이론적 개념이고 X′와 Y′는 각각 X와 Y의 경험적 측정치다. 예를 들어, X가 사회복지사의 업무부담이라는 개념이라면 X′는 이 개념을 구체적으로 측정하는 1일 업무량이다. Y가 소진이라는 개념이라면 Y′는 소진을 척도를 사용하여 양적 · 경험적으로 측정한 측정치다. r_1은 개념들

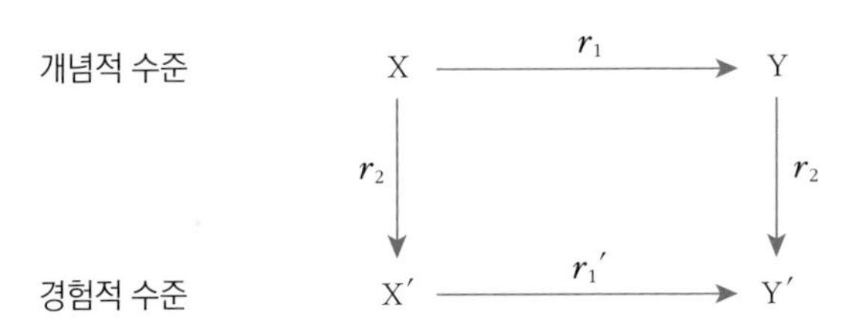

그림 2-4 가설의 구성 및 검증과정

간의 상관관계를 의미하고 r_1'는 측정치들 간의 상관관계를 나타낸다.

가설을 구성하기 위해서는, 첫째, 개념들을 정의하고 이들 간의 관계를 진술하는 명제를 만든다. 둘째, 개념적 수준과 경험적 수준을 연결시켜야 하는데, 이는 개념들을 경험적으로 측정하는 방법을 개발함으로써 이루어진다. 이 과정에는 개념들의 경험적 측정치들을 연결시키는 검증 가능한 가설을 진술하는 것을 포함한다. 여기서 구성된 가설은 첫 단계에서 만들어진 명제와 동일하나, 단지 첫 단계는 개념적 수준의 것이고, 두 번째 단계는 경험적 수준의 것이라는 점이 다르다. 이렇게 구성된 가설은 자료를 수집하고 분석함으로써 검증된다.

가설과 관련된 개념으로 명제(proposition)가 있다. 명제를 협의로 정의하면 검증된 가설을 지칭하며, 광의로 정의하면 하나 또는 그 이상의 개념이나 변수에 대한 진술로서 명제의 범위에 가설이 포함된다. 명제를 광의로 해석할 때 하나의 변수에 대해 논하는 명제를 단일변수적 명제라고 하고, 두 개의 변수를 관련짓는 명제를 양변수적 명제라고 하며, 셋 이상의 변수를 연결시키는 명제를 중다변수적 명제라고 한다. 명제를 검증된 가설이라고 정의하는 경우 전형적인 명제의 형태에는 다음과 같은 것이 있다.

전형적인 명제의 형태

A가 크면 클수록 B도 크다.
A의 증감은 B의 증감과 연관된다.
A는 B와 긍정적(부정적)인 관계에 있다.
A의 변화는 B의 변화를 초래한다.
A와 B는 무관하다.

명제를 광의로 해석하는 경우 명제의 범위에 포함되는 것으로서 가설, 경험적 일반화, 공리, 가정, 정리가 있다. 경험적 일반화(empirical generalization)란 어떤 관계가 존재한다고 가정한 후에, 이에 대한 가설을 검증하기보다 처음에 하나 또는 몇몇 경우에서 관계가 존재한다는 것을 관찰한 다음에 이러한 관계가 대부분의 경우에도 존재한다고 일반화함으로써 구성된 관계에 관한 진술을 말한다.

명제 1: 만약 A이면 B다.
명제 2: 만약 B이면 C다.
그러므로
명제 3: 만약 A이면 C다.

여기서 만일 명제 1과 2가 진실된 진술이라면 연역에 의하면 명제 3도 진실이다. 이처럼 다른 진술이 연역되는 진실된 진술을 공리(axiom) 또는 가정(postulate)이라고 부른다. 앞에서 명제 1과 2는 공리나 가정이다. 공리와 가정은 거의 상호교환적으로 사용되는데, 주된 차이점은 공리는 수학적 합의를 지니며 정의상(by definition) 진실이 진술과 고도로 추상적인 개념들을 포함하는 명제를 지칭할 때 더 자주 사용되고, 가정은 그것의 진실이 경험적으로 나타난 진술을 지칭하는 것으로서 더 자주 사용된다. 그리고 일련의 공리나 가정으로부터 연역될 수 있는 명제를 정리(theorem)라고 한다.

〈표 2-3〉 명제의 종류

명제의 종류	형성방법	직접적 검증가능성
가설	연역되거나 자료수집에 의함	가능
경험적 일반화	자료수집에 의함	가능
공리	정의상 진실임	불가능
가정	진실이라고 가정됨	불가능
정리	공리나 가정으로부터 연역됨	가능

3. 조사연구 설계

조사연구 설계(research design)란 전반적인 조사연구 과정에 대한 계획이나 전략을 의미한다. 조사연구를 수행하기 위한 계획으로서 조사문제에 대한 답을 얻고 조사목적을 달성하기 위한 계획 혹은 전략이다. 조사설계 과정에서 해야 할 것으로는 개념화와 조작화, 분석단위와 관찰단위의 결정, 연구범위의 결정, 자료수집방법과 자료분석방법의 결정, 시간적 차원의 결정 등이다.

1) 개념화와 조작화

조사연구에서 다루는 개념들은 명확히 정의해야 하고 이들을 경험적으로 측정할 수 있도록 조작화해야 한다. 개념을 정의하는 것을 개념화(conceptualization)라고 하는데, 일상적으로 사용되는 개념인 경우 이미 갖고 있는 일상적인 의미가 있으나 연구에 사용될 때는 그 의미가 다를 수 있고 한 가지 개념이라도 둘 이상의 서로 다른 의미를 포함하고 있을 수 있으므로 개념정의를 새로이 정확하게 내려야 한다. 연구자 개인이 갖고 있는 특정 개념에 대한 생각이 일반인들이 갖고 있는 생각과 다를 수도 있으므로 개인의 특정 경험을 바탕으로 하는 그릇된 개념정의를 내리지 않도록 주의해야 한다.

개념화 과정을 거친 개념은 실제로 측정 가능하도록 조작화해야 한다. 조작화(operationalization)란 실제세계에서 경험적 조사를 통하여 개념을 측정할 수 있도록 개념을 변수로 만드는 것을 말한다. 즉, 개념에 대해 조작적 정의(operational definition)를 내리는 것이다. 조작적 정의란 추상적 개념을 직접 관찰하여 검증할 수 있도록 하기 위하여 이를 구체적이고 경험적으로 나타내 주는 지표 같은 것을 사용하여 정의한 것이다. 조작적 정의는 신뢰도와 타당도가 있어야 하는데, 즉 동일한 개념을 동일한 방법으로 조작화했다면 동일한 측정결과가 나와야 하며, 실제로 측정하려 한 개념을 측정해야 한다. 개념을 조작화하는 방법에는 한 가지 방법만 있는 것이 아니라 다양한 방법이 존재한다.

예를 들어, 소외라는 개념을 조작화하기 위해서는 소외의 의미가 무엇인지 그 의미에 포함되어 있는 내용을 세부적으로 분석하여 무규범성, 무의미성, 자기소외, 무기력감, 고립감 등 다섯 가지 내용으로 구분할 수 있다고 생각한다면 이들 각각의 내용을 경험적으로 측정할 수 있는 문항들을 만든다.

2) 변수

변수(variable)란 조작화된 개념으로 성이나 연령, 교육수준과 같이 둘 이상의 값(value)이나 범주(category)를 갖는 개념을 말한다. 변수는 관찰대상이 갖는 특성이다. 변수와는 반대로 오직 하나의 값이나 범주만을 갖는 개념을 상수(constant)라고 한다. 변수가 갖는 각각의 속성을 변수값이라고 한다. 예를 들어, 직업은 변수이고 각각의 직업종류는 변수값이다.

따로 조작화하지 않아도 변수가 되는 개념이 있는가 하면 반드시 조작화를 거쳐야만 변수가 되는 개념이 있다. 신장, 체중, 연령, 교육수준, 소득 같은 개념은 그 자체로 조작화된 개념으로 따로 조작화하지 않아도 변수가 되지만, 지위나 소진(burnout) 같은 개념은 조작화를 하여 변수로 만들어야 한다. 여러 하위개념으로 이루어진 구성체인 경우에는 먼저 어떠한 하위개념들을 포함시킬 것인지를 이론적으로나 실증적으로 검토한 후에 명확한 개념규정을 해야 변수화가 가능하다.

(1) 독립변수와 종속변수

가장 중요한 변수의 구분은 독립변수와 종속변수의 구분이다. 한 변수가 다른 변수에 시간적으로나 이론적으로 선행하면서 다른 변수에게 영향을 미칠 때 영향을 미치는 변수를 독립변수(independent variable), 영향을 받는 변수를 종속변수(dependent variable)라고 한다. “X의 변화는 Y의 변화를 초래한다.” “X는 Y에 영향을 미친다.”라는 진술에서 X는 독립변수, Y는 종속변수다. 독립변수를 원인변수, 설명변수, 예측변수라고 부르고, 종속변수를 결과

변수, 피설명변수, 피예측변수라고 부른다.

많은 사회과학적 연구의 결과는 원인과 결과로 연결된 인과적 서술형식을 띠고 있다. 두 변수가 인과적 관계에 있다고 하는 것은 한 변수의 변화가 다른 변수의 변화를 초래한다는 의미다. 단순히 어떤 변수의 변화가 다른 변수의 변화에 선행한다는 사실만으로는 그것이 다른 변수를 변화시켰다고 말하기 곤란하다. 사회과학적 조사연구의 목적은 종속변수로서의 연구대상인 사회현상을 초래하는 요인인 독립변수를 찾는 것이라고도 할 수 있다. 대부분의 사회현상은 하나의 요인으로는 설명할 수 없으므로 둘 이상의 독립변수가 개입된다.

(2) 연속변수와 이산변수

연속변수(continuous variable)란 연속성을 띤 것으로서 거의 무한개의 변수값을 가질 수 있는 변수다. 이것은 대체로 변수가 갖는 속성의 크기나 양에 따라 분류된다. 이와 반대로 이산변수(discrete variable)는 비연속적인 것으로서 대개 변수가 갖는 속성의 종류나 질에 따라 분류된다. 연속변수에서는 연속적 측정치를 소수점 이하로 표시할 수 있는 반면에 이산변수의 측정치는 소수점 이하로 표시할 수 없고 정수만으로 구성된다. 이산변수는 명목척도와 서열척도로 측정되는 변수이며 연속변수는 등간척도와 비율척도로 측정되는 변수다.

- **연속변수의 예**: 실업률, 지능지수, 소득, 나이
- **이산변수의 예**: 성별, 종교, 교육수준, 장애등급

이산변수는 둘 이상의 범주를 갖는 범주변수(categorical variable)로, 가장 단순한 이산변수는 두 개의 범주로 구성된 이분범주변수(dichotomous variable)이며, 셋 이상의 범주로 구성되는 변수를 다범주변수(polytomous variable)라고 한다.

(3) 매개변수

매개변수(intervening variable)는 독립변수와 종속변수 사이에서 독립변수의 결과이자 종속변수의 원인이 되는 변수다. 복잡하고 복합적인 사회현상을 다루는 사회과학에서는 대부분의 변수는 그것에 선행하는 다른 변수의 결과인 동시에 후에 나타나는 또 다른 변수의 원인이 된다.

예를 들어, Durkheim은 자살의 원인을 분석하면서 사람들이 믿는 종교가 개신교인지 천주교인지에 따라 사회적 통합도가 달라지고, 이 사회적 통합도에 따라 자살할 가능성이 달라진다고 보았는데, 이때 사회적 통합도는 종교라는 변수의 결과이면서 자살이라는 변수의 원인이 되는 매개변수다. 또 다른 예로서 월평균가구소득이 월평균교육비에 영향을 미치고, 이것이 자녀의 학업성취도에 영향을 미친다고 할 때 월평균교육비는 매개변수가 된다.

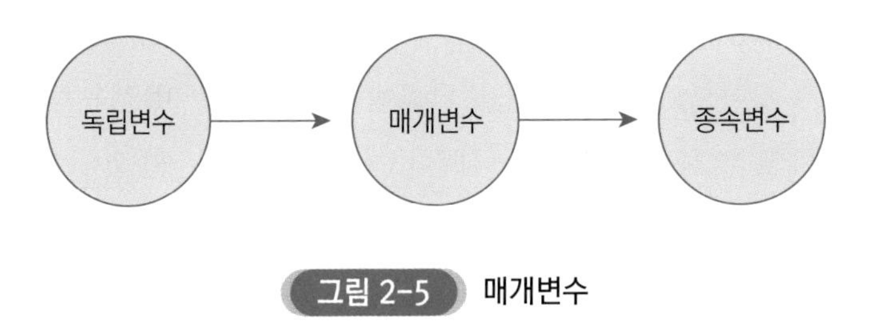

그림 2-5 매개변수

(4) 외적 변수

겉으로는 두 변수 간에 인과관계가 있는 것처럼 보이지만 실제로는 관련되지 않고 단지 우연히 각각의 변수가 어떤 다른 변수와 연결됨으로써 독립변수와 종속변수의 관계처럼 보이는 경우가 있다. 이런 경우 두 변수와 관계되어 있는 다른 변수의 영향을 통제하면 두 변수 간의 관계가 사라지게 되는데, 이때 통제되는 변수를 외적 변수(extraneous variable)라고 한다. 외적 변수가 통제되면 두 변수 간의 관계도 사라지는데, 이러한 관계를 허위관계(spurious relationship)라고 한다. 외적 변수를 통제하지 못하면 독립변수와 종속변수 간의 인과관계를 규명하지 못한다.

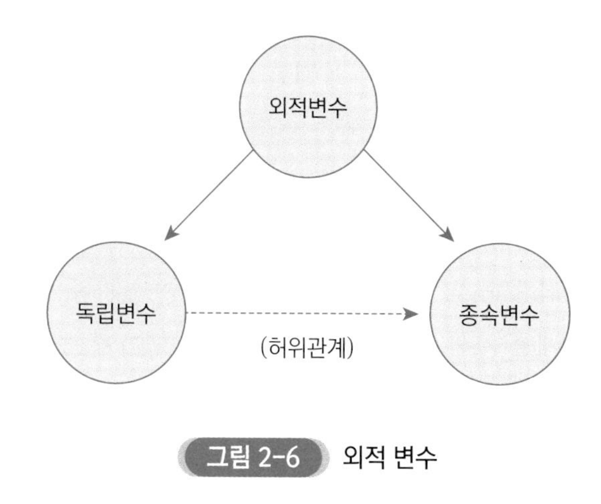

그림 2-6 외적 변수

예를 들어, 화재발생 시 동원된 소방차 수가 많을수록 화재로 인한 피해액이 크다고 할 때 소방차 수가 독립변수, 피해액이 종속변수로 보일 수 있다. 그러나 실제로는 화재규모가 크면 소방차가 많이 동원되고 그로 인한 피해액도 커지는 것이므로 소방차 수와 피해액 간의 관계는 화재규모라는 변수에 의해 실제로 존재하는 것처럼 나타난 것에 불과하다. 따라서 화재규모를 통제하면 소방차 수와 피해액 간의 관계는 사라지게 되며, 이 경우 화재규모는 외적 변수가 된다.

(5) 억제변수

실제로는 두 변수 간에 관계가 있으나 다른 변수의 영향으로 그 관계가 나타나지 않는 경우가 있다. 이처럼 변수 간의 관계를 약화시키거나 억제시키는 변수를 억제변수(suppressor variable)라고 한다. 억제변수를 통제하면 두 변수 간의 관계가 다시 나타나게 된다. 억제변수는 하나의 변수와 긍정적인 관계에 있고 또 다른 한 변수와는 부정적인 관계에 있어 두 변수 간의 관계를 억제하는 역할을 한다.

예를 들어, 교육이라는 변수와 소득이라는 변수 간에 실제로는 긍정적인 관계가 있으나 연령이라는 변수가 교육과 소득에 각각 영향을 미쳐서 연령이 높을수록 교육수준은 낮고 소득수준은 높은 경우 연령을 통제하면(즉, 같은 연령대의 사람들끼리 비교하면) 교육과 소득 간에 긍정적인 관계가 나타나지만 연령을 통제하지 않으면 두 변수 간에 관계가 없는 것처럼 나타난다. 이 경우 연령은 교육과 소득 간의 관계를 억제하는 억제변수가 된다.

(6) 왜곡변수

변수 간의 관계를 왜곡시키는 변수를 왜곡변수(distortor variable)라고 한다. 예를 들어, 기혼자와 미혼자의 정치 참여도를 조사한 결과, 미혼자가 정치 참여를 더 하는 것으로 나타났다. 그러나 연령을 통제했더니 같은 연령대에서는 기혼자가 미혼자보다 더 정치 참여를 한 것으로 나타났다면 이 경우 연령이 왜곡변수로 작용한 것이다.

(7) 통제변수

통제변수(control variable)는 독립변수와 종속변수의 관계에 영향을 주는 제3의 변수로서 두 변수 간의 관계를 명확히 파악하기 위하여 통제되는 변수를 말한다. 매개변수, 외적 변수, 억제변수, 왜곡변수가 설계에서 고려되어 통제되면 통제변수가 된다.

(8) 변수 간의 관계

가장 단순한 변수 간의 관계는 두 변수 간의 관계인데, 두 변수 간의 관계를 이변량관계라고 한다. 두 개의 변수는 긍정적 또는 부정적 관계에 있을 수 있는데, 긍정적 관계 또는 정의 관계란 한 변수의 값이 증가하면 다른 변수의 값도 증가하는 것과 같이 두 변수가 같은 방향으로 변화하는 관계를 말하며, 부정적 관계 또는 부의 관계란 한 변수의 값이 증가할수록 다른 변수의 값은 감소하는 것과 같이 두 변수가 반대방향으로 변화하는 관계를 말한다.

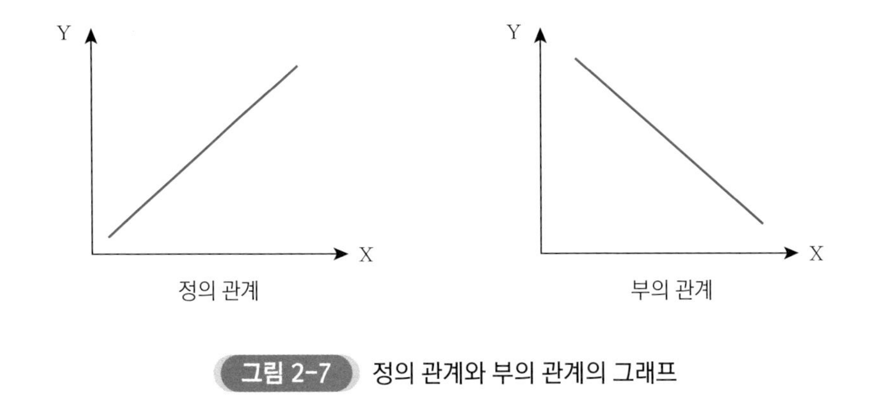

그림 2-7 정의 관계와 부의 관계의 그래프

- **정의 관계의 예**: 사회복지사의 직무만족도가 높을수록 직무몰입도가 높다.
- **부의 관계의 예**: 사회복지사의 소진 정도가 높을수록 직무만족도가 낮다.

변수 간의 상관관계 여부와 상관관계 정도를 알 수 있는 대표적인 통계분석방법이 상관관계분석이다. 여기서는 상관계수(γ)를 계산하여 상관관계를 알아보는데, 상관계수의 성격은 다음과 같다.

① 상관계수는 측정단위가 없다.
② $-1 \leq$ 상관계수 ≤ 1
③ 두 변수가 독립적이면 상관계수=0이다.
④ 상관계수가 1에 가까울수록 높은 양의 상관관계이고, -1에 가까울수록 높은 음의 상관관계다.

변수 간의 관계를 나타내는 또 다른 용어로 대칭적 관계와 비대칭적 관계가 있다. 대칭적 관계란 두 변수 간에 독립과 종속의 위치가 불분명하고 서로 영향을 미치는 관계를 말한다. "X가 클수록 Y도 크다." "X의 증감은 Y의 증감과 연관된다." "X와 Y는 정적(부적)인 관계에 있다." 등과 같이 어느 것이 독립변수이고 어느 것이 종속변수인지에 대한 언급이 없는 관계로서 공분산적(covariational) 관계라고도 한다.

비대칭적 관계란 한 변수가 다른 변수의 원인이고 그 반대는 성립되지 않는 관계를 말한다. 예를 들어, 흡연과 폐암의 관계에서 흡연이 폐암을 유발할 수는 있으나 폐암이 흡연을 유발할 수는 없으므로 이러한 관계를 비대칭적 관계라고 할 수 있으며, 대부분의 인과관계는 비대칭적 관계다.

조사연구에서는 보통 인과관계에 관심을 갖지만 두 변수 간에 인과관계가 있다는 것을 경험적으로 증명하는 것은 쉽지 않다. 특히 사회과학에서는 인과관계를 입증하는 것이 매우 어렵고 때로는 불가능한 경우도 있다. 따라서 사회과학에서는 인과관계를 입증하는 것과 관련된 논란이 많이 발생한다. 두 변수가 인과관계에 있다고 할 수 있으려면 다음과 같은 조건이 충족되어야 한다.

첫째, 공변성이 존재해야 한다. 즉, 한 변수가 변화하면 다른 변수도 변화해야 한다. 그러나 사회과학에서는 한 변수의 변화가 다른 변수의 변화와 관련이 있는지를 확인하는 것이 쉽지 않다. 문제는 두 변수가 어느 정도의 안정된 변화 양상을 보일 때 공변성이 있다고 인정하는가 하는 점이다.

둘째, 두 변수 간에 시간적 우선성이 존재해야 한다. 한 변수가 원인이고 다른 변수가 결과이기 위해서는 반드시 원인이 되는 변수가 결과가 되는 변수보다 시간적으로 앞서야 한다. 그러나 사회과학에서는 시간적 우선성을 경험적으로 입증하는 것이 쉽지 않다.

셋째, 한 변수의 변화는 다른 변수의 변화를 초래하지만 그 역은 성립되지 않아야 한다.

넷째, 한 변수의 변화는 다른 요인들의 작용에도 불구하고 다른 변수의 변화를 초래해야 한다.

다섯째, 두 변수 간의 관계가 제3의 변수로 인해 야기된 것이 아니어야 한다. 따라서 제3의 변수를 통제해도 두 변수 간의 관계가 유지되어야 한다.

두 변수는 선형관계(linear relationship) 또는 곡선관계(curvilinear relationship)

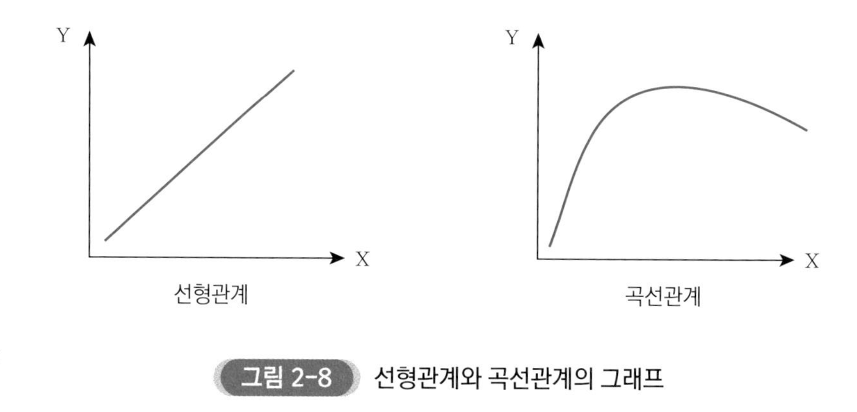

그림 2-8 선형관계와 곡선관계의 그래프

에 있을 수 있다. 선형관계란 한 변수가 증가 또는 감소하면 다른 변수도 증가 또는 감소하는 것과 같이 두 변수가 비례적 또는 반비례적으로 변화하는 관계를 말하며, 곡선관계란 한 변수가 변화함에 따라 다른 변수가 처음에는 증가하였다가 중간에 감소하였으나 다시 증가하는 것과 같이 곡선적인 변화를 보이는 경우를 말한다. 한편, 두 변수 간에 아무런 관계가 없는 것을 영관계(null relationship)라고 하는데, 이는 "X와 Y는 무관하다."와 같은 형식을 취한다.

3) 자료수집방법과 자료분석방법의 결정

적절한 자료수집방법을 결정하는 것은 중요한 일이다. 대표적인 자료수집방법에는 질문지법, 면접법, 관찰법, 실험법, 문서연구법, 온라인조사법 등이 있다. 어떤 방법으로 자료를 수집하고 조사할지는 조사연구의 목적과 성격, 조사대상의 특성, 조사하고자 하는 내용 등을 고려하여 가장 적합한 방법을 선택해야 한다.

자료수집방법은 크게 질적 방법과 양적 방법으로 구분된다. 자료수집방법을 이처럼 구분하는 것은 근본적으로는 조사연구의 종류를 크게 질적 조사연구와 양적 조사연구로 구분하고, 연구방법론을 질적 방법론과 양적 방법론으로 구분하는 것과 연관된다.

연구설계단계에서 자료분석에 사용할 통계분석방법도 정해야 한다. 측정된 변수와 자료의 성격에 따라서 적용 가능한 통계분석방법이 달라지므로 어떤 통계분석방법을 사용할 것인지를 미리 생각해 두어야 한다.

4) 분석단위와 관찰단위의 결정

분석단위(unit of analysis)란 궁극적으로 분석되는 단위, 즉 최종적인 분석대상을 말한다. 분석단위의 종류에는 개인, 집단 및 조직체, 사회적 가공물이 있다. 이 중 개인이 가장 보편적인 분석단위다.

(1) 개인이 분석단위인 경우

① 남자와 여자 중 누가 스포츠에 관심이 더 많은지 알아보는 조사

② 빈곤가정의 학생들과 중산층 이상 가정의 학생들 중 누가 더 정신장애가 있는지에 대한 조사

회사, 군대, 교회, 동아리, 가족, 학교, 병원, 사회복지시설, 읍·면·동, 시·도, 국가 등 집단 및 조직체가 분석단위가 되기도 한다.

(2) 집단 및 조직체가 분석단위인 경우

① 가족을 확대가족과 핵가족으로 구분하여 유형별 특성을 비교하는 조사

② 100병상 이상 병원과 100병상 미만 병원의 조직 특성을 비교하는 조사

그림, 노래, 책, 자동차 등과 같은 사회적 가공물이 분석단위가 되는 경우도 있다.

(3) 사회적 가공물이 분석단위인 경우

① 그림 100점 중 몇 점이 추상화인지 알아보는 조사

② 신문 사설을 주제별로 분류하는 조사

대부분의 조사에서는 분석단위가 명확하게 드러나지만 그렇지 않은 경우에는 분석단위가 무엇인지를 정하는 작업이 필요하다. 분석단위를 정하지 않고서는 무엇을 조사해야 하는지 알 수가 없다. 어떤 것을 분석단위로 정하는지는 연구문제가 무엇인지와 밀접히 연관된다.

관찰단위(unit of observation)란 관찰되는 대상을 의미한다. 대부분의 조사연구에서는 분석단위와 관찰단위가 동일하지만 그렇지 않은 경우도 있다. 예를 들어, 가족의 계층을 조사할 때 가장의 사회경제적 지위를 조사하여 이를 기준으로 가족의 계층을 구분하는 경우에 분석단위는 가족이라는 집단이지만 관찰단위는 가장이라는 개인이다.

연구자가 유의해야 할 점으로 분석단위와 관련하여 발생하는 오류가 있다. 연구자는 한 분석단위에서 얻은 자료에 근거하여 다른 분석단위에 대한 결론을 내리는 오류를 범하지 않도록 주의해야 한다. 이러한 오류에는 개인에 대한 자료에 근거하여 전체 집단에 대한 결론을 유추하는 오류(개인주의적 오류)와 집단에 대한 자료에 근거하여 그 집단에 속해 있는 개인에 대한 결론을 도출하는 오류(생태학적 오류)가 있다.

(4) 생태학적 오류의 예

① 학력이 낮은 지역이 학력이 높은 지역보다 범죄율이 더 높다는 자료에 근거하여 학력이 낮은 사람들이 학력이 높은 사람들보다 범죄를 더 많이 저지른다는 결론을 도출하는 것

② Durkheim이 자살을 분석하면서 개신교도 비율이 높은 지역이 낮은 지역보다, 가톨릭교도 비율이 낮은 지역이 높은 지역보다 자살률이 높다는 자료에 근거하여 개신교도가 가톨릭교도보다 자살을 더 많이 한다는 결론을 도출하는 것

(5) 개인주의적 오류의 예

어떤 사회에서 평등주의를 지향하는 진술에 다수의 사람이 동의한 것에

근거하여 그 사회가 평등주의를 지향하고 있다고 결론을 내리는 것

5) 연구범위의 결정

연구범위에는 두 가지 의미가 있는데, 영어로는 이 두 가지가 scope와 range라는 개념으로 구분되지만 우리말로는 둘 다 연구범위라고 부르므로 구분하기가 어렵다. scope는 연구에서 다루는 개념이나 변수의 수를 의미하고, range는 관찰대상이 되는 관찰단위의 수나 종류를 의미한다.

예를 들어, 어떤 한 연구에서는 범죄율과 산업화를, 다른 연구에서는 범죄율과 사회이동과의 관계를 주제로 삼았다면 두 연구 모두 두 가지 변수를 다루므로 scope는 같다고 말한다. 그러나 전자에서는 두 변수 간의 관계가 국가라는 단위에만 적용되지만 후자에서는 특정 집단이나 지역사회 등 여러 단위에 적용될 수 있으므로 후자가 더 range가 넓다.

6) 시간적 차원의 결정

조사연구 설계과정에서 또 하나 고려해야 할 요인은 시간적 차원이다. 조사연구의 종류를 시간적 차원을 기준으로 나눌 때 횡단적 연구(cross-sectional study)와 종단적 연구(longitudinal study)로 구분할 수 있다. 일반적으로 횡단적 연구가 종단적 연구보다 더 빈번히 시행된다.

횡단적 연구는 시간적으로 어느 한 시점에서 현상을 연구하는 것이다. 예를 들어, 특정 시점에서 한 사회의 계층이나 연령집단, 지역사회 등 여러 집단들의 특성을 상호비교하는 것이다. 우리나라 정부에서 5년마다 실시하는 인구주택총조사는 특정 시점을 기준으로 하여 그 시점에서의 우리나라 인구와 주거실태에 관하여 조사하는 대표적인 횡단적 연구다.

종단적 연구란 시간적으로 둘 이상의 시점에서 동일한 현상을 반복적으로 조사하는 것으로서 시간의 흐름에 따른 현상의 변화를 측정하는 것이다. 종단적 연구는 장기간에 걸친 변화를 파악할 수 있는 장점이 있다. 종단적 연구의 종류에는 추세연구, 패널연구, 동기자연구가 있다.

(1) **추세연구**(trend study)

동일한 표본을 대상으로 하지 않으면서 시간에 따른 변화를 조사하는 것이다. 예를 들어, 선거운동 기간 동안 서로 다른 유권자 표본을 대상으로 여론조사를 여러 번 실시하여 후보자들에 대한 유권자들의 지지도의 변화를 알아보는 조사다.

(2) **패널연구**(panel study)

동일한 표본을 대상으로 하여 장기간에 걸쳐 반복적으로 조사하는 것이다. 일정시간이 지난 후에 동일한 표본을 찾아내어 다시 조사해야 하므로 시행하기가 어렵고 조사비용이 많이 든다. 또 조사기간 중에 패널소멸현상이 발생할 수 있고, 첫 조사가 추후조사의 응답에 영향을 미칠 수 있는 문제점이 있다. 예를 들어, 동일한 유권자 표본을 선정하여 선거기간 중에 정기적으로 여러 번 조사하여 어느 후보자에게 투표할지 조사하는 것이다.

(3) **동기자연구**(cohort study)

특정한 경험을 같이한 사람들을 대상으로 하여 둘 이상의 시점에서 조사연구하는 것이다. 예를 들어, 베이비 붐 세대, 386세대를 대상으로 하여 서로 다른 시점에서 두 번 이상 조사하는 경우다.

7) 기타 고려사항

이 밖에 연구설계단계에서 고려해야 할 사항들이 있는데, 조사연구의 실제적인 수행가능성(feasibility), 용이성 등에 대한 검토가 필요하다. 또 연구대상인 개인, 집단, 지역사회 등을 직접 조사할 때 자료를 얻어 낼 수 있을지의 여부를 의미하는 조사대상에 대한 접근성(accessibility)을 고려해야 한다. 조사대상자가 사적인 생활에 대해 접근을 기피한다거나 조직의 비밀을 지키기 위해 접근을 허용하지 않을 수도 있다.

한 번의 조사연구를 얼마나 오래 시행할 것인지도 고려해야 하는데 보통

1년을 단위로 하는 경우가 많다. 조사비용의 조달과 지출문제도 계획되어야 한다. 조사연구에 소요되는 예산규모와 예상되는 용도 등을 추정하고 이를 확보할 방법을 모색해야 한다. 연구자 개인의 부담에 의하지 않는 경우에는 특히 연구지원기관이나 지원자에 의해 연구의 성격이나 결과가 좌우되지 않도록 유의해야 한다.

인간을 대상으로 하는 조사연구이므로 윤리적 문제도 중요하게 고려해야 할 사항이다. 윤리적 측면에서 연구자는 다음과 같은 것들을 고려해야 한다.

① 조사연구가 피조사자들에게 어떤 불이익을 초래하거나 인권과 자유, 존엄성 등을 침해하지는 않는지 검토해야 한다.
② 조사를 수행하는 과정에서 뜻하지 않게 피조사자에게 위험이나 피해를 줄 수도 있으므로 이들을 적절히 보호하고 안전을 보장하는 조치를 계획해야 한다.
③ 피조사자로 하여금 조사에 참여하는 것이 무엇을 의미하며 어떤 결과가 올 수 있는지에 대해 이해하도록 설명해 주어야 한다.
④ 개인의 비밀과 사생활이 침해되지 않도록 피조사자의 익명성과 비밀을 보장해 주어야 한다.
⑤ 피조사자에게 조사에 참여하는 것을 강요해서는 안 되고, 피조사자는 자발적으로 조사에 참여할 것을 동의해야 한다.
⑥ 피조사자가 조사에 참여함으로써 얻는 이득보다 불이익이 더 커서는 안 된다.

4. 표본추출

연구자는 어떤 사람들을 대상으로 하여 조사를 실시할 것인지를 결정해야 한다. 조사대상을 선정할 때 때로는 연구자가 자신의 입장에서 접근하기 용이한 사람들을 선호할 수도 있다. 아무리 적절한 조사대상이라 할지라도 조사하기 위해 접근할 수 없다면 소용 없기 때문이다. 그러나 연구자는 기본적으로 접근용이성에 의해서가 아니라 선정하고자 하는 대상이 연구문제에 적합한지에 기반하여 결정해야 한다.

모집단 전체를 조사하는 전수조사(census)가 아닌 표본조사(sample survey)인 경우 조사대상을 선정하는 문제는 표본을 선정하고 추출하는 문제다. 인구센서스와 같이 한 나라의 전체 인구를 조사하는 경우도 있으나, 이러한 전수조사는 드물고 실제로 실시되는 대부분의 조사는 모집단의 일부를 뽑아낸 한정된 표본을 대상으로 한다.

전수조사는 표본조사에 비하여 시간과 비용이 더 많이 들고 더 많은 노력이 요구된다. 그럼에도 불구하고 전수조사가 표본조사보다 반드시 더 정확한 것은 아니다. 표본조사를 하는 경우에는 모집단을 규정하고 표본의 성격을 기술해야 한다. 표본의 크기와 종류를 결정해야 하며 여러 가지 표본추출방법 가운데 적합한 방법을 선택해야 한다.

대부분의 조사는 시간과 비용의 제약 속에서 수행되므로 효율적인 표본조사를 통하여 모집단의 특성을 추론하게 된다. 관심 있는 대상 전부를 조사하기도 어렵지만 조사한다고 해도 대상자 모두를 빼 놓지 않고 조사할 수 있을지도 의문이다. 예를 들어, 자녀를 가진 어머니를 대상으로 한 조사연구를 하려고 할 때 우리나라에서 자녀가 있는 모든 어머니를 조사하는 것은 거의 불가능하다. 따라서 대부분의 조사는 표본조사로 이루어진다.

표본조사에서 중요한 것은 모집단을 잘 대표하도록 표본을 선정하는 것이다. 만약 표본이 잘못 선정되면 모집단의 성격이 잘못 추론되므로 표본을 추출하는 문제는 매우 중요하다. 한쪽으로 치우친 표본을 분석하여 모집단의 성격을 규명한다면 그릇된 결론에 도달하게 된다.

표본을 추출하는 방법에는 확률표본추출과 비확률표본추출이 있다. 각각의 표본추출방법은 각기 장단점이 있으므로 경우에 따라 적합한 방법을 선택해야 한다.

5. 자료수집

현장에 나가 본조사를 실시하여 자료를 수집한다. 자료수집방법은 크게 질적 방법과 양적 방법으로 나눌 수 있다. 어떤 성격의 자료를 원하는지, 즉 질적 자료를 원하는지 양적 자료를 원하는지에 따라 적절한 방법을 선정해야 한다. 대부분의 자료수집은 현장에 직접 들어가서 이루어지는 것이므로 조사현장에서 실제로 부딪칠 수 있는 여러 가지 현실적 장애와 문제들을 미리 생각하여 이에 대한 대처방안을 마련하는 것도 중요하다. 구체적인 자료수집방법은 제4장에 소개되어 있다.

6. 자료분석 및 해석

수집된 자료는 누락된 부분은 없는지, 잘못된 기록은 없는지 등을 검토하여 수정해야 하는데 이를 자료의 편집(editing)이라고 한다. 자료를 수집하여 검토하다 보면 때로 응답이 누락되어 있거나 적절하지 않거나 애매한 경우가 있다. 편집과정에서 애매한 응답이 있는 경우에는 이것을 어떻게 처리할 것인지 나름대로 판단기준을 세워서 처리해야 한다. 일정한 기준에 의거하여 애매모호한 응답인 경우에는 무응답으로 간주하는 것이 좋다.

자료분석 시 무응답이 있는 경우에 이를 제외시키면 분석에 활용하지 못하게 되므로 응답범주가 홀수인 경우 무응답에 응답범주의 중간값을 할당하거나 척도에서 얻은 평균값을 할당하여 분석한다.

편집된 자료는 통계를 사용하여 양적 분석을 하는 경우에는 부호화(coding)해야 한다. 부호화란 수집된 자료에 대하여 숫자나 문자 같은 기호를 부여하는 것으로, 다시 말해 측정된 변수의 변수값에 기호를 부여하는 것이다. 변수값에 특정한 숫자나 문자를 부여하는데, 대부분의 경우 문자보다는 숫자를 많이 사용한다. 부호화할 때는 일정한 규칙에 따라 자료를 부호로 옮긴다. 변수명과 변수값을 명시해 놓은 책자를 부호화 지침서(codebook)라고

〈표 2-4〉 부호화의 예

행수	변수명	부호	설명
1~3	ID	1~999	응답자 번호
4	성	1	남자
		2	여자
		9	무응답
5~7	연령	0~999	만 나이
8~9	거주지	1	서울
		2	부산
		3	대구
		4	인천
		5	대전
		⋮	⋮
		99	무응답

하는데, 부호화하는 사람이 여러 명인 경우에는 지침서를 만들어서 이에 따라 부호화해야 일관성 있는 부호화가 된다. 부호화를 한 후에는 부호화된 자료를 컴퓨터에 입력한다. 자료를 입력한 후에는 부호화 과정과 입력과정에 오류가 없는지 검토해야 하는데, 이를 data cleaning이라고 한다.

부호화된 자료는 컴퓨터를 사용하여 입력한 후 분석한다. 자료분석을 위한 컴퓨터 프로그램으로는 SAS와 SPSS 등이 있으며, 이 밖에도 사용하기 쉬운 Excel을 사용하여 자료분석을 할 수도 있다.

SPSS는 1983년부터 본격적으로 사회과학 분야의 통계분석에 적용되기 시작하여 1986년에는 개인 PC를 위한 SPSS/PC가 개발되었고, 1990년대에는 SPSS/Window가 개발되었다. 2000년대에 PASW(Predictive Analytics Soft Ware)로 이름이 변경되었다.

PASW(SPSS)의 주요 메뉴는 파일(F), 편집(E), 보기(V), 데이터(D), 변환(T), 분석(A), 다이렉트 메케팅(M), 그래프(G), 유틸리티(U), 창(W), 도움말(H)로 구성되어 있다. 각 주요 메뉴를 클릭하면 하위메뉴가 나타나는데, 파일(F)에 22개, 편집(E)에 16개, 보기(V)에 9개, 데이터(D)에 21개, 변환(T)에 15개, 분

〈표 2-5〉 PASW(SPSS)의 메뉴와 주요 하위메뉴

메뉴	주요 하위메뉴		주요 기능
파일(F)	열기(O)		PASW(SPSS) 파일을 불러옴
	텍스트 데이터 읽기(R)		텍스트로 코딩/저장된 파일을 불러옴
	저장(S)		작업 중인 파일을 저장
	다른 이름으로 저장(A)		작업 중인 파일을 다른 이름으로 저장
	인쇄(P)		작업 중/완료된 파일자료를 인쇄
편집(E)	복구(U)/재실행(R)		직전에 삭제된 변수를 복구/삭제
	잘라내기(T)/붙여넣기(P)		선택된 변수/셀 내용을 잘라내기/붙여넣기
	복사(C)		선택된 변수/셀 내용 복사
	지우기(E)		선택된 변수/셀 내용 지우기
	찾기(F)		특정 변수/내용 찾기
	옵션(N)		산출표(output)의 형식 등을 결정
보기(V)	변수/데이터		변수 보기, 데이터 보기 창으로 전환
데이터(D)	변수 삽입(V)		선택한 변수 앞뒤에 새로운 변수 추가
	케이스 삽입(I)		선택한 케이스 위/아래에 새로운 케이스 추가
	케이스로 이동(S)		특정 케이스로 이동
	파일 합치기(G)		2개의 PASW(SPSS)파일을 합침
	케이스 선택(C)		선택적 처리를 위한 특정 케이스 선택
	가중 케이스(W)		입력된 수치를 빈도로 인식하게 함
변환(T)	변수 계산(C)		가감승제를 통한 새로운 변수 생성
	빈도변수 생성(O)		특정응답 빈도를 변수로 변경 기능
	코딩 변경(R)		기존의 변수값을 새로운 변수로 생성
	자동코딩변경(A)		불연속(문자)변수를 연속(숫자)변수로 변경
분석(A)	기술통계(E)	빈도분석(F)	빈도분석 수행
		기술분석(D)	기술통계 결과 산출
		데이터 탐색(E)	데이터 탐색 분석
		교차분석(C)	교차분석 수행

분석(A)	평균비교(M)	일표본 T검증(S)	단일표본의 평균비교
		독립표본 T검증(T)	독립 두 표본의 평균비교
		대응표본 T검증(P)	대응 두 표본의 평균비교
		일원분산분석(O)	독립 세 표본 이상의 평균비교
	일반선형모형(G)	단일변량(U)	
		다변량(M)	
	상관관계(C)	상관계수(B)	피어슨/스피어만 상관계수 산출
	회귀분석(R)	선형(L)	단순 · 다중 · 더미 회귀분석 수행
	로그선형분석(O)	일반(G)	로지스틱 회귀분석 수행
	데이터 축소(D)	요인분석(F)	요인분석 수행
	척도화분석(A)	신뢰도분석(R)	신뢰도 분석 수행
	비모수 검정(N)	카이제곱(C)	적합도 분석 수행
	런(R)	런검정 수행	
	독립 2-표본(2)	독립된 두 집단 비교	
	독립 K-표본(K)	독립된 다(K)집단 비교	
	대응 2-표본(L)	대응된 두 집단 비교	
	다중응답분석(L)	변수군 정의(D)	다중(중복)응답의 변수값 지정
	빈도분석(F)	중복응답 빈도분석	
	교차분석(C)	중복응답 교차분석	
그래프(G)	막대도표(B)	막대그래프 그리기	
	원도표(E)	원그래프 그리기	
	상자도표(X)	상자 그림 그리기	
	산점도(S)	산점도 그림 그리기	
	히스토그램(I)	히스토그램 그리기	

자료: 황성동(2015). 알기 쉬운 사회복지조사방법론(2판). 서울: 학지사. pp. 50-52.

석(A)에 25개, 다이렉트 메케팅(M)에 1개, 그래프(G)에 3개, 유틸리티(U)에 15개, 창(W)에 5개, 도움말(H)에 11개로 구성되어 있다.

통계를 사용하여 자료를 분석할 때는 자료의 성격에 맞는 적절한 통계분석방법을 선택해야 하는데, 기술통계방법과 추리(추론)통계방법이 있다. 기술통계는 자료를 묘사, 기술하는 목적을 가진 통계분석방법이고, 추리(추론) 통계는 추론을 통한 가설검정을 목적으로 한 통계분석방법으로서 표본조사 결과가 모집단을 어느 정도 반영하는지, 모집단에도 적용 가능한지 분석하는 것을 목적으로 한 것이다.

연구자는 측정도구를 만들 때 미리 어떤 통계분석방법을 사용하여 분석할 것인지를 고려해야 한다. 자료를 분석하는 방법은 자료를 다 수집한 후에 결정하는 것이 아니라 조사도구의 설계과정에서부터 고려해야 한다. 자료를 분석할 때는 시각적 효과를 높이고 이해하기 쉽게 하기 위하여 그림이나 표 등을 적절히 사용하는 것이 바람직하다.

자료분석 결과를 해석할 때는 결과가 가설을 지지하는지 또는 거부하는지를 밝히고 그것이 어떻게 이론으로 구성될지를 설명해야 한다. 연구자가 설정한 가설과 일치하지 않는 결과가 나온 경우에는 이를 솔직히 인정하고 그 이유를 나름대로 추론해야 한다. 조사결과를 해석하는 과정에서는 연구자의 주관이나 편견이 개입될 여지가 크므로 유의해야 한다. 동일한 조사결과에 대하여 연구자에 따라 다른 해석을 내릴 수도 있는데, 연구자는 아전인수 격의 해석을 하지 않도록 주의해야 한다. 조사결과가 제공하는 의미나 시사점 등을 밝히는 데 있어서 자신만의 해석에 빠지지 않도록 유념해야 하며, 자신의 해석이 타당한 것인지 확인하기 위하여 동료 연구자들에게 자문을 구할 수도 있다.

7. 연구결과 보고

조사연구의 결과는 문서나 구두로 보고하고 발표해야 한다. 연구자는 자신의 지식과 이해의 증진뿐만 아니라 다른 사람들의 이해를 돕기 위하여 연구결과를 발표함으로써 지식을 공유해야 한다. 대부분의 경우 연구결과를 보고하고 발표하는 것은 연구보고서를 통하여 이루어진다. 연구보고서를 작성하는 일은 조사연구과정의 마지막 단계로서 아무리 잘된 조사연구라 할지라도 연구보고서가 그 결과를 제대로 충분히 나타내지 못하면 연구의 가치가 희석되고 연구결과는 최종보고서를 통하여 평가되므로 보고서 작성은 매우 중요한 작업이다. 연구보고서는 정확성, 명료성, 간결성, 포괄성, 체계성, 논리성이 있어야 한다.

연구보고서는 무엇보다 그것을 읽는 사람이 그 내용에 대해 충분히 이해할 수 있도록 작성하는 것이 중요하다. 보고서에 들어가는 내용은 연구자가 발견한 사실 모두를 포함할 필요는 없으며, 중요한 내용만을 선별적으로 선택한다. 연구자는 보고서 작성 시 연구주제와 직접적인 관련이 없는 내용은 가능한 한 삭제하여 간결성을 유지하고 잘 알려진 사실에 대하여 지나치게 장황한 설명이 포함되지 않도록 유의해야 한다.

문체에 있어 중요한 것은 정확성, 명료성, 간결성 등이다. 같은 내용을 전달하더라도 되도록 쉽게 표현하고 문장은 짧고 간결해야 한다. 또한 명확하고 논리적이며 정확하게 표현하여야 한다. 문장의 배열이 체계적이지 않거나 논리가 불명확하거나 제시된 내용이 부정확할 경우 독자가 이해하기 어렵다.

연구보고서를 작성할 때 고려해야 할 기본적 사항으로는 보고서의 목적, 독자의 성격, 문체, 길이, 형태 등을 들 수 있다. 보고서의 목적은 곧 연구의 목적으로서 크게 학술적 목적과 실질적 목적으로 나눌 수 있다. 기존 이론을 검증 또는 반증하거나 확대해석하거나 새로운 이론을 제시하기 위한 보고서는 학술적 목적을 가진 것이며, 정책을 평가하고 제안하는 정책보고서와 같은 것은 실질적 목적을 가진 것이다.

정책보고서와 같이 실질적 목적을 가진 연구보고서를 작성할 때에는 무엇보다도 실제로 적용 가능하고 현실적이고 구체적이며 실용적인 제안을 제시하도록 유의해야 한다. 학술적 목적의 연구보고서는 이론적 엄격성과 명료성, 간결성 등을 잘 나타내도록 작성되어야 한다. 한편, 탐색적 목적을 가진 조사연구의 보고서는 본질상 보고서에 발표되는 결론이 잠정적이고 불완전한 것이므로 보고서를 작성할 때는 연구가 탐색적 목적을 갖는다는 것을 명시하고 그 제약점을 지적할 필요가 있다. 이러한 보고서에서는 연구한 주제에 관하여 보다 더 발전된 조사를 할 수 있게 해 주는 방법을 지적하는 것도 중요하다.

보고서 작성 시 고려해야 할 사항 중 하나는 보고서를 읽는 독자가 누구인가 하는 문제다. 주 독자층이 학자인지, 일반국민인지, 정책 입안자인지, 연구지원기관인지, 연구주제에 관한 전문가집단인지 등에 따라 보고서의 문체나 내용, 형식 등을 달리해야 한다. 학술적 목적을 지닌 연구보고서의 주 독자는 동일한 학문분야에 종사하는 동료학자들이다. 이러한 보고서처럼 전문가집단을 위한 보고서를 작성할 때는 어느 정도 관련지식을 갖고 있다고 가정하여 쓸데없는 구구한 설명은 생략하면서 핵심적 내용을 기술적, 전문적으로 표현하도록 한다. 일반인을 대상으로 한 보고서인 경우에는 무엇보다도 이해하기 쉽게 작성하도록 노력해야 하며 지루한 느낌이 들지 않도록 한다.

정부나 기업 등 특정기관으로부터 재정지원을 받아 이루어진 연구인 경우에는 특히 연구의 자율성 문제가 대두될 수 있으며, 이러한 연구의 보고서를 작성할 때는 지원기관으로부터의 압력이 가해질 수 있다는 점이 문제가 된다. 즉, 연구지원기관에게 부정적 영향을 끼치거나 그들이 원하지 않는 결과가 나온 경우 이를 발표하는 것을 꺼려 보고서의 내용에 대하여 간섭할 수 있으므로 연구자는 이 점에서 유의하여 연구결과의 객관성 확보에 노력해야 한다.

보고서의 형식 면에서는 학위논문이나 학술지에 발표하는 논문 등은 규정된 형식이 있으므로 이에 따라 구성해야 한다. 보고서의 구조나 형식은 보고서의 목적, 독자, 연구지원기관 등 여러 요인에 의하여 경우에 따라 달라질 수 있으므로 일정한 것은 아니다. 그러나 대체로 〈표 2-6〉과 같이 구성되는데, 이 중 어떤 부분은 생략할 수도 있고 그 밖의 내용을 추가할 수도 있다.

연구결과를 발표하는 시기의 문제도 고려하여야 한다. 발표시기를 시의적절하게 택함으로써 연구의 효과를 극대화할 수 있기 때문이다. 연구문제가 쟁점으로 부각되는 시기가 연구결과를 발표하기에 좋은 시점이다. 같은

〈표 2-6〉 연구보고서의 기본구조

Ⅰ. 표제 및 서두
  1. 연구제목
  2. 연구자의 이름, 지위, 소속기관
  3. 연구의뢰기관 이름
  4. 보고서 작성일자
  5. 머리말(서문)
  6. 목차: 내용목차, 표목차, 그림목차
  7. 요약(개요): 연구목적, 연구문제와 가설, 연구결과, 결론 및 제언

Ⅱ. 본문
  1. 서론: 연구의 배경, 연구목적 및 의의, 연구문제 및 가설, 연구범위
  2. 선행연구에 대한 문헌조사
  3. 연구방법: 연구설계, 자료수집방법, 표본추출방법, 자료분석방법
  4. 연구결과: 이론적 틀, 자료분석 결과
  5. 결론 및 제언: 결과 요약, 이론적 및 실천적 함의, 연구의 한계 및 문제점

Ⅲ. 기타
  1. 참고문헌
  2. 부록: 조사표, 표본, 통계표 등

내용을 담고 있는 보고서라 할지라도 적정 시기에 발표되는지에 따라 그 영향과 반향이 달라진다. 연구자는 연구결과의 발표가 뒤늦은 감이 없도록 유의해야 한다. 특히 시급한 현안에 관한 연구인 경우에는 시기를 놓치지 말고 발표해야 할 것이다.

표제 및 서두에는 연구제목, 연구자 또는 연구기관명, 연구의뢰기관이 있는 경우 의뢰기관명, 보고서 작성일자, 머리말, 목차, 개요를 수록한다. 개요는 보고서의 주요 내용을 간략히 요약, 정리한 것으로서 조사목적과 조사문제, 가설, 조사내용, 조사방법, 주요 조사결과, 결론 등을 기술한다. 본문에는 서론 부분에 조사연구의 목적과 의의, 필요성, 연구문제와 가설, 연구범위 등을 기술한다. 그 뒤에 선행연구에 대한 문헌연구 결과를 요약기술하고 구체적인 연구방법과 주요한 연구결과를 기술한다. 결론 부분에서는 조사연구 결과를 요약하고 이를 토대로 하여 결론을 내린다. 그리고 조사연구의 함의

와 문제점을 밝힌다. 마지막 부분에는 참고문헌을 수록하고, 부록에는 사용된 설문지, 통계표, 표본지역 등을 수록한다.

제4절 이론과 조사연구의 관계

이론이란 현상을 설명하고 예측하기 위하여 논리적으로 연결된 일련의 명제들을 말한다. 이론을 논리적으로 상호연관된 일련의 명제라고 할 때 가장 흔한 형태의 하나는 공리적 이론(axiomatic theory)이다. 공리적 또는 연역적 이론은 다음과 같은 삼단논법 형태를 취한다.

- **공리적 이론**: 명제 1: 만약 A이면 B다.
  명제 2: 만약 B이면 C다.
  그러므로 명제 3: 만약 A이면 C다.

동일한 현상을 설명하는 여러 가지 이론이 존재하는 경우 어떤 이론이 더 나은 것인지를 어떻게 판단할 수 있는가의 문제가 제기될 수 있다. 이론의 우수성은 다음과 같은 기준에 의해 평가된다.

- **간결성**(parsimony): 이론은 될 수 있는 한 적은 수의 요인들을 사용하여 설명하는 것이 좋다.
- **정확성**(accuracy): 이론에 의한 설명은 정확한 것이어야 한다.
- **포괄성**(pervasiveness): 이론은 그것이 설명하는 범위가 넓을수록 좋다. 즉, 여러 현상을 함께 설명할 수 있는 정도가 높을수록 좋은 이론이다.

이러한 기준에 합치되는 좋은 이론을 구성하는 것이 바로 과학의 궁극적인 목적이라고도 할 수 있다.

이론은 이상을 포함하며 상징적이고 가상적이라는 점에서 실제와 대비된다. 이론은 실제에 기반하여 구성되지만 실제 그 자체가 아니고 이를 넘어서는 것이므로 이론과 실제 간에는 정도의 차이는 있을지언정 반드시 괴리가 존재한다. 실제는 변경 가능한 사회적 세계를 통제하는 방법이고, 목적에 다다르는 수단이며, 실용적인 것이다. 이론은 실제에 대한 논리적인 설명수단이다. 이론적이란 말은 경험한 것으로부터 추출된 것으로, 추상적이며 개념적이라는 의미다.

이론가들은 때때로 지식이 유용하기 위해서는 그것이 기술하거나 설명하고자 하는 현실과 의미 있게 연관되어야만 한다는 사실을 경시하는 경향이 있다. 이론과 현실 또는 실제 간의 거리는 불가피한 것이지만 현실과 동떨어진 이론은 무의미하고 유용성을 상실한 것이므로 현실에 기초한 적용가능성이 높은 이론을 만드는 것이 중요하다. 특정 이론이 문제를 규정하는 데 어떻게 도움을 주는지 또는 과연 이론이 주어진 상태를 문제로 기술하도록 해줄 수 있는지의 여부를 이해하는 것이 이론을 실제적인 것으로 만드는 데 있어 중요한 부분이다.

이론에 대한 주장을 정리하면 다음과 같다.

(1) 이론은 어떤 원리나 법칙을 발견할 수 있는 정리를 공리로부터 연역하고 검증함으로써 성립된다.
(2) 이러한 검증은 경험적으로 체계 있게 이루어져야 한다.
(3) 이론은 경험적으로 검증되기 때문에 객관성을 지닌다.
(4) 이론은 추상화되고 기호화된 것이며 상징적 구성물이다. 추상화되었다는 것은 경험한 사실 또는 물질로부터 공통되고 의미 있는 것을 발췌했다는 뜻이며, 협의로는 개념적이라는 의미다. 기호화한다는 것은 시공을 초월하여 경험을 영원히 보존할 수 있는 메커니즘을 마련해 준다는 것이다. 흔히 언어, 그림, 부호, 숫자 등이 기호화의 도구가 된다.

(5) 이론은 사실에서부터 비롯되나 추상화한 것이므로 사실과 대조를 이루고 실제와 대비된다. 따라서 이론적 개념은 관찰한 것과 대조되고 이론적 법칙도 경험적 일반성과 대조된다.

(6) 이론은 법칙의 체계다. 이는 단순히 몇 가지 법칙을 모아 놓은 총체가 아니라 일정한 규칙에 따라 법칙들이 연결된 것이다.

(7) 이론은 현상을 분석하고 규칙성을 설명하고 이해시키며, 미래를 예측하고 통제하는 역할을 한다.

[그림 2-9]는 과학적 연구가 이루어지는 일반적 과정을 이론의 구성과정과 적용과정으로 나누어 나타낸 것이다. [그림 2-9]의 오른쪽 부분은 이론을

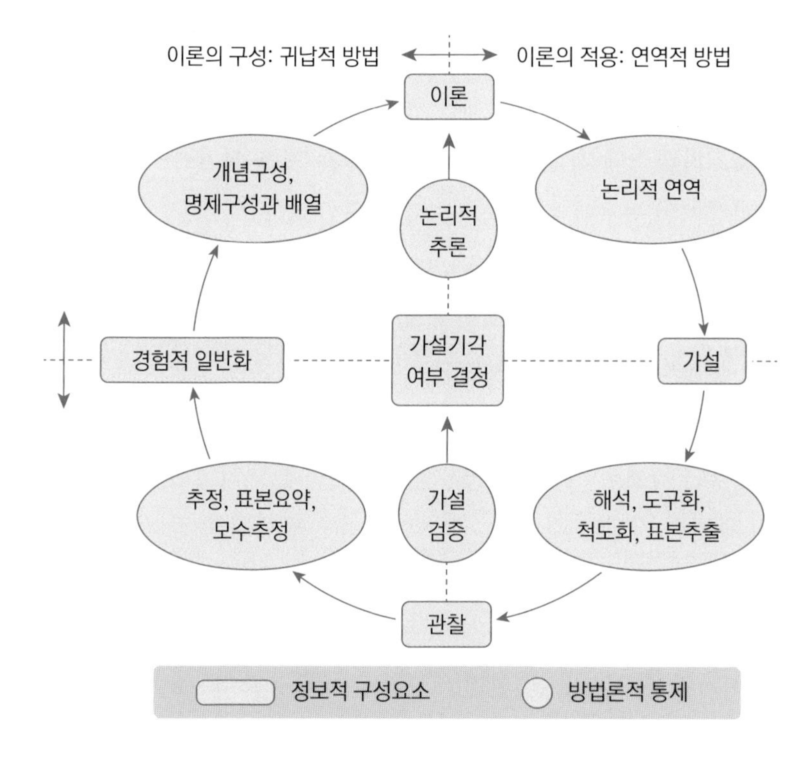

그림 2-9 이론의 구성 및 적용 과정

자료: Wallace, W. (1971). *The logic of science in sociology*. Chicago: Aldine-Atherton. p. 18.

적용하는 연역적 과정을 나타내며, 왼쪽 부분은 관찰한 것을 이해하여 이론을 구성하는 귀납적 과정을 가리킨다. 그리고 윗부분은 이론화 과정을, 아랫부분은 경험적 조사과정을 가리킨다. [그림 2-9]에서 보듯이 이론과 조사는 순환적이고 상호보완적인 관계에 있으며, 과학은 이론과 조사 간의 이러한 관계를 통하여 발전한다.

과학에서 사용하는 논리적 방법에는 연역법과 귀납법이 있다.

- **연역법**(deductive method): 일반원리에서부터 특수원리를 추출해 내는 논리형식으로서 삼단논법(syllogism)이 기본형식이다.
  - 예: 모든 사람은 죽는다→소크라테스는 사람이다→따라서 소크라테스는 죽는다.
- **귀납법**(inductive method): 특수한 사례들로부터 일반원리를 정립하는 방법이다.
  - 예: 소크라테스와 다른 사람들이 죽는다는 것을 관찰하고서, 따라서 사람이면 누구나 다 죽는다는 결론을 내린다.

관찰을 통하여 자료를 수집하고 이를 정리, 분석하여 일반적인 유형을 찾아냄으로써 경험적 사실들을 일반화하고 이로부터 이론에 도달하는 것을 귀납적 방법이라고 하고, 이론으로부터 가설을 도출하고 관찰을 통하여 얻은 자료에 기반하여 가설의 채택 여부를 결정하는 것을 연역적 방법이라고 한다. 연역적 방법은 가설의 검증에, 귀납적 방법은 탐색적 목적의 연구에 주로 쓰이지만 실제 연구과정에서는 이 두 가지 방법이 상호보완적으로 사용된다.

이론의 두 가지 주요 기능은 설명(explanation)과 예측(prediction)이다. 이론은 우선 설명력을 지녀야 한다. 설명이란 특정 관계에 관한 명제가 현상을 기술하는 정도로, 묘사나 서술과는 구별되는 것이다. 설명은 묘사(description)보다 더 깊은 의미를 전달한다. 좋은 이론이란 보다 많은 현상을 가능한 한 단순한 명제로써 설명할 수 있는 것이다.

이론이 갖는 일반화의 수준이 높을수록 이론의 설명력도 높아진다. 그러나 이론의 일반화 정도가 너무 높으면 사실과 거리가 멀어져서 구체성이 결여되고, 반대로 너무 낮으면 사실에 너무 밀착되어 보편성을 갖지 못하게 되므로 적절한 일반화 수준을 유지하는 것이 중요하다. 따라서 이론의 일반화 정도는 추상성과 구체성을 조화하는 수준이어야 한다. 이론과 경험적 사실 간에는 일반화에 의하여 일정한 거리가 생기게 된다.

이론은 설명력뿐만 아니라 예측력도 지녀야 한다. 예를 들어, 만일 지위와 소득 간의 관계에 대한 이론이 있다면 갑의 지위를 알 경우 갑의 대략적인 소득을 예측할 수 있어야 한다. 예측은 단순한 추측과는 다르다. 이것은 이유를 붙여 추론해 내는 것이며 논리적 근거를 갖는다. 그러나 사회과학에서는 예측이 어렵다. 왜냐하면 인간의 주체성과 자유의지에 기인한 연구대상의 가변성, 불안정성, 불규칙성 등 예측을 어렵게 만드는 요인이 존재하기 때문이다. 그러나 사회과학에서도 예측이 불가능한 것은 아니며, 단지 그 정확도 면에서 일반적으로 자연과학에서보다 떨어진다고 할 수 있다.

제3장

측정과 척도

제1절 측정

1. 측정의 정의와 기능

측정(measurement)이란 일정한 규칙에 따라서 사물이나 현상에 숫자나 기호를 부여하는 것을 말한다. 즉, 측정은 측정하고자 하는 대상에 대하여 일정한 규칙에 따라 양적 또는 질적 값을 부여하는 것이다. 측정을 할 때는 반드시 일정한 규칙에 따라야 하는데, 규칙은 숫자나 기호를 부여하는 기준을 제시하는 것으로서 정확한 규칙에 의거하여 측정해야 동일한 대상을 측정했을 때 동일한 측정결과가 나올 수 있다.

측정은 측정하고자 하는 대상을 일관성 있고 간단하게 묘사해 주며, 숫자를 부여함으로써 자료를 통계적으로 분석할 수 있게 해 준다. 또한 추상적 개념을 측정함으로써 경험적으로 검증할 수 있게 해 준다.

사회과학에서는 연구대상의 속성을 수량화할 수 없는 경우가 많고, 대상이 갖고 있는 속성 자체보다는 그러한 속성을 나타내는 지표를 측정하는 경우가 대부분이기 때문에 자연과학보다 측정이 더 어렵고 논란을 유발한다. 연령이나 교육수준처럼 객관적으로 파악할 수 있는 변수는 비교적 쉽게 측정할 수 있으나, 직접 관찰할 수 없는 주관적인 인식이나 태도를 측정하는 것은 복잡한 문제다.

이처럼 사회과학에서는 측정대상이 갖는 특성으로 인하여 측정에 한계가 있지만 연구자는 대상을 수치로 나타냄으로써 연구의 객관성을 도모하려고 한다.

2. 측정오류

측정을 할 때는 정확하게 측정하는 것이 무엇보다 중요하지만 때로는 측정과정에서 여러 가지 오류가 발생할 수 있다. 측정오류(measurement error)란 측정과정에서 발생하는 오류로서 여기에는 체계적 오류(systematic error)와 무작위적 오류(random error)가 있다. 측정오류가 발생한다는 것은 다시 말해서 측정대상의 실제와 측정결과 간에 불일치가 존재한다는 것이다.

1) 체계적 오류

체계적 오류는 자료를 수집하는 방법이나 과정에서 발생하는 유형화된 오류로서 측정하고자 하는 변수에 일정하게 영향을 주어 편향되고 왜곡된 측정결과를 발생시키는 오류다. 체계적 오류는 체계적으로 발생하는 것이므로 그 원인을 파악하여 제거할 수 있다. 체계적 오류가 발생하면 측정결과가 지나치게 한쪽으로 치우치거나 변수들 간의 관계가 지나치게 높거나 낮게 나타날 수 있다.

대표적인 체계적 오류에는 응답군(response set)과 사회적으로 바람직한 편향(socially desirable bias)이 있다. 응답군이란 일련의 질문들이 있을 때 응답자가 각각의 질문내용과 상관없이 앞서 대답한 응답과 유사한 응답을 하는 경향으로 인하여 응답이 어느 한쪽으로 몰려 일정한 유형을 이루는 현상을 말한다. 사회적으로 바람직한 편향이란 응답자가 자신의 의견이 아니라 자신이 살고 있는 사회에서 바람직하다고 간주되는 것을 답으로 선택하는 현상을 말한다.

응답자의 성, 나이, 학력, 종교, 직업 등과 같은 인구사회학적 특성으로 인하여 체계적 오류가 발생할 수도 있다.

응답자의 개인적 성향으로 인한 체계적 오류에는 다음과 같은 것들이 있다.

- **연쇄오류**: 후광효과(halo effect)에 의한 오류로서 어느 한 측면에 대하여

높은 점수를 주면 다른 측면에 대해서도 높은 점수를 주게 되는 경향으로 인한 오류를 말한다.

- **중앙화 경향 오류**: 중간에 해당하는 응답을 하는 오류를 말한다.
- **관대화 오류**: 좋은 점을 부각시켜 긍정적인 응답을 하는 오류를 말한다.
- **엄격화 오류**: 나쁜 점을 부각시켜 부정적인 응답을 하는 오류를 말한다.
- **대조오류**: 자신의 특성과 반대되는 특성을 부각시켜서 평가하는 오류를 말한다.

2) 무작위적 오류

무작위적 오류는 우연히 발생하며 일시적 사정에 의하여 일관성 없이 나타난다. 이것은 체계적 오류와는 달리 일정한 유형이 없다. 체계적 오류가 그 원인을 파악할 수 있는 반면 무작위적 오류는 원인을 알 수 없는 경우가 많으므로 제거하기가 쉽지 않다. 무작위적 오류는 조사자, 조사대상자, 조사상황 등으로 인하여 발생할 수 있다.

- **조사자가 원인인 경우**: 조사자의 기분, 태도, 신체적 및 정신적 상태 등
- **조사대상자가 원인인 경우**: 응답자의 피로, 불안, 신체적 및 정신적 상태 등
- **조사상황이 원인인 경우**: 조사시간, 조사장소, 조사 당시의 물리적 여건 등

제2절 신뢰도

1. 신뢰도의 정의

신뢰도(reliability)란 측정을 반복했을 때 동일한 결과를 얻는 정도를 말한다. 측정이 신뢰도가 있다는 말은 안정성과 예측가능성, 일관성을 갖는다는

뜻이다. 같은 대상을 놓고 같은 측정도구에 의하여 측정했을 때 측정을 여러 번 반복해도 같은 결과가 나온다면 그 측정은 예측 가능하고 안정성이 높다고 할 수 있다.

측정을 할 때 어떤 측정도구가 나타내는 일련의 측정치들은 측정대상이 갖는 특성과 측정과정상의 여러 가지 오류에 의해 영향을 받게 되므로 측정의 신뢰도 문제가 대두되는 것이다.

2. 신뢰도 평가방법

1) 재검증법

검사-재검사법(test-retest method)이라고도 한다. 동일한 대상을 동일한 측정도구를 사용하여 두 번 측정하여 나온 결과 간에 어느 정도 상관관계가 있는지 비교해 봄으로써 신뢰도를 평가하는 방법이다. 예를 들어, 관찰이나 면접을 두 번 반복하거나 같은 질문지를 두 번 사용하여 측정하는 것이다.

이때 두 번의 측정에서 나온 두 측정치 간의 상관계수가 신뢰도의 추정치가 된다. 즉, 신뢰도값=$\gamma(XX')$이다. 여기서 X는 첫 번째 측정치, X′는 두 번째 측정치, $\gamma(XX')$는 X와 X′의 상관계수다. 상관계수가 클수록 신뢰도가 높다고 할 수 있다.

재검증법은 적용하기가 간단한 반면 조사시간과 조사비용이 많이 들고 한 시점에서밖에 측정하지 못하는 대상이 많이 있으며, 두 측정시점 사이에 측정대상의 속성 자체가 실제로 변화하여 두 측정치가 차이가 날 수 있고, 첫 번째 측정이 두 번째 측정에 영향을 줄 수 있다는 단점이 있다.

2) 반분법

양분법(split-half method)이라고도 한다. 같은 내용에 대하여 표현만 다른 문항을 둘씩 만들어서 두 문항에 대한 응답을 비교하는 방법이다. 전체 문항을 두 개의 조로 나누어 짝이 되는 문항들 간의 상관계수를 보고 신뢰도를 평가한다. 이때 양분된 척도는 신뢰도를 유지하는 데 충분한 문항 수를 가져야 하는데, 양분된 문항 수는 적어도 8~10개는 되어야 한다. 질문지에 짝이 되는 문항들을 배치할 때는 보통 홀수번호와 짝수번호로 나누거나 전반부와 후반부로 나눈다.

반분법의 장점은 양분된 측정도구를 가지고 동시에 측정하기 때문에 조사시간과 조사비용이 많이 들지 않고, 재검증법처럼 측정시점이 다르기 때문에 발생할 수 있는 외생변수의 영향을 배제할 수 있으며, 한 번만 측정함으로써 재검증법의 단점인 첫 번째 검사가 두 번째 검사에 영향을 미치는 효과가 없다는 것이다. 반면, 완전하게 동등한 짝이 되는 문항들을 만들기 어렵고, 문항 수가 많아야 한다는 단점이 있다.

3) 대안적 형태법

대안적 양식법(alternate form method), 복수양식법, 유사양식법이라고도 한다. 같은 내용을 물어보는 두 가지 형태의 서로 다른 측정도구(질문지)를 사용하여 동일한 대상을 차례로 측정한 후 두 측정치 간의 상관관계를 보고 신뢰도를 평가하는 방법이다.

대안적 형태법의 장점은 재검증법과 같이 측정시점이 다른 데서 오는 외생변수의 영향을 배제할 수 있다는 것이다. 반면, 서로 다른 두 개의 동등한 측정도구를 만들기가 어렵고, 내용이 같다고 가정하고서 만든 문항들이 과연 동등성을 갖는지를 결정하는 근거를 밝히기 어려우며, 첫 번째 측정이 두 번째 측정에 미치는 영향을 완전히 배제할 수 없다는 단점이 있다.

4) 내적 일관성법

내적 일관성법(internal consistency method)은 문항들을 나누는 방식에 따라 신뢰도계수가 달라질 수 있는 반분법의 문제점을 해결하기 위하여 반분법에서의 모든 신뢰도계수를 구한 후에 그 평균으로 신뢰도를 계산하는 방법으로, 동일한 척도를 구성하는 문항들 간에 어느 정도 일관성을 갖는지 측정하는 방법이다. 이것은 동일한 개념을 측정하기 위하여 여러 개의 문항으로 이루어진 척도를 사용하는 경우에 측정결과에 일관성이 있어야 한다는 논리에 따라 신뢰도를 저해하는 문항을 찾아내어 이를 제외시킴으로써 척도의 신뢰도를 높이는 데 사용된다. 즉, 본조사를 시행하기에 앞서 사전검사를 하여 척도를 구성하는 문항들 중에서 신뢰도가 낮은 문항을 제거하여 신뢰도가 높은 척도를 개발하거나, 조사가 끝난 뒤에 척도를 구성하는 문항들 중에서 신뢰도가 낮은 문항을 분석에서 제외시킬 때 사용할 수 있다.

내적 일관성법에서는 신뢰도를 크론바흐(Cronbach)의 알파값으로 측정한다. 크론바흐의 알파값은 0에서 1까지의 값을 가질 수 있으며, 척도를 구성하는 문항들 간의 평균상관관계가 증가할수록, 문항 수가 증가할수록 커진다. 보통 크론바흐의 알파값이 0.6~0.7 이상이면 척도의 신뢰도가 있다고 간주한다.

제3절 타당도

1. 타당도의 정의

측정을 할 때는 측정하고자 하는 대상을 정확히 측정해야 하는데, 이는 곧 측정이 타당도가 있어야 한다는 말이다. 타당도(validity)란 측정하고자 하는 것을 정확히, 제대로 측정하는 정도를 말한다. 다시 말하면, 타당도란 측정한 값과 실제 값 간의 일치 정도다. 측정도구로서의 척도가 측정하고자 하는 것을 정확히 측정할 때 그 척도는 타당도를 갖는다고 말한다.

2. 타당도의 종류

학자마다 타당도의 종류를 구분하는 방법에 차이가 있는데, 대체로 주된 타당도의 종류로서 내용타당도, 기준타당도, 구성타당도 세 가지를 꼽는다. 내용타당도는 하나의 개념과 하나의 측정치를 필요로 하고, 기준타당도는 하나의 개념과 둘 이상의 측정치를 필요로 하며, 구성타당도는 명제로 연결되는 둘 이상의 개념과 이 개념들의 측정치를 필요로 한다.

1) 내용타당도

내용타당도(content validity)는 타당도 중에서 가장 간단한 유형으로 표면(액면)타당도(face validity)와 같은 뜻으로 사용하기도 하고, 내용타당도와 표면타당도를 구분해서 사용하기도 한다. 내용타당도란 측정도구의 내용이 측정하고자 하는 개념을 얼마나 대표성 있게 포함하고 있는지의 정도, 즉 측정하고자 하는 개념이 갖고 있는 모든 의미를 포괄하고 있는 정도를 말한다. 다시 말하여 측정도구가 그것이 측정하고자 하는 개념을 어느 정도 잘 반영하고 있는지를 말한다. 내용타당도에 대한 평가는 연구자의 주관적 판단에 의존한다.

예를 들어, 소외라는 개념의 의미를 분석한 결과 무기력감, 무의미성, 무규범성, 고립, 자기소외라는 다섯 가지 내용이 포함된 것으로 판단하고, 각각의 내용을 측정하기 위하여 문항들을 만들었을 때 내용타당도란 이 문항들이 각각의 내용의 의미를 얼마나 잘 나타내 주고 있으며, 결과적으로 소외라는 개념을 얼마나 잘 반영하고 있는지를 말한다. 또 한 예로서 사회경제적 지위를 측정하기 위하여 경험적으로 측정 가능한 측정치로서 직업, 소득, 교육수준을 선택했을 때 내용타당도는 직업, 소득, 교육수준이 사회경제적 지위를 얼마나 잘 반영하는지를 평가함으로써 판단된다.

내용타당도를 확인하기 위해서는 우선 측정하고자 하는 개념에 대한 정의를 살펴보아야 한다. 만약 개념정의가 명료하지 않으면 내용타당도가 성립

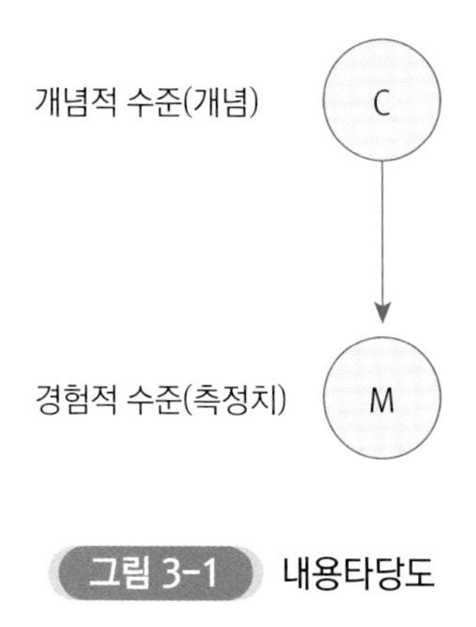

그림 3-1 내용타당도

되지 못한다. 개념의 명료성에 대한 판단은 전문가들의 주관적인 평가에 의하여 이루어진다. 내용타당도는 기본적으로 측정하고자 하는 개념을 측정하기 위한 질문 문항들을 합리적으로 판단하여 선정할 때 높아지며, 따라서 연구자의 지식과 선행연구 및 전문가의 의견 등에 기반하여 질문 문항을 합리적으로 선정해야 한다.

사회과학적 연구에서 사용하는 개념 중에는 복합적 내용을 가진 개념구성체가 많은데, 이러한 복합적 의미를 가진 구성체를 측정하는 경우에 하위영역을 어떻게 나눌 것인지를 결정하는 것은 쉬운 일이 아니다. 또 측정하고자 하는 개념의 정의에 대해 완전한 의견일치를 보기 어려운 경우도 많다. 이러한 이유로 인하여 내용타당도를 확보하고 그 여부를 판단하는 것은 쉬운 일이 아니다.

2) 기준타당도

기준타당도(criterion validity)는 실용적 타당도(pragmatic validity), 경험적 타당도(empirical validity)라고 하기도 한다. 기준타당도라고 부르는 이유는 하나의 측정치의 타당도를 판단하기 위하여 다른 측정치를 기준으로 사용하기 때문이다. 기준타당도는 하나의 개념에 대하여 둘 이상의 측정치를 필요로 하며, 사용하는 측정도구로 측정한 측정치가 기준이 되는 다른 측정도구

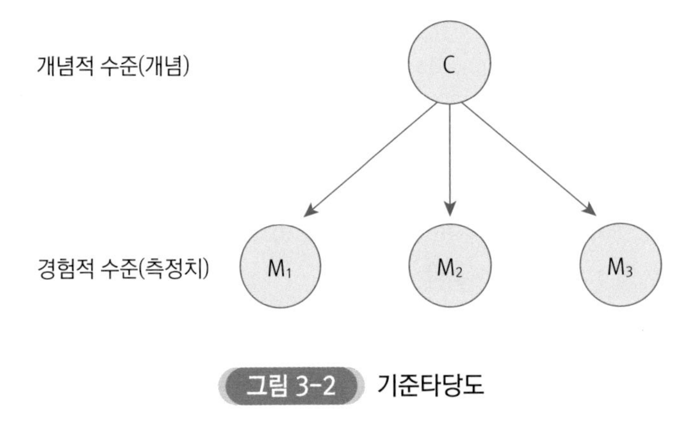

그림 3-2 기준타당도

로 측정한 측정치와 어느 정도 상관관계가 있는지를 의미한다.

예를 들어, 사회경제적 지위의 측정치로서 직업, 소득, 교육수준을 선택했을 때 각각의 측정치 중 어느 하나를 기준으로 하여 다른 측정치의 타당도를 평가할 수 있으며, 각 측정치 간의 상관계수를 통하여 기준타당도를 판단할 수 있다.

기준타당도에는 동시적(concurrent) 타당도와 예측적(predictive) 타당도가 있다. 동시적 타당도란 측정도구가 현재의 어떤 속성 면에서 상이한 두 대상을 판별해 내는 정도를 말한다. 즉, 어떤 속성 면에서 현재의 의미 있는 차이를 가려낼 수 있는지의 문제다. 예를 들어, 집단의 민주성을 측정하는 데 사용된 어떤 척도가 민주적인 집단과 독재적인 집단이라고 알려진 두 집단을 구분해 낸다면 이 척도는 동시적 타당도를 가진다.

예측적 타당도란 현재의 상태로부터 미래의 차이를 예측해 내는 정도를 말한다. 즉, 현재가 아닌 장래 어느 시점에서 어떤 속성 면에서 차이가 날지를 가려낼 수 있는지의 문제다. 예를 들어, 적성검사라는 측정도구의 예측적 타당도는 적성검사 결과 나온 측정치가 장래의 직무수행 정도를 예측해 내는 정도를 보고 평가할 수 있다. 현재의 직장만족도를 측정하는 척도를 가지고 장래의 생산성을 예측할 수 있는지를 판단하는 것도 예측적 타당도를 평가하는 것이다.

3) 구성타당도

구성타당도(construct validity)는 이론적 구성에 대한 타당도로서 측정의 타당도를 그것의 이론적 적합성에 의하여 판단하는 것이다. 다시 말하여, 구성타당도란 이론적 체계 내에서 척도를 관련 있는 다른 변수들과 연결시켜서 타당도를 판단하는 것이다. 구성타당도는 이론적 측면에 관한 것이므로 이론적 타당도 또는 개념타당도라고도 한다.

측정이 구성타당도가 있어야 한다는 말은 제시된 이론과 개념적 틀 속에서 타당한 측정이어야 한다는 뜻이다. 다시 말하여, 측정과 측정도구가 이론적으로 유관적합성을 가져야 한다는 말이다. 이때 사용된 이론 자체는 타당한 것이어야 한다. 구성타당도가 존재하기 위해서는 둘 이상의 개념이 있어야 하고 이들 개념은 서로 이론적으로 연결되어 있어야 한다.

어떤 개념을 구성하는 두 개의 측정치를 각각 A, B라고 하고, 이 개념과 또 다른 개념과의 관계를 서술하는 명제가 있다고 하자. 그리고 첫 번째 개념이 측정치 A를 사용하여 측정되었을 때 이 명제가 검증되었다고 하자. 이 명제에서 측정치 A를 측정치 B로 바꾸고 다시 검증했을 때 A를 사용하여 검증했을 때와 동일한 결과를 얻는다면 새로운 측정치 B는 구성타당도가 있다고 한다.

예를 들어, "사회경제적 지위가 높을수록 소외감이 낮을 것이다."라는 가설이 있다고 하자. 그리고 사회경제적 지위를 직업과 소득으로 측정하고 소외감을 A와 B라는 지표로 측정한다고 하자. 만일 직업과 소득이 사회경제적 지위를 측정하는 지표라면 직업과 소외감 간의 상관 정도와 소득과 소외감 간의 상관 정도가 비슷하거나, 직업과 소득 각각과 소외감 지표인 A와 B 각각 간의 상관 정도가 비슷해야 한다. 상관 정도가 비슷할 때 이들 지표 또는 측정도구의 구성타당도를 확인할 수 있다. 또 만일 직업과 소득이 사회경제적 지위라는 동일한 개념을 측정하는 측정치라면 직업과 소득 간에는 높은 상관관계가 있어야 한다. 이 두 측정치 간의 높은 상관관계는 구성타당도를 평가하는 근거가 된다.

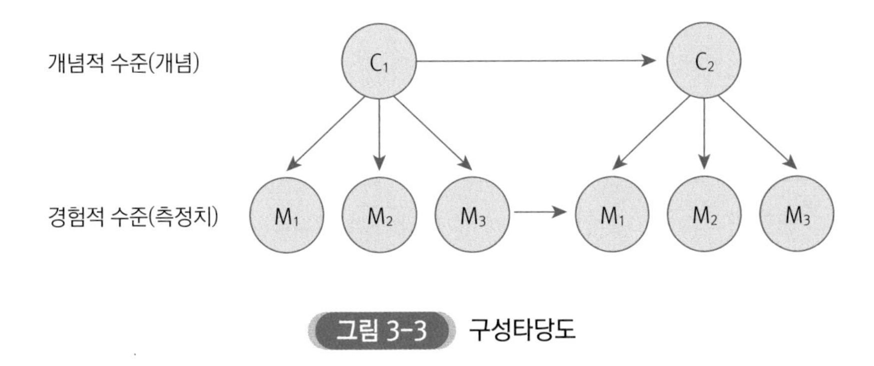

그림 3-3 구성타당도

구성타당도는 수렴적 타당도(convergent validity)와 판별적 타당도(discriminant validity)로 구성되어 있다. 동일한 개념을 둘 이상의 측정도구를 사용하여 측정했을 때 측정결과 간에 높은 상관관계가 있을 때 수렴적 타당도가 있다고 하며, 동일한 측정도구로 서로 다른 개념을 측정했을 때 서로 다른 측정결과가 나오면 판별적 타당도가 있다고 한다.

3. 신뢰도와 타당도 제고방법

측정을 할 때는 신뢰도와 타당도 문제에 신경을 써야 한다. 일반적으로 무작위적 오류가 발생하면 신뢰도가 낮아지고 체계적 오류가 발생하면 타당도가 낮아진다. 신뢰도와 타당도를 제고하는 방법에는 다음과 같은 것들이 있다.

(1) 질문을 명확히 기술한다. 질문이 애매모호하면 응답자가 무슨 뜻인지 정확히 알 수 없어 임의로 해석할 가능성이 있고, 이로 인해 응답의 신뢰도와 타당도가 저하될 수 있다.

(2) 하나의 개념을 측정하고자 할 때 문항 수를 많이 만들어서 측정하면 설사 한 문항에 문제가 있더라도 다른 문항들이 있으므로 문제가 상쇄될 수 있다. 따라서 동일한 개념을 측정하는 문항들을 많이 만들면 신뢰

도와 타당도를 높일 수 있다.

(3) 조사시간이 너무 길면 응답자가 싫증이 나고 지루함을 느껴서 되는 대로 응답할 가능성이 있으므로 조사시간이 너무 길어지지 않도록 한다.

(4) 조사 당시의 상황이 강압적이거나 시간이 촉박한 경우에 신뢰도와 타당도가 저하될 수 있다. 따라서 응답자가 자유스러운 분위기에서 충분한 시간을 갖고 응답할 수 있도록 한다.

(5) 응답자가 이해하기 어려운 질문을 하는 경우 타당도가 저하될 수 있다. 따라서 응답자의 연령, 교육수준 같은 인구사회학적 특성을 고려하여 그에 적합한 질문을 만든다.

(6) 응답자가 관심이 없거나 잘 모르는 내용인 경우 무성의하게 대답할 가능성이 높아 신뢰도와 타당도가 저하될 수 있다.

(7) 조사자가 질문을 정확히 이해하고 일관성 있는 태도를 가져야 한다.

(8) 조사자가 동일한 질문을 두 번 이상 하여 일관성 있는 응답을 유도한다.

4. 신뢰도와 타당도의 관계

신뢰도가 있다고 해서 타당도가 있는 것은 아니다. 그러나 타당도가 있는 경우는 신뢰도도 있다고 할 수 있다. 신뢰도가 있어도 타당도가 없다면 쓸모없는 것이므로 이런 점에서 보면 타당도가 신뢰도보다 더 중요하다고 할 수

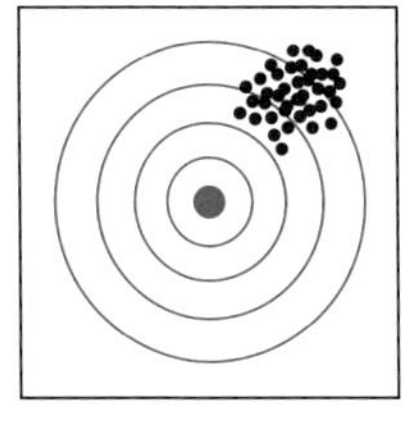

1. 신뢰도는 있으나 타당도가 없는 경우

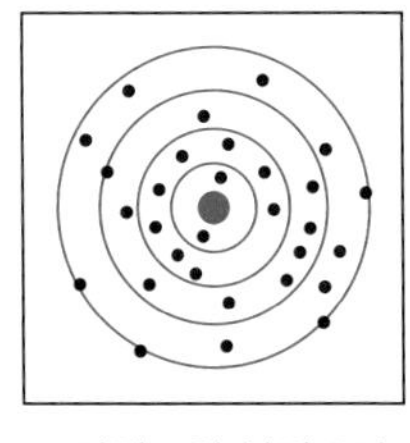

2. 타당도와 신뢰도가 없는 경우

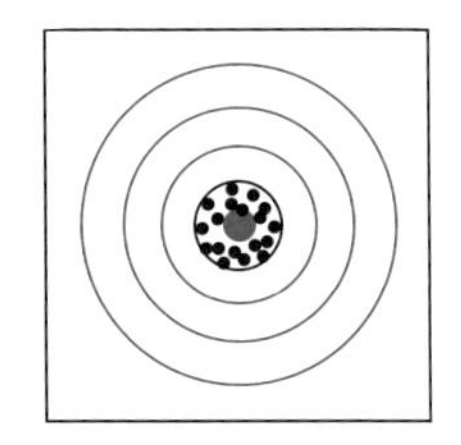

3. 타당도와 신뢰도가 있는 경우

그림 3-4 신뢰도와 타당도

있다. 그러나 실제 조사연구에서는 연구자들은 타당도보다 신뢰도 문제에 더 많은 관심을 갖는 경향이 있는데, 이는 실제로 타당도를 확보하는 것이 신뢰도를 확보하는 것보다 더 어렵기 때문에 타당도 문제를 다루기를 기피하기 때문이기도 하다.

제4절 척도

1. 척도의 정의

척도(scale)는 측정에 사용되는 도구다. 자, 저울, 온도계와 같은 척도를 사용하여 길이, 무게, 온도를 측정하는 것처럼 사회과학에서도 인위적으로 척도를 만들어서 측정하고자 하는 대상을 측정한다. 척도는 일정한 규칙에 따라서 수치나 기호를 배열한 형태를 띠며, 측정대상의 속성과 일대일 관계를 맺으면서 대상의 속성을 수치나 기호로 표시한다. 척도를 사용하여 측정함으로써 측정대상의 질적 속성이 양적인 변수로 변환된다.

척도를 구성하기 위한 기본전제는 척도로써 측정하려는 대상이 연속성을 띠어야 한다는 것이다. 이는 곧 측정대상이 단일차원상에서 무한한 하나의 선으로 나타날 수 있다는 뜻이다. 이 선은 무한개의 범주로 나뉠 수 있고 세분화될 수 있는 것이며, 양극단은 정반대의 성격을 가져야 한다.

사회과학에서는 자연과학과 달리 척도를 사용하는 데 있어 제한이 있다. 사회과학에서 흔히 측정되는 태도나 가치 같은 질적 속성은 양적으로 측정하기 어려울 뿐 아니라 측정을 하더라도 사용한 척도에 따라 서로 다른 측정결과가 나올 수 있다. 따라서 사회과학적 조사연구에서 척도를 사용하여 질적 속성을 양적인 것으로 변환시키는 경우에는 척도가 가지는 근본적인 한계를 인식해야 한다.

2. 척도의 기능

척도는 다음과 같은 기능을 한다.

(1) 변수에 대한 양적인 측정치를 제공해 줌으로써 자료의 정확성을 높이고 자료를 통계적으로 분석할 수 있게 해 준다.
(2) 표준화된 척도를 일관되게 사용함으로써 측정오류를 줄이고 측정의 신뢰도와 타당도를 제고한다.
(3) 개별문항이나 단일지표를 사용하는 경우에는 불안정성으로 인하여 측정오류가 발생할 수 있는데, 척도를 사용함으로써 이러한 오류를 방지할 수 있다. 하나의 문항만을 사용하여 변수를 측정하는 경우에는 그 문항에 대한 응답이 잘못되었더라도 그것을 자료로 삼을 수밖에 없지만 둘 이상의 문항으로 구성된 척도를 사용하면 어느 한 문항에라도 올바른 답이 주어질 가능성이 높아진다.
(4) 둘 이상의 문항들로 구성된 척도를 사용함으로써 문항들에 대한 응답의 일관성을 검토할 수 있다.
(5) 잘못 표현된 질문이나 편향된 질문으로 인하여 응답이 그릇되게 분포될 수 있는 문제가 있는데, 여러 개의 문항을 포함하고 있는 척도를 사용하면 이러한 이유로 인해 발생할 수 있는 부정적인 효과를 줄일 수 있다.
(6) 사회과학에서 사용하는 대부분의 개념은 복합개념으로서 그 내용이 복합적이어서 하나의 지표(indicator)로써 측정하는 것이 어려운바, 이 경우 여러 개의 지표로 이루어진 척도를 사용함으로써 정확히 측정하기 어려운 복합적인 개념을 측정할 수 있다.
(7) 여러 개의 지표를 하나의 점수로 나타내 줌으로써 자료의 복잡성을 덜어 준다. 즉, 개별 문항이나 지표들을 일정한 기준에 따라 묶어서 하나의 값으로써 측정할 수 있게 하여 복잡한 자료를 분석하기 쉬운 단순한 측정치로 요약해 주는 자료의 요약 기능이 있다.

척도를 만들 때는 우선 측정하고자 하는 이론적 개념을 정한 후에 이론적 개념의 내용을 특정화하여 경험적으로 측정 가능한 변수로 전환한다. 그 후 변수의 속성을 반영하는 경험적 지표를 선정하고, 이 지표를 활용하여 척도를 구성한다. 여러 개의 문항으로 구성된 척도를 작성하는 과정은 우선 내용타당도가 있고 단일차원적이며 대표성이 있고 상호관련성이 있는 문항들을 만들고, 각각의 문항에 대하여 상호배타적이면서 포괄적인 응답범주들을 정하고 각각의 응답범주에 수치를 부여한다.

3. 척도의 기본유형

변수들은 대부분 척도의 가장 기본적 유형인 명목척도, 서열척도, 등간척도, 비율척도로써 측정된다. 이 네 가지 척도는 그것에 의해 제공되는 정보의 수준과 자료분석 시 사용할 수 있는 통계방법의 수준 면에서 차이가 있는데, 명목척도 < 서열척도 < 등간척도 < 비율척도의 순으로 보다 많은 정보를 제공해 주며, 적용할 수 있는 통계분석방법도 더 많아진다. 이 네 가지 척도를 사용한 측정을 네 가지 측정수준이라고도 한다. 연구자는 각 척도의 특성을 고려하여 자료의 측정수준에 맞는 통계적 방법을 사용해야 한다.

만일 자료는 명목척도의 수준에서 측정되어 있는데 서열척도나 등간척도에 적합한 통계기법을 적용한다면 논리적 오류를 범하게 되고, 반대로 자료는 보다 높은 수준에서 측정되어 있는데 통계분석방법은 낮은 수준의 것을 사용한다면 유용한 정보를 잃게 된다. 따라서 척도의 성격에 합당한 통계적 방법을 사용하는 것은 매우 중요하며 어떤 통계분석방법을 사용할 것인지를 미리 생각해 두어야 한다.

같은 변수라도 여러 가지 척도로 측정할 수 있다. 예를 들어, 연령을 연수로 나타내면 비율척도이지만 유아기, 아동기, 청소년기, 청년기, 중년기, 노년기로 나누거나 0~9세, 10~19세, 20~29세 등으로 나타내면 서열척도가 되고, 피부양인구와 부양인구로 구분하면 명목척도가 된다.

1) 명목척도

명목척도(nominal scale)는 네 유형 중 가장 단순하고 기본적인 것으로서 측정대상의 특성을 분류하는 둘 이상의 범주(category)를 가진 변수를 측정하는 척도다. 명목척도에서의 숫자는 단지 분류적인 의미만을 가진 것으로서 양적인 의미가 없는 것이다. 즉, 숫자의 크기는 아무런 의미가 없고 단지 숫자가 다르면 대상의 특성이 다르다는 것을 의미한다. 이처럼 명목척도는 양의 과소나 크기의 대소를 구별하지 못하고 단지 숫자나 기호로써 측정대상을 명목적으로 지칭해 줄 뿐이다.

이것은 성, 지역, 직업, 종교, 운동선수의 등번호 등과 같이 분리적이고 비수치적인 범주를 갖는 변수를 나타낼 때 사용된다. 이때 범주들은 상호배타적이고 포괄적이어야 하는데, 이는 각각의 범주가 포함하는 내용 간에 중복이 없어야 하며 모든 범주가 변수의 모든 내용을 포함해야 한다는 뜻이다. 보통 각각의 범주에 숫자나 기호를 붙여서 사용한다. 명목척도를 사용하여 측정한 자료를 분석할 때 사용할 수 있는 통계분석방법은 매우 제한적이다.

2) 서열척도

서열척도(ordinal scale)는 측정대상을 어떤 특정한 속성의 정도에 따라 범주화하여 그 정도의 순서대로 배열한 것이다. 이때 순서는 범주들 간의 상대적 서열을 표시한 것일 뿐 차이를 나타내는 것은 아니다. 곧, 수학의 부등호와 같은 의미를 갖는 것이다. 서열척도는 서로 비교할 수 있고 순위를 매길 수 있는 변수를 측정할 때 사용한다. 명목척도가 가지고 있는 속성 이외에 서열성이 있어서 측정대상을 특정속성을 갖고 있는 정도에 따라서, 예를 들어 크고 작은 순서나 많고 적은 순서에 따라서 여러 개의 범주로 나누어 서열화할 수 있다. 서열척도에서는 서열 간 간격이 동일하지 않다.

서열척도에 숫자를 부여할 때는 숫자 자체는 어떤 절대적인 수나 양을 나타내는 것이 아니라 단지 순서를 나타내기 때문에 큰 쪽에 큰 숫자를 부여하거나 정반대로 부여할 수도 있다. 서열척도를 사용하여 측정한 자료의 분석에 적용 가능한 통계분석방법은 명목척도의 경우보다는 많지만 등간척도의 경우보다는 적다.

서열척도의 예로는 사회계층, 거리번호, 장애등급, 석차 등을 들 수 있다. 사회계층을 상층, 중층, 하층으로 나누는 경우 상층은 중층보다 높고 중층은 하층보다 높다는 것을 나타낼 뿐 층 간의 거리가 같은 것은 아니다. 거리번호를 1가, 2가, 3가 등으로 매겼을 때 1가와 2가 간의 거리가 2가와 3가 간의 거리와 같은 것은 아니고 단지 거리가 위치한 순서대로 번호를 매긴 것일 뿐이다.

3) 등간척도

등간척도(interval scale)는 측정대상의 속성의 서열을 나타내는 서열척도의 성격 이외에 속성에 따라 구분된 급 간의 차이가 같다는 성격이 추가된 척도다. 즉, 이것은 등급 간에 서열이 존재할 뿐 아니라 그 간격이 일정한 것이다. 따라서 등간격이므로 더하기, 빼기를 할 수 있다.

등간척도의 예로는 온도, 지능지수, 학년, 물가지수 등이 있다. 온도계의 눈금 간의 간격은 1도로 동일하며, 20도가 10도보다 두 배 더 더운 것은 아니고 단지 눈금을 등간격으로 나누어 구분한 것에 의한 차이다.

4) 비율척도

비율척도(ratio scale)는 등간척도의 속성 이외에 절대 0값이 있는 척도다. 속성이 전혀 존재하지 않는 상태를 의미하는 절대 0값이 있어 더하기, 빼기 뿐 아니라 곱하기, 나누기도 가능하다. 따라서 비율척도에서는 하나의 값이 다른 값의 몇 배인지를 표시할 수 있다.

비율척도의 예로는 만 나이, 무게, 길이, 가격, 실업률, 범죄율 등이 있다. 비율척도는 앞의 세 가지 척도보다 측정수준이 가장 높은 것이므로 사용 가능한 통계분석방법이 가장 많다.

〈표 3-1〉 척도의 기본유형의 특성

특성		척도			
		명목척도	서열척도	등간척도	비율척도
범주의 특성	상호배타성, 포괄성	예	예	예	예
	서열성	-	예	예	예
	등간격	-	-	예	예
	절대 0값	-	-	-	예
측정작용	분류성	예	예	예	예
	서열비교	-	예	예	예
	가감(+ −)	-	-	예	예
	가감승제(+ − × ÷)	-	-	-	예

〈표 3-2〉 척도의 기본유형별 통계분석방법

척도유형	척도의 예	통계분석방법
명목척도	성, 종교, 인종, 지역, 계절, 장애종류	최빈값, 빈도, 분할상관계수, 비모수통계
서열척도	사회계층, 번지수, 장애등급, 생활만족도, 석차	중앙값, 백분율, Spearman의 서열상관계수, Kendall의 τ, 비모수통계
등간척도	온도, 지능지수, 물가지수	산술평균, 표준편차, Pearson의 상관계수, 모수 및 비모수통계
비율척도	신장, 무게, 실업률, 만 나이	기하평균, 모수 및 비모수통계

4. 척도의 종류

1) 평정척도

평급척도(rating scale)라고도 하며, 평가자가 측정대상의 연속성을 전제로 하여 일정한 등급방식에 따라 평가하여 측정대상의 속성을 구별하는 척도다. 평정척도에서 평가자는 자신의 견해에 따라서 일정한 점수를 부여한다. 평정척도는 대부분 서열척도이지만 응답범주들 간의 간격이 유사한 경우에는 등간척도로 간주할 수 있다.

- 도표를 사용한 평정척도:

당신의 생활만족도는 어느 정도입니까?

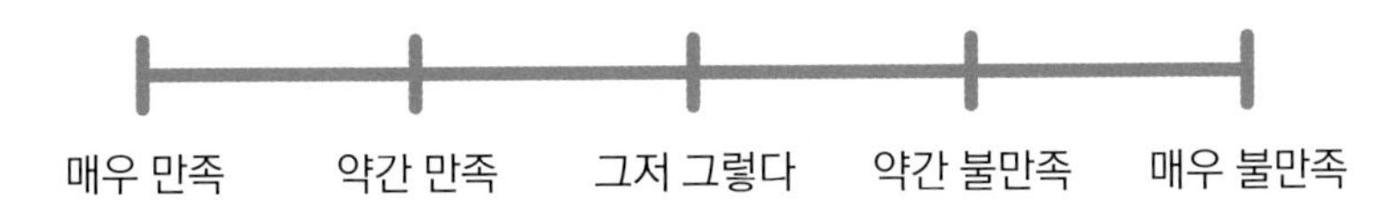

- 응답범주가 있는 문항을 사용한 평정척도:

당신의 생활만족도는 어느 정도입니까?

① 매우 만족한다

② 약간 만족한다

③ 그저 그렇다

④ 약간 불만족한다

⑤ 매우 불만족한다

- 수치를 사용한 평정척도:

당신의 생활만족도는 어느 정도입니까?

응답자가 응답한 여러 문항의 값들을 모두 합하여 계산하는 척도를 총화평정척도(summated rating scale)라고 한다. 그러나 이 척도의 문제점은 모든 문항이 동일한 변수를 측정하고 있는지 확신할 수 없다는 점이다.

2) 리커트척도

Likert가 개발하여 리커트척도(Likert Scale)라고 하며, 총화평정척도이자 서열척도다. 리커트척도는 사용하기가 간편하고 단순하여 널리 사용되고 있다. Likert는 서스톤척도의 문제점을 고려하여 사실에 대한 판단보다는 개인의 가치나 태도를 묻는 항목을 중심으로 하여 보다 간편한 방법으로 이 척도를 개발하였다. 리커트척도는 척도의 신뢰도와 타당도를 높이기 위하여 한 문항이 아니라 여러 개의 문항을 하나의 척도로 사용한다.

리커트척도를 구성하는 절차는 다음과 같다.

첫째, 긍정적-부정적, 찬성-반대 등과 같이 방향이 뚜렷한 평가대상과 관련된 문항들을 만든다.

둘째, 각 문항에 대하여 찬성과 반대, 좋고 싫음 등의 정도를 나타내는 응답카테고리를 만든다. 응답카테고리는 주로 5점 척도를 많이 사용하지만 3점, 7점, 9점 또는 그 이상일 수도 있다.

〈표 3-3〉 리커트척도의 예

당신의 가족은 다음 중 어디에 해당하십니까?

내용	매우 그렇다	약간 그렇다	그저 그렇다	별로 그렇지 않다	전혀 그렇지 않다
1. 우리 가족은 서로 사랑한다.					
2. 우리 가족은 대화를 많이 한다.					
3. 우리 가족은 가족 나들이를 자주 한다.					
4. 우리 가족은 고민거리가 있을 때 서로 의논한다.					
5. 우리 가족은 화목하다.					
6. 우리 가족은 부족한 점을 서로 감싸 준다.					
7. 가족 중에 늦게 들어오는 사람이 있으면 기다린다.					
8. 우리 가족은 다른 가족에 비해 관계가 좋다.					
9. 우리 가족에는 심각한 문제가 없다.					

셋째, 응답자들로부터 각 문항에 대한 응답을 얻는다.

넷째, 각 문항에 점수를 부여한다. 예를 들어, 5점 척도인 경우 점수는 1~5점이 된다. 문항에 점수를 부여할 때는 문항의 양극단 중 어느 한쪽에 높은 수치를 부여해도 무방하지만 각 문항에 대하여 일관되게 부여하여야 한다.

다섯째, 각 문항에서의 점수를 모두 합하여 각 응답자의 총점을 계산한다.

여섯째, 문항분석법을 사용하여 문항들 간의 내적 일관성과 상관관계를 판단한다.

일곱째, 문항분석 결과 내적 일관성이 낮은 문항은 버리고 응답자들을 가장 잘 구별해 주는 문항들을 최종적으로 선택하여 리커트척도를 구성한다. 응답자를 구별해 내는 능력을 문항의 판별력이라고 한다.

여덟째, 리커트척도를 구성하는 문항들에 대한 응답자의 점수를 합산하여 총점을 계산한다. 이 점수가 리커트척도 점수다.

이처럼 리커트척도는 일단 예비적으로 문항들을 선정한 후에 문항의 내적 일관성 여부에 따라 척도를 구성할 최종문항들을 선정하는 이중의 단계를 거쳐서 구성된다. 전체 문항에 대한 총점을 태도의 측정치로 봄으로써 문항 수를 많이 할 필요가 없다는 점이 특징이라고 할 수 있다.

리커트척도의 장점은 다음과 같다.

(1) 척도를 구성하는 절차가 간단하다.
(2) 사용하기가 용이하다.
(3) 서스톤척도처럼 응답자가 아닌 별도의 평가자를 사용하지 않으므로 평가자의 주관이 개입될 가능성이 배제된다.
(4) 문항들 간에 일관성이 있어서 신뢰도가 높다.
(5) 척도가 다수의 문항으로 구성되어 있으므로 정밀한 응답을 얻을 수 있어 타당도가 높다.
(6) 어떤 쟁점에 대한 태도를 분명히 나타내지 않는 문항이라도 내적 일관성이 있는 것이면 척도를 구성하는 문항으로 사용 가능하다.

리커트척도의 단점은 다음과 같다.

(1) 서열척도이며 등간척도가 되기 어렵다.
(2) 문항들의 점수를 합산한 총점에는 각 문항에 대한 응답자의 태도에 대한 강도가 나타나지 않기 때문에 총점이 의미하는 바가 개념적으로 분명하지 못하다.

3) 서스톤척도

Thurstone이 개발하여 서스톤척도(Thurstone scale)라고 하며 유사동간척도 또는 등현등간척도(equal-appearing interval scale)라고도 한다. 등간척도로서 Thurstone이 태도를 측정하기 위하여 고안하였다.

서스톤척도의 기본원리는 만일 태도가 가장 긍정적인 것에서부터 가장 부정적인 것에 이르기까지 연속적으로 분포되어 있다면 이러한 연속성은 이론상 몇 개의 동일한 간격으로 구분될 수 있으며, 이러한 등간격상의 내용을 평가자들에게 제시함으로써 각 태도에 적합한 연속선상의 한 지점을 선택할 수 있을 것이라는 점에 기반한다. 서스톤척도를 구성할 때는 최종적으로 척도를 구성하는 문항들 간의 거리가 같다고 간주한다.

서스톤척도를 구성하는 과정은 다음과 같다.

첫째, 측정하고자 하는 변수를 정한다.

둘째, 변수와 관련된 의견들을 수집하고 이에 기반하여 그와 관련된 문항들을 수백 개 정도 만든다.

셋째, 이 문항들을 편집하여 100개 정도의 문항으로 압축시킨다. 이 문항들은 가능한 한 측정하고자 하는 변수에 관한 모든 견해를 포함해야 한다. 문항은 간결해야 하고 양면적 의미를 지녀서는 안 되며, 응답자의 견해를 밝힐 수 있는 것이어야 한다.

넷째, 수십 명에서 많게는 수백 명의 평가자들에게 문항들을 제시하여 이 문항들을 11개의 범주로 나누게 한다. 원래 Thurstone은 300명의 평가자들을 사용하였다. 11개 범주는 가장 긍정적인 것에서부터 가장 부정적인 것까지 나타내는 것이며, 중간 범주는 중립적 태도를, 5개 범주는 긍정적 태도를, 다른 5개 범주는 부정적 태도를 반영하도록 한다.

다섯째, 각 문항에 대하여 각각의 평가자가 부여한 범주를 그 문항의 점수로 하여 이 점수들을 합한 것을 평가자 수로 평균한 평균치를 각 문항의 척도치로 삼는다.

여섯째, 최종적으로 척도를 구성할 문항을 선정하는데, 문항을 선정할 때는 평가자들이 문항에 부여한 점수의 분포가 너무 분산되어 있는 문항은 제외하고 11개 범주의 한 극단에서 다른 극단에 이르기까지 등간격으로 고르게 분포되도록 20~30여 개 정도의 문항을 선정한다.

서스톤척도의 특징은 척도를 구성하는 과정에서 문항을 선정할 때 그 적합성 여부에 대한 평가를 일정한 자격을 갖춘 선정된 평가자들에게 의뢰한다는 점이다. 각 문항에 대한 평가 결과, 평가자들 간에 불일치 정도가 높은 문항은 제외하고 남은 문항들로 척도를 구성한다.

서스톤척도는 척도 구성에 많은 시간과 노력이 필요한 단점을 가지고 있다. 평가하기 위한 문항 수가 많아야 하고 평가자도 많아야 한다. 문항 수가 많으면 문항의 선정이 정확해지는 반면 이에 대한 응답을 분석하는 데 많은 시간과 노력이 소요된다. 또 평가자들의 경험이나 지식이 일정하지 않고 평가에 편견이 개입될 수 있으며, 문항에 대한 지식이 부족할 수 있다는 문제점도 있다. 평가자들이 문항을 객관적으로 분류할 수 있다고 가정하지만 이러한 가정이 입증된 것은 아니다.

4) 거트만척도

거트만척도(Guttman scale)는 서열척도이며 누적척도(cumulative scale)의 일종이다. 누적척도란 척도를 구성하는 문항들이 내용의 강도에 따라 일관성 있게 서열을 이루고 있는 척도로서 이러한 서열이 있음으로써 가장 강도가 높은 문항에 대한 응답결과로부터 다른 모든 문항에 대한 응답을 예측할

〈표 3-4〉 거트만척도의 예

문항	예	아니요
1. 나는 자원봉사를 한 적이 있다.		
2. 나는 자원봉사를 일 년에 한두 번 정도 한다.		
3. 나는 자원봉사를 한 달에 한두 번 정도 한다.		
4. 나는 자원봉사를 일주일에 한두 번 정도 한다.		
5. 나는 자원봉사기관에서 일하고 있다.		

수 있다. 모든 문항에 호의적으로 응답한 사람은 몇 개의 문항에 대해 회의적이거나 모든 문항에 대해 비호의적으로 응답한 사람에 비하여 척도점수가 높게 되며, 따라서 문항에 대한 응답유형에 따라서 응답자들을 순서대로 배열할 수 있다. 거트만척도는 누적적일 뿐 아니라 이것을 구성하는 문항들이 단일한 차원에 속한다는 점에서 단일차원적이다. 즉, 이 척도는 한 변수만을 측정하는 단일차원에 속하는 동질적인 문항들로 구성된다.

거트만척도의 장점은 가장 강도가 높은 문항에 대한 응답으로부터 다른 모든 문항에 대한 응답을 예측할 수 있고, 경험적 관찰을 토대로 하여 척도가 구성되므로 이론적으로 우월하며, 복잡한 과정 없이 쉽게 척도화할 수 있다는 점이다. 반면, 문항들의 단일차원성에 대한 가정이 비현실적이고 복잡한 현상을 단일차원성이라는 가정하에서 측정하는 것이 어렵고, 척도를 구성하는 문항들을 내용의 강도에 따라 일관성 있게 누적성을 띠도록 만들기가 쉽지 않다는 단점이 있다.

5) 보가더스척도

Borgadus가 개발한 척도로서 서열척도이자 누적척도의 일종이다. 서로 다른 인종이나 민족, 사회계층 간의 사회심리적 거리감을 측정하기 위하여 사용하는 사회적 거리척도(social distance scale)다.

Borgadus는 시간적 여유를 주지 않고서 응답자로부터 얻은 최초의 반응이 진짜 태도를 나타내는 것이고, 시간적 여유를 주게 되면 응답자는 자신의

〈표 3-5〉 보가더스척도

문항	한국인 중국인 일본인……
1. 결혼하여 가족으로 받아들인다.	
2. 개인적 친구로 클럽에 받아들인다.	
3. 이웃으로 받아들인다.	
4. 같은 직장인으로 받아들인다.	
5. 우리나라의 국민으로 받아들인다.	
6. 우리나라의 방문객으로(만) 받아들인다.	
7. 우리나라에서 추방한다.	

대답을 합리화하고 자신의 의견이 아닌 일반적인 여론을 나타내기 쉽다는 점을 강조하면서 미국인들의 인종적 편견 정도를 측정하기 위하여 이 척도를 만들었다. 자신과 다른 집단에 대한 사회적 거리를 일곱 개 문항으로 측정하는데, 이 문항들은 가족의 일원으로 수용하는 것에서부터 국외로 추방하는 것에 이르기까지 사회적 거리에 따라 연속적으로 배열된 것이다.

〈표 3-5〉에서 문항 1에서 5까지는 긍정적인 반응을 연속적으로 나타내는 것이며 문항 6과 7은 부정적인 반응을 나타내는 것으로서 문항 6, 7에서 그렇다고 응답한 사람은 문항 1부터 5까지는 긍정적인 대답을 할 수 없다. Borgadus는 천 명 이상의 미국인을 대상으로 하여 미국에 거주하는 다양한 소수민족에 대하여 어떤 반응을 나타내는지를 이 척도를 사용하여 조사하였다.

보가더스척도에서 나온 응답결과를 가지고서 인종 간 거리계수를 구할 수 있다. 예를 들어, 한국인에 대하여 100명의 미국인 중 50명이 문항 1에 긍정적으로 응답하고 40명이 문항 2에 긍정적인 응답을 하며, 10명이 문항 3에 긍정적인 응답을 한다면 척도치로서 각각 1, 2, 3을 부여하여 인종 간 거리계수(Racial Distance Quotient: RDQ)$=(1\times50+2\times40+3\times10)/100=1.6$이다. 따라서 인종 간 거리계수가 클수록 사회적 거리가 크다.

6) 어의구별척도

어의변별척도, 어의차별척도, 의미분화척도(semantic differential scale)라고도 하며, Osgood, Suci와 Tannenbaum이 개발한 것으로서 평가할 대상이나 개념의 의미를 측정하는 것이다. 평가대상이 되는 특정 개념에 포함되어 있는 의미를 파악하기 위하여 그것이 갖는 본질적인 뜻을 몇 개의 차원에 따라 측정하는 방법으로서 비교적 쉽게 사용할 수 있고 응답자가 신속히 대답할 수 있다는 장점이 있다.

어의구별척도는 몇 개의 기본적 차원에 속하는 양극화된 형용사 쌍들이 표시된 5개 혹은 7개의 척도점을 갖는 연속선들로 구성된다. Osgood 등이 제시한 기본적 차원으로는 평가(evaluation) 차원, 능력(potency) 차원, 활동성(activity) 차원이 있다. 사람들은 다양한 개념에 대하여 이 세 차원 면에서 반응하는 경향이 있다는 것이다.

평가 차원에 속하는 형용사 쌍에는 좋은-나쁜, 아름다운-추한, 유쾌한-

	1	2	3	4	5	6	7	
좋은	__	__	__	__	__	__	__	나쁜(평가 차원)
깨끗한	__	__	__	__	__	__	__	더러운(평가 차원)
유쾌한	__	__	__	__	__	__	__	불쾌한(평가 차원)
밝은	__	__	__	__	__	__	__	어두운(평가 차원)
강한	__	__	__	__	__	__	__	약한(능력 차원)
큰	__	__	__	__	__	__	__	작은(능력 차원)
강력한	__	__	__	__	__	__	__	무력한(능력 차원)
깊은	__	__	__	__	__	__	__	얕은(능력 차원)
살아 있는	__	__	__	__	__	__	__	죽은(활동성 차원)
능동적인	__	__	__	__	__	__	__	수동적인(활동성 차원)
빠른	__	__	__	__	__	__	__	느린(활동성 차원)
시끄러운	__	__	__	__	__	__	__	조용한(활동성 차원)

불쾌한, 달콤한-신 등이 있고, 능력 차원에 속하는 것으로는 큰-작은, 강한-약한, 깊은-얕은 등이 있으며, 활동성 차원에는 빠른-느린, 능동적인-수동적인, 젊은-늙은, 시끄러운-조용한 등이 있다. 어의구별척도를 사용한 많은 연구결과를 종합해 보면 대체로 평가(evaluation), 능력(potency), 활동성(activity)이라는 세 가지 차원이 측정되고 있음을 알 수 있다.

어의구별척도를 구성하기 위해서는 우선 평가대상이 되는 개념과 그 기준을 정해야 한다. 그다음으로 개념을 측정하기에 적절한 양극단적으로 표현된 형용사 쌍들을 정한다. 형용사는 새로 만들 수도 있고 Osgood 등이 만든 50개의 형용사들 중에서 선택하여 사용할 수도 있다. 그리고 의미를 분석하는 기준이 되는 차원도 평가, 능력, 활동성의 세 차원뿐 아니라 평가되는 개념에 따라 그것에 적합한 다른 차원을 새로 만들 수도 있다.

7) 소시오메트리

소시오메트리(sociometry)는 우리말로 사회측정법이라고도 하며, Moreno에 의해 개발된 방법으로서 주로 소집단을 연구하는 데 사용된다. 이것은 집단 내 구성원들 간의 사회적 거리를 측정하는 것으로서 소집단이나 규모가 작은 지역사회의 구성원들 간의 상호관계와 상호작용, 의사소통유형, 리더십, 구성원들의 사회적 지위, 집단구조 등을 파악하기 위한 것이다. 일정 시점에서의 집단 내 역학관계를 간단하게 도식적으로 표현하는 방법이다. 소시오메트리가 구성될 수 있는 전제는 인간관계란 흡인과 반발의 관계를 맺고 있어서 쌍방의 의도를 모르더라도 관계의 강도나 상호작용의 빈도를 측정함으로써 집단 내 구성원들 간의 관계와 위치를 알아낼 수 있다는 것이다.

소시오메트리를 사용하는 방법은 각각의 집단구성원에게 그 집단의 다른 구성원들 중에서 어떤 특정한 상황에서 함께 행동하거나 있기를 원하는 구성원을 선택하게 하거나 다른 구성원들에 대한 호오 감정, 친구로 선택할 용의, 영향력, 인기 등의 정도를 표시하거나 순위를 매기도록 하는 것이다.

예를 들면, "당신은 집단 구성원들 중 누구를 제일 좋아합니까?" "당신은

〈표 3-6〉 소시오메트릭행렬

	A	B	C	D	E
A	0	0	0	0	1
B	0	0	0	0	1
C	0	0	0	1	0
D	0	0	1	0	0
E	0	1	0	0	0
계	0	1	1	1	2

누구를 집단의 대표로 생각합니까?" "당신의 장래 계획에 대해 누구와 가장 잘 의논합니까?" 등의 질문을 하고, 이에 대한 응답을 행렬이나 그림을 사용하여 분석한다.

소시오메트리를 사용한 결과를 분석하는 방법에는 소시오메트릭행렬(sociometric matrix), 소시오그램(sociogram), 소시오메트릭지수(sociometric index) 등이 있다. 소시오메트릭행렬은 〈표 3-6〉과 같이 응답결과를 행렬로 정리하여 분석하는 방법이다. 행렬은 선택자와 피선택자가 각각 행과 열을 이루어 행에는 피선택자를, 열에는 선택자를 배치하며 행과 열의 수는 같다. 〈표 3-6〉에서 1은 선택을, 0은 거부를 나타내며 결과는 선택된 횟수를 합한 것이다.

소시오그램은 [그림 3-5]와 같이 집단구성원들 간의 의사소통관계나 영향력 관계 등을 그림으로 나타낸 것으로서 이러한 그림을 통하여 집단 내 인간관계와 집단구조를 한눈에 알 수 있다. Moreno는 소시오그램에 나타난 인간관계의 주요 유형으로서 권력자, 스타, 고립자, 짝, 삼각관계, 연쇄관계 등을 들었다.

소시오메트리를 사용할 때 유의해야 할 사항으로는 집단의 구성원 수에 따라서 특정 수의 구성원의 선택을 규정해야 하며, 집단의 활동내용에 따라서 구성원의 선택기준이 되는 특정기준, 즉 특정활동을 제시해야 하고, 구성원을 선택함에 있어 상이한 수준의 선호도가 표시되어야 한다는 것이다.

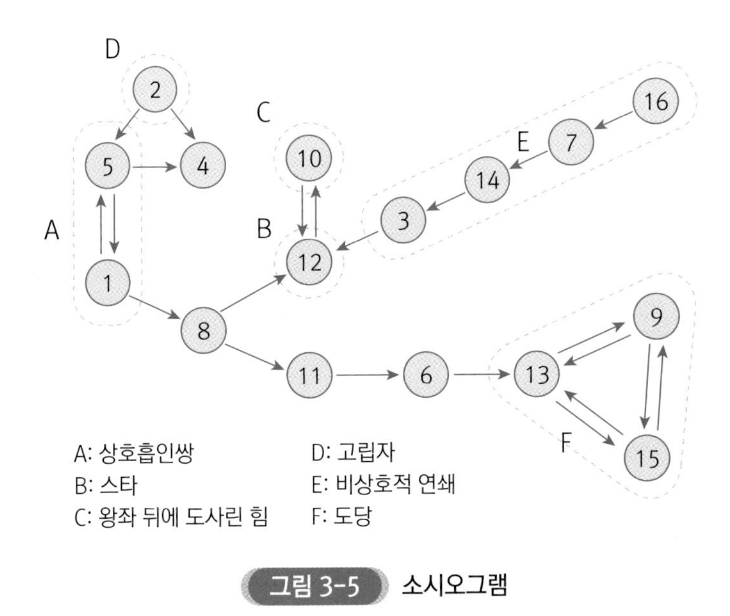

그림 3-5 소시오그램

자료: 김경동(1990). 현대의 사회학. 서울: 박영사. p. 213.

Moreno는 소시오메트리 사용 시 지켜야 할 점으로서 다음과 같은 것들을 지적하였다.

(1) 구성원들에게 집단의 한계를 명백히 규정해 주어야 한다.
(2) 구성원들이 선택하거나 배척할 사람의 수를 제한해야 한다.
(3) 선택과 배척을 결정하는 데 필요한 특정한 기준, 즉 특정 활동을 명시해야 한다.
(4) 측정 결과를 집단구조의 재구성에 사용해야 한다.
(5) 특정 개인의 선택과 배척이 다른 구성원에게 노출되지 않도록 비밀이 보장되어야 한다.
(6) 측정용도에 대하여 구성원들이 충분히 이해하도록 해야 한다.

소시오메트리의 장점은 자료수집이 경제적이고 융통적이며, 자료를 계량화할 수 있는 가능성이 높고, 적용범위가 넓다는 것이다. 반면, 조사대상에 대한 체계적인 이론의 검토가 부족하고, 신뢰도와 타당도에 대한 검증 없이 측정결과를 받아들이는 경향이 있는 단점이 있다.

5. 척도의 사례

1) 자아존중감척도(Rosenberg self-esteem scale)

다음은 자기 자신에 대한 일반적인 감정을 서술한 항목입니다. 당신이 각각의 항목에 대해 느끼고 동의하는 바대로 해당 칸에 ○표 해 주세요.

문항	매우 그렇다 (1)	그렇다 (2)	그렇지 않다 (3)	전혀 그렇지 않다(4)
*1. 대체적으로 나는 내 자신에 만족하고 있다.				
2. 때때로 나는 내가 무능하다는 생각이 든다.				
*3. 나에게 몇 가지 좋은 장점이 있다고 믿는다.				
*4. 나는 다른 사람들만큼 일을 잘할 수 있다.				
5. 나에게는 자랑할 만한 점이 별로 없다.				
6. 나는 때때로 전혀 쓸모없는 사람이라는 생각이 든다.				
*7. 나는 최소한 다른 사람만큼 가치 있는 사람이라고 생각한다.				
8. 나는 스스로 내 자신을 좀 더 존중하기를 바란다.				
9. 나는 실패한 사람이라고 생각하고 싶다.				
*10. 나는 내 자신에 대해 긍정적인 태도를 가지고 있다.				

자료: 황성동(2015). 알기 쉬운 사회복지조사방법론(2판). 서울: 학지사. p. 103에서 재인용.

*점수: 1, 3, 4, 7, 10번의 문항은 역점문항이다. 예를 들어, 문항 1 '대체적으로 나는 내 자신에 만족하고 있다.'에서 '강하게 동의'하는 것은 4점이 되고 '강하게 부정'하는 것은 1점이 된다. 이 척도는 총점이 10~40점으로 분포된 점수로 나타나며, 점수가 높을수록 자아존중감이 높다.

과학성: 알파계수=0.88, 재검사법에 의한 상관관계=0.82

개념타당도: Coopersmith SEI와의 상관관계=0.55

2) 우울증척도(CES-D scale)

당신은 지난 1주일 동안 얼마나 자주 다음의 사항들을 느끼거나 행동했는지 해당 칸에 ✓표 하세요.

문항	거의 또는 전혀 그렇지 않다 (1일 미만)	가끔 그렇다 (1~2일)	종종 그렇다 (3~4일)	대부분 또는 전부 그렇다 (5~7일)
지난 1주일 동안	0	1	2	3
1. 일반적으로 나에게 귀찮지 않았던 일들이 귀찮아졌다.				
2. 먹고 싶지 않았다. 식욕이 없었다.				
3. 나의 가족과 친구의 도움을 받더라도 우울한 것을 없앨 수 없다고 느꼈다.				
*4. 나는 다른 사람들만큼 좋은 사람이라고 느꼈다.				
5. 하고 있는 일에 집중하는 데 어려움을 겪었다.				
6. 나는 울적하다고 느꼈다.				
7. 나는 내가 해 왔던 모든 것이 단지 노력에 불과하다고 느꼈다.				
*8. 나는 미래에 대해 희망적이라고 느꼈다.				
9. 나는 나의 인생이 실패해 왔다고 느꼈다.				
10. 나는 두려움을 느꼈다.				
11. 나의 수면은 휴식이 되지 않았다.				
*12. 나는 행복했다.				
13. 나는 보통 때보다 말을 적게 했다.				
14. 나는 외롭다고 느꼈다.				
15. 사람들은 친절하지 않았다.				
*16. 나는 내 삶을 즐겁게 영위해 왔다.				
17. 나는 한동안 울었던 적이 있다.				
18. 나는 슬프다고 느꼈다.				
19. 나는 사람들이 나를 싫어한다고 느꼈다.				

20. 내가 '하고 있는 일'이 제대로 진행되지 않았다.				

자료: 황성동(2015). 알기 쉬운 사회복지조사방법론(2판). 서울: 학지사. p. 101에서 재인용.

* 점수: 4, 8, 12, 16번은 역점문항이다(거의 그렇지 않다: 3점, 대부분 그렇다: 0점). 그리고 가능한 점수의 범위는 0~60이며, 높은 점수는 우울 증상의 높은 수준을 나타낸다. 17점 이상은 '위기상황(at risk)'을, 23점 또는 그 이상은 우울 증상이 '있을 법한(probable)' 상태를 나타낸다.

과학성: 이 척도는 NIMH의 Center for Epidemiological Studies에서 개발한 것으로 일반인을 대상으로 우울 증세를 측정하기 위한 간단한 자기보고식 척도다. 내적 일관성은 0.85로 상당히 높은 편이며, 뛰어난 수렴타당도를 보이고 있다.

3) 우울증 자가진단표

문항을 읽고 지난 1주 동안 느끼고 행동한 것을 가장 잘 나타낸다고 생각하는 칸에 체크하세요.

질문	드물게 (1일 이하)	가끔 (1~2일)	자주 (3~4일)	대부분 (5~7일)
1. 평소에는 아무렇지 않던 일들이 괴롭고 귀찮게 느껴졌다.	0	1	2	3
2. 먹고 싶지 않고 식욕이 없다.	0	1	2	3
3. 누가 도와준다 해도 나의 울적한 기분을 떨쳐 버릴 수 없을 것 같다.	0	1	2	3
4. 무슨 일을 하든 정신을 집중하기가 힘들었다.	0	1	2	3
5. 비교적 잘 지냈다.	3	2	1	0
6. 상당히 우울했다.	0	1	2	3
7. 모든 일이 힘들게 느껴졌다.	0	1	2	3
8. 앞일이 암담하게 느껴졌다.	0	1	2	3
9. 지금까지의 내 인생은 실패작이라는 생각이 들었다.	0	1	2	3
10. 적어도 보통사람들만큼의 능력은 있었다고 생각한다.	3	2	1	0
11. 잠을 설쳤다(잠을 잘 이루지 못했다).	0	1	2	3
12. 두려움을 느꼈다.	0	1	2	3

13. 평소에 비해 말수가 적었다.	0	1	2	3
14. 세상에 홀로 있는 듯한 외로움을 느꼈다.	0	1	2	3
15. 큰 불만 없이 생활했다.	3	2	1	0
16. 사람들이 나에게 차갑게 대하는 것 같았다.	0	1	2	3
17. 갑자기 울음이 나왔다.	0	1	2	3
18. 마음이 슬펐다.	0	1	2	3
19. 사람들이 나를 싫어하는 것 같았다.	0	1	2	3
20. 도무지 뭘 해 나갈 엄두가 나지 않았다.	0	1	2	3
체크한 항목의 점수를 모두 합산하세요.	1~20점: 종종 우울감을 경험하나 정상범위에 속해 있습니다. 21~40점: 우울증에 걸릴 가능성이 높은 위험군에 속해 있습니다. 41~60점: 우울증 고위험군에 속해 있습니다.			

자료: 보건복지부(2018). 정신건강사업안내.

제4장

자료수집방법

제1절 질문지법

1. 질문지법의 정의

질문지법이란 질문지(questionnaire)를 작성하여 질문지에 들어 있는 문항들에 대해 대답을 기입하는 방법이다. 질문지는 조사할 내용을 체계적으로 정리한 문제집으로서 보통 직접 전달되거나 우편으로 배달된다. 질문지가 우편으로 배달되는 경우 이를 우편설문법(mailed questionnaire)이라고 한다.

질문지법은 조사문제와 관련된 많은 양의 정보를 표준화된 질문지에 따라 일관적으로 얻을 수 있는 방법으로서 오늘날 가장 많이 사용되는 자료수집 방법이다. 질문지를 사용함으로써 조사내용을 표준화, 객관화할 수 있고, 응답을 객관적이고 정확하게 비교 · 측정할 수 있다. 이것은 일반적으로 객관적이고 양적인 자료, 용이하게 관찰되는 자료, 검토할 수 있는 확실한 자료 등을 얻는 데 사용한다.

2. 질문지법의 특성

질문지법의 장점은 다음과 같다.

(1) 광범위한 지역과 큰 표본을 조사할 수 있다.
(2) 조사시간과 비용이 적게 든다.
(3) 익명으로 응답하므로 비밀이 보장되어 솔직한 대답을 얻을 수 있다.
(4) 응답자와 면접자 간의 관계에서 올 수 있는 감정적 반응이 없고 면접자로부터 오는 답에 대한 암시가 없어 응답의 왜곡가능성이 적다.
(5) 응답자가 편리한 시간에 대답할 수 있다.

(6) 비교적 타당도 높은 자료를 얻을 수 있다.
(7) 수집할 수 있는 자료의 범위가 넓다.

질문지법의 단점은 다음과 같다.

(1) 응답자가 질문내용을 잘못 이해하더라도 설명할 수 없다.
(2) 응답을 누락시켜 불완전하게 기입된 질문지가 발생할 수 있다.
(3) 응답을 회피하는 경우에 답변을 유도할 수 없어 응답률이 감소된다.
(4) 응답자의 심층적인 내면상태를 파악할 수 있는 자료를 얻기 어렵다.

3. 질문형태

질문형태는 크게 개방식 질문과 폐쇄식 질문으로 나눌 수 있다. 보통 한 질문지에 두 가지 질문형태를 혼용하는 경우가 많다. 폐쇄식 질문을 주로 사용하는 경우에도 응답자의 건의사항이나 의견을 개진할 수 있도록 적어도 하나의 개방식 질문을 삽입하는 것이 바람직하다.

1) 개방식 질문

선택할 수 있는 답들을 제시하지 않고 응답자로 하여금 자신의 대답을 자유로이 기술하도록 되어 있는 질문이다. 이것은 몇 개의 단순한 응답카테고리로는 대답할 수 없고 더 자세하고 토론을 요하는 복잡한 질문에 주로 사용된다. 질문의 내용상 일정한 기준을 찾기 어렵고 응답자의 독특한 관점이나 주관적 체험, 의견, 이유 등 내면적이고 주관적인 것을 묻는 경우에 개방식 질문을 사용한다.

개방식 질문의 장점은 다음과 같다.

(1) 모든 가능한 응답카테고리를 알 수 없거나 너무 많은 응답카테고리가

있어 일일이 열거하기 곤란한 경우에 유용하다.
(2) 응답자가 무엇을 적절한 응답카테고리로 보는지 알고자 할 때 유용하다.
(3) 응답자로 하여금 자세하고 명료하게 대답할 수 있게 한다.
(4) 창조적이고 다양한 대답을 할 기회를 제공한다.
(5) 응답자의 내면상태에 대한 파악이 가능하다.

개방식 질문의 단점은 다음과 같다.

(1) 응답하는 데 시간과 노력이 많이 들어 응답률이 감소된다.
(2) 가치 없고 부적절한 자료를 수집할 수 있다.
(3) 자료가 표준화되지 않아 비교하거나 통계적 분석을 하는 것이 어렵고, 응답을 재분류해야 한다.
(4) 부호화하기 까다롭고 부호화하는 사람에 따라 부호화가 다를 수 있다.
(5) 폐쇄식 질문보다 응답자의 더 높은 문장력과 표현력, 교육수준이 요구된다.

2) 폐쇄식 질문

응답자로부터 나올 수 있는 가능한 대답을 미리 제시하여 응답자로 하여금 제시된 답 중에서 선택하게 하는 것이다. 이러한 질문은 응답카테고리가 명확하고 그 수가 적을 때 사용한다. 폐쇄식 질문에서의 응답카테고리는 포괄적이고 상호배타적이어야 한다.

폐쇄식 질문의 장점은 다음과 같다.

(1) 응답하기 편하여 응답률이 증가한다.
(2) 응답이 표준화되어 비교하기 쉽다.
(3) 응답을 부호화하고 분석하기 쉽다.
(4) 질문의 의미가 더 명확하여 모른다는 응답이나 무응답의 비율이 감소

된다.

(5) 모든 적당한 답이 제시된 경우 응답이 상대적으로 완전하여 부적절한 답이 감소된다.

(6) 소득이나 교육 정도같이 응답하기 꺼리는 민감한 질문인 경우에 응답률을 높일 수 있다.

폐쇄식 질문의 단점은 다음과 같다.

(1) 답을 모르거나 의견이 없는 응답자가 적당한 답을 추측하여 응답하기 쉽다.

(2) 제시된 답이 제한적이므로 응답자가 생각하는 답이 없는 경우 답을 대충 선택할 수 있다.

(3) 너무 많은 응답카테고리가 있어 모두 나열하기 곤란한 경우가 있다.

(4) 질문의 의미가 달리 해석되었는지 확인하기 어렵다.

(5) 응답의 다양성이 제시된 답으로 인해 인위적으로 제거될 수 있다.

폐쇄식 질문을 사용하는 경우에 응답카테고리에 중간 입장을 삽입하는지의 여부에 따라 조사결과가 달라지므로 잘 생각해서 결정해야 한다. 또 '모르겠다'는 응답카테고리를 제시하는 데에 따른 장단점이 있으므로 경우에 따라 이것을 삽입하는 것이 바람직한지 아닌지를 잘 결정해야 한다. '기타'라는 응답범주를 삽입하여 제시된 답 중에서 응답자가 생각하는 답이 없는 경우에 선택의 여지가 있도록 하는 것이 좋다.

폐쇄식 질문에서의 응답카테고리의 형태에는 다음과 같은 것들이 있다.

(1) 양분형

'예/아니요'와 같이 이분화된 응답범주를 가진 것이다. 이러한 형태는 예상 가능한 응답이 둘로 구분되는 경우에 사용되지만 양극단의 대답을 강요하고 '모르겠다'와 같은 중간 위치에 있는 답이 무시될 수 있다는 점에 유의해야 한다.

(2) **선다형**

선택 가능한 여러 개의 답을 제시하여 그중 하나 또는 둘 이상의 답을 선택하는 형태다. 이 경우 제시된 답 이외의 대답이 나올 가능성에 대비하여 '기타' 항을 삽입하여 다른 의견을 구체적으로 적게 하는 것이 좋다. 그러나 기타에 해당하는 응답의 비율이 높게 나오는 것은 제시된 답들이 잘 선정되지 못하였음을 의미한다.

(3) **서열형**

응답자로 하여금 자신이 생각하는 선호도나 중요도 등과 같이 정도에 따라 순서대로 답을 선택하도록 하는 형태다. 예를 들어, 현재 가장 시급히 해결해야 할 국가적 문제가 무엇인지 우선순위대로 번호를 기입하게 한다. 이 때 제시된 응답카테고리의 수가 너무 많으면 응답자가 순위를 매기기 어려우므로 유의해야 한다.

(4) **평정형**

제시된 답들이 연속성을 띠고 있는 형태다. 예를 들어, "현재 당신의 결혼생활에 어느 정도 만족하십니까?"라고 묻고서 이에 대한 응답카테고리를 '매우 만족/약간 만족/그저 그렇다/약간 불만족/매우 불만족'으로 나눈다.

4. 질문지 작성 시 고려사항

1) 질문내용

질문내용은 가장 기본적인 고려사항으로, 연구자는 얻고자 하는 정보가 무엇인지 명확히 파악하여 이를 기반으로 질문항목을 구체적으로 결정한다.

질문지에 포함된 각 질문의 내용은 연구목적과 관련되어 있어야 한다. 질문내용이 피조사자의 성격에 비추어 적절한 것인지, 연구문제에 적절한 것인지 고려해야 한다. 질문내용을 결정함에 있어서 문헌연구나 전문가의 의견조사 등이 도움이 된다.

2) 질문의 수

연구자는 일반적으로 질문지를 통하여 될 수 있는 대로 많은 양의 정보와 자료를 얻으려는 욕심이 있다. 그러나 지나치게 많은 질문은 응답자로 하여금 지루함과 피로감을 느끼게 하여 부정확하고 성실하지 못한 답변을 이끌 수 있다. 따라서 기본적으로 질문지 완료시간 이외에 자료의 집계와 분석에 소요되는 시간과 비용문제, 조사원 1인당 하루에 완료할 수 있는 질문지의 수 등을 고려하여 적정한 선에서 조사항목 수를 조절해야 한다. 질문지 완료에 소요되는 시간이 어느 정도이어야 하는지는 한마디로 말할 수 없으나 보통 1시간을 넘지 않는 것이 좋다.

3) 질문의 배열

문항들을 배열할 때는 질문지가 전체적으로 잘 짜인 느낌이 들고 문항들이 자연스럽게 연결된 느낌을 가질 수 있도록 유기적이고 연관성 있게 배열해야 한다. 문항들이 잘 배열되었을 때 응답하기 편하고 응답하는 시간도 절약되며, 조사의 정확도도 높아진다. 질문을 배열할 때 지켜야 할 것은 다음과 같다.

(1) 일반적인 질문, 예를 들어 응답자의 인구사회학적 특성을 묻는 질문에서부터 시작하여 점차 연구문제와 관련된 특수한 질문으로 옮겨 간다.
(2) 처음에는 응답하기 쉽고 간단한 질문, 명확한 응답범주가 있는 질문을 배열함으로써 응답자가 처음부터 지치지 않게 한다. 첫 질문은 보통 나이, 성, 혼인상태, 직업, 교육 정도 등과 같은 것으로, 의견을 묻는 질

문보다 사실에 관한 질문이어야 한다.

(3) 중요한 핵심이 되는 질문은 질문지의 중간 이후에 오도록 하는 것이 좋다.

(4) 민감한 질문이나 개방식 질문은 질문지의 후반부에 삽입하여 중간에 응답하기 싫어하지 않게 한다.

(5) 논리적 순서대로 배열한다. 시간순서대로 질문하거나, 관련되는 질문들을 묶어서 배열하는 것이 좋다. 즉, 질문을 내용에 따라 주제별로 구분하여 한 주제에 관한 질문을 배열한 후 다른 주제와 관련된 질문들을 배열한다.

(6) 다음에 올 질문에 필요한 정보를 먼저 묻는다. 예를 들어, 사용한 피임법을 순서대로 물을 때 자녀의 이름을 순서대로 물은 후 해당 기간별 피임방법을 질문함으로써 기억이 잘 나도록 한다.

(7) 응답자가 흥미를 느낄 수 있는 질문을 앞에 배열하여 응답자의 흥미를 유도한다.

(8) 질문의 길이나 형태 등을 다양화해서 응답 시 지루함을 방지한다.

(9) 응답군(response set)이 발생하지 않도록 주의한다. 사회적으로 바람직하다고 생각되는 응답을 하는 경향(socially desirable bias)이나 부정적 답보다 긍정적인 답을 하는 경향은 질문의 표현을 바꿈으로써 해결할 수 있다. 질문의 연속적 순서에 의해 야기되는 응답군도 있다. 예를 들어, 처음부터 지금까지의 직업에서 얻은 수입을 각각 물을 때 사실 여부와 상관없이 수입액을 점차 늘려서 응답하는 경향과 같은 것이다. 이 문제는 질문의 순서를 바꿈으로써 해결할 수 있다.

(10) 신뢰도를 검토하기 위해 만들어진 쌍을 이루는 질문들은 분리하여 배치한다. 한 질문지 안에 표현만 다를 뿐 동일한 것을 묻는 두 개의 질문을 포함시키는 경우에는 두 질문을 분리하여 배치함으로써 응답자가 같은 것을 묻는 질문임을 눈치채지 못하게 한다.

4) 질문의 언어화

질문의 언어화(wording)란 질문 어구를 정하는 문제다. 즉, 질문을 기술하는 데 사용하는 용어를 선정하고 문장화하는 것을 말한다. 질문을 언어화할 때는 다음과 같은 점에 유의해야 한다.

(1) 질문은 될 수 있는 대로 간결해야 한다. 긴 질문은 질문에 대한 이해도를 저하시키고 응답자로 하여금 대답하고 싶은 마음을 감소시킨다.

(2) 질문을 만들 때는 보통사람이 이해할 수 있는 수준의 단어와 문장을 구사하는 것이 좋다. 부득이 어려운 전문용어를 사용하는 경우에는 그 뜻을 명시해야 한다. 질문의 수준은 응답자의 특성에 적합해야 한다. 질문의 난이도는 응답자의 교육수준에 따라 다를 수 있다. 보통 조사원이 없는 우편설문조사인 경우에는 더 단순하고 쉽게 표현해야 한다.

(3) 질문은 명확해야 한다. 질문이 명확하지 않으면 응답자들이 같은 질문이라도 다르게 이해할 수 있다. 따라서 이를 방지하기 위해서는 애매한 질문이 되지 않아야 한다. 삶의 질 같은 추상적인 단어처럼 그 의미가 애매모호하거나 여러 가지 의미로 해석되는 경우에는 주의해야 한다. 또한 교육수준이 높은 사람만 아는 단어를 사용해야 하는 경우에도 조심해야 한다.

(4) 질문은 구체적이고 특수해야 한다. 예를 들어, 성이나 나이를 묻는 질문은 특수하며, 특정한 역사적 사실에 대한 질문은 구체적이다. 행복이나 사랑 같은 추상적인 개념에 대한 질문은 응답하기가 어려우며 응답의 신뢰도가 낮아진다.

(5) 질문은 긍정문 형태로 표현해야 한다. 부정문 형식으로 물어보면 응답자가 혼동할 우려가 있다.

(6) 질문은 중립적이고 객관적으로 서술되어야 한다. 응답을 특정한 방향으로 유도하는 질문을 유도질문이라고 하는데, 이런 질문은 피해야 한다. 연구자 개인의 의견이나 가치판단, 암시 등이 질문에 표현되어서

는 안 된다.

(7) 하나의 질문에 둘 이상의 내용을 동시에 물어보는 질문을 이중의미를 갖는 질문(double barreled question)이라고 하는데, 이런 질문은 하지 말아야 한다.

(8) 질문은 표준말을 사용해야 하며 속어나 방언이 포함되어서는 안 된다.

(9) 민감한 질문인 경우에는 솔직한 대답이 나오도록 유도해야 한다. 예를 들어, 성행태같이 민감한 주제를 다루는 질문을 받는 경우 사람들은 자신이 일탈자로 비춰지는 것을 원치 않으므로 자신은 그렇게 생각하지 않더라도 사회규범에 동조하는 대답을 하기 쉽다. 답변이 사회규범에 어긋나는 것일지라도 응답자로 하여금 솔직한 답을 하도록 유도해야 한다. 예를 들어, 응답자가 비규범적인 행동을 한다고 가정하는 식의 질문을 하거나("당신은 자위행위를 하십니까?"라고 묻고서 이에 대해 '예/아니요'를 표시하게 한 후 '예'라고 응답한 사람들에게 "얼마나 자주 하십니까?"라고 묻기보다는 처음부터 "당신은 얼마나 자주 자위행위를 하십니까?"라고 묻는다), 규범에 대한 합의가 없음을 전제하고 묻거나("어떤 의사들은 음주가 해롭다고 하고 다른 의사들은 이롭다고 합니다. 당신은 어떻게 생각하십니까?"라고 묻는다), 그러한 행동이 일탈적이 아니라 널리 행해진다고 말하는 방법 등이 있다.

5) 질문지의 체재

질문지의 첫 장에는 질문지에 부여되는 일련번호, 조사기관, 조사구명, 조사일자, 조사원 이름, 조사표 완료 여부, 조사표 미완료 사유 등을 표시하기 위한 공간을 마련한다. 질문지를 구성하는 데 있어 외관적 측면도 고려해야 한다. 질문지의 크기와 길이, 용지의 종류와 색깔, 글자체의 종류와 크기, 질문지의 형태 등을 결정해야 한다. 질문지의 외관은 특히 우편설문조사인 경우에 더 중요하다. 조사 시의 편리성이나 조사 후 보존성 등을 고려하여 책자형이나 평면형 등 질문지의 형태를 결정한다.

질문지에는 서두에 인사말이나 인사장을 삽입한다. 인사말이나 인사장에는 조사기관과 연구자 이름을 밝히고, 조사의 목적과 필요성, 응답의 중요성을 설명하고, 조사에 협조해 줄 것을 요청하고, 옳고 그른 답이 있는 것이 아니라는 것을 명시하고, 비밀이 보장된다는 점 등을 기재한다.

5. 질문지법 사용 시 유의사항

응답자가 그릇된 답변을 하거나 응답하지 않는 경우가 있다. 이러한 일이 일어나는 이유와 그에 대한 대책은 다음과 같다.

(1) 응답자가 조사의 목적이 순수하지 않고 조사자가 자신에게 이로운 무엇인가를 얻기 위한 전술이라고 느끼는 경우다. 이를 방지하기 위해서는 조사를 합법화하는 설득력 있는 인사말을 이용한다. 때로는 신문지상을 통하여 미리 조사의 실시를 알리기도 한다.

(2) 응답자가 자신이 제공하는 정보가 자신에게 불리하게 이용되거나 사생활을 침해하는 것이라고 느끼는 경우다. 이 문제는 불필요하게 민감한 질문은 피함으로써 방지할 수 있으며, 민감한 질문이 사용되는 경우에는 질문지 마지막에 삽입한다. 그리고 응답자에게 익명성이 보장됨을 확신시킨다.

(3) 응답자가 이전 조사에 응함으로써 할 일을 다 했다고 생각하여 협조를 거부하거나, 그 사회의 특수한 소수집단으로서 많은 관심의 대상이 되어 조사받는 것에 염증을 느끼거나, 질문지를 많이 받아 보아 연구자가 어떤 정보를 원하는지 아는 경우 등이다. 조사를 많이 받음으로써 발생하는 이러한 문제는 오늘날 많이 제기되는 문제다. 이에 대한 처방으로 조사자는 동일한 응답자가 선정되지 않도록 표본을 추출한다든가 동일한 응답자를 조사해야만 할 경우에는 응답자에게 표본이 과학적이므로 다른 응답자로 대체할 수 없음을 설득하거나 조사의 필요

성을 확신시킨다.

(4) 응답자가 규범적으로 대답하는 경우다. 즉, 어떻게 응답해야 하는지를 생각하여 이에 따라 응답하는 것이다. 이는 민감한 질문을 피함으로써 방지할 수 있다.

(5) 응답자가 자신의 대답이 교육 정도가 낮거나 어리석음을 나타낼까 봐 두려워하는 경우다. 이러한 경우에는 옳고 그른 답이 없음을 강조하고 익명성을 확신시킨다.

(6) 응답자가 시간이 소중하여 조사에 소비할 수 없다고 하는 경우다. 이러한 경우에는 조사의 필요성을 강조하고 다른 사람으로 대체하기가 불가능하다는 것을 설명한다.

(7) 응답자가 질문이 너무 애매하고 일반적이거나 생각해 본 적이 없어 대답할 수 없다고 하는 경우다. 이러한 경우에는 특수한 예를 들어 질문한다.

질문지를 확정하기 전에 사전검사(pretest)를 해야 한다. 사전검사는 질문지 초안을 만든 후에 이를 가지고 소수의 사람들을 대상으로 조사를 실시하여 질문내용이나 질문어구, 질문의 배열 등에 문제점이 있는지를 파악하여 이를 수정, 보완하기 위해 실시한다. 사전검사는 표본의 수가 적다는 점 외에는 가능하면 본조사의 대상과 유사한 특성을 가진 사람을 대상으로 하는 것이 좋고, 모든 조사절차를 본조사와 동일하게 해야 한다. 세심하게 작성된 질문지라 할지라도 실제로 사용하는 경우에 미처 생각하지 못한 문제점을 발견하는 경우가 있으므로 사전검사가 필요하다.

사전검사를 통하여 하나의 질문지를 완료하는 데 걸리는 시간을 파악하고, 응답이 어느 한 방향으로 편향되는지의 여부를 검토하며, 의미가 불명확한 질문이나 응답자의 곡해 여부를 검토한다. 또 질문의 표현과 배열에 문제가 있는지, 내용상의 문제로 인해 응답을 기피하게 되는 질문이 있는지 등을 검토하고, 새로운 질문을 추가할지 또는 기존의 질문을 삭제할지 등을 결정한다. 사전검사 자료를 분석함으로써 조사결과가 연구자의 예측과 일치하는지 알아볼 수 있다. 응답자에게 조사에 대한 전반적인 의견이나 비판사항 등을 적어 달라고 요청하여 이를 참고하는 것도 도움이 된다.

6. 우편설문법

우편설문법(mailed questionnaires)은 질문지를 우편으로 전달하는 방법으로서 사용하기 편리하므로 흔히 사용된다.

우편설문조사의 장점은 다음과 같다.

(1) 조사시간과 비용을 절감할 수 있다. 면접법에 비하여 훨씬 더 적은 비용으로 같은 크기의 표본을 조사할 수 있으며, 질문지를 모든 응답자에게 동시에 배포하여 짧은 기간 내에 회수할 수 있다.
(2) 광범위한 지역과 많은 대상을 조사할 수 있다.
(3) 접근하기 어려운 대상을 조사할 수 있다.
(4) 익명성이 보장되어 응답자의 솔직한 답변을 얻을 수 있다. 그러므로 민감하거나 사회적으로 바람직하지 않은 주제에 관한 정보를 얻기에 좋다.
(5) 면접법처럼 면접자의 편견이 개입될 염려가 없다.
(6) 응답자가 편리한 시간과 장소를 택하여 응답할 수 있다.
(7) 더 정확히 답변하기 위해 기록을 뒤져 보거나 주위사람들의 의견을 들을 수 있다.

우편설문법의 단점은 다음과 같다.

(1) 일반적으로 질문지 회수율이 낮다. 질문지의 회수율은 최소한 50%는 유지되는 것이 바람직하지만 질문지를 처음 발송했을 때 회수율이

50% 미만인 경우가 대부분이다.

(2) 조사원이 없으므로 응답자의 답변이 불명확할지라도 보충질문할 수 없고 응답자가 질문내용을 오해하더라도 고쳐 줄 수 없다.

(3) 응답자 스스로 질문지를 해독해야 하므로 이해하기 어려운 질문이나 복잡한 질문지 형식을 사용하기 곤란하다. 따라서 우편조사 시의 질문과 질문지 형식은 될 수 있는 한 간단한 것이 좋다.

(4) 응답자가 대답하지 않고 넘어가는 질문이 발생할 가능성이 많다.

(5) 질문순서를 통제할 수 없다.

(6) 언어로 표현된 것만 조사할 수 있고 비언어적 행동에 대한 조사는 불가능하다.

(7) 응답자 대신 다른 사람이 응답해도 확인할 방법이 없다.

(8) 응답자 주위에 있는 사람들이 답변하는 데 관여할 수 있다.

(9) 즉각적인 응답을 얻기 어렵다.

(10) 조사대상자가 이사한 경우에 질문지가 폐기되거나 잘못된 주소로 배달될 수 있다.

(11) 응답하는 시기를 통제할 수 없으므로 질문의 대상이 된 특정 사건이 조사기간 중에 일어난 경우 그 사건이 발생하기 전과 후의 응답 간에 차이가 있을 수 있다.

(12) 응답자와 무응답자는 보통 어떤 특성을 가지므로 표본이 편향될 수 있다. 일반적으로 무응답자는 교육수준이 낮거나 자주 이동하는 특성이 있다. 논쟁적인 주제를 다루는 조사인 경우 강한 반대나 찬성 의견을 가진 사람들은 적극적으로 응답하고 뚜렷한 의견을 갖지 않은 사람들은 응답하지 않을 수 있다.

우편설문법은 응답자에게 모든 것을 위임하기 때문에 높은 정확도가 요구되지 않고 대략적인 경향을 파악하고자 하는 여론조사에서 많이 사용된다.

우편설문조사의 가장 큰 문제점은 질문지 회수율이 낮다는 것이다. 따라서 많은 연구자가 회수율을 높일 수 있는 방법에 대하여 연구하였다. 어느 정도의 회수율을 얻는지는 부분적으로 조사비용과 조사시간에 좌우된다. 회수율이 높을 때 응답의 편향이 줄어들므로 높은 회수율을 확보하는 것은 우편설문조사 시 매우 중요한 문제다.

회수율에 영향을 미치는 요인으로는 다음과 같은 것들을 들 수 있다.

- **조사주체의 성격**: 조사를 실시하는 기관이나 사람의 권위 정도, 지위 등은 조사의 합법성과 가치에 영향을 줌으로써 회수율에 영향을 미친다. 정부기관, 대학, 언론사, 유명한 비영리기구 등에 의해 실시되는 조사는 합법성이 부여되어 회수율을 제고하는 요인이 된다.
- **독촉장 및 독촉전화**: 편지나 엽서 형식으로 된 독촉장을 발송하거나 독촉전화를 하는 것이 회수율의 증가에 기여한다. 독촉하지 않은 경우의 평균 회수율은 50% 내외인 데 비하여 독촉한 경우에는 그 이상의 회수율을 보인다.
- **독촉장 발송횟수와 발송시기**: 보통 처음에는 독촉장을 보내고 두 번째에는 독촉장과 새 질문지를 동봉하며, 마지막으로 전화를 건다. 그 이상 독촉하는 것은 오히려 응답자의 불만을 야기할 수 있으므로 비효과적이다. 독촉장을 보낼 때는 처음 보낸 질문지가 반송되는 것이 거의 그칠 때까지 기다렸다가 보내는 것이 좋다.
- **기입 및 반송 용이성**: 응답하기 편한 질문지는 회수율을 높일 수 있다. 또 응답자가 반송하기 편하도록 수신자의 주소가 기재되어 있고 반송용 우표가 붙어 있는 반송용 봉투를 동봉해야 한다.
- **협조문과 인사말의 내용**: 협조문이나 인사말에는 조사의 목적, 중요성 등과 응답자의 협조를 구하는 내용을 담아야 한다. 협조문에 연구자의 친필사인이 있는지의 여부도 회수율에 영향을 줄 수 있다.
- **질문지의 길이**: 질문지 길이가 너무 긴 것은 피하는 것이 좋다.
- **질문지의 외관**: 질문지의 형태, 색깔 등 외관상 매력의 정도에 따라 회수

율이 달라질 수 있다.

- **조사대상자의 특성**: 일반적으로 교육수준이 높고 전문직에 종사하는 사람들의 응답률이 높은 경향이 있으며, 결혼 여부나 나이 등도 응답률에 영향을 줄 수 있다.
- **연구목적과 내용에 대한 조사대상자의 관심도**: 일반적으로 질문내용에 대해 가장 높은 관심을 가진 사람들이 가장 빠르게 잘 응답하는 경향이 있다.
- **유인책의 사용**: 가장 좋은 유인책은 조사의 가치와 응답의 중요성을 확신시키는 것이다. 질문지를 반송하는 대가로 돈이나 상품을 제공한다.
- **우편물의 종류**: 우표나 반송용 봉투의 종류, 우편물의 등급 등이 영향을 줄 수 있다. 비싼 우표를 사용하거나 특별배달인 경우에 보통우편보다 더 높은 회수율을 보인다는 연구결과도 있다.
- **질문지 발송시기**: 휴가철에 질문지를 보내는 것은 회수율을 감소시킬 수 있다. 질문지 발송 시 조사대상자가 바쁘지 않은 시기를 선택하는 것이 도움이 될 수 있다.

제2절 면접법

1. 면접법의 정의

면접법(interview)은 면접자(interviewer)가 피면접자(interviewee)를 직접 대면하여 질문과 응답을 통하여 자료를 수집하는 방법이다. 면접과정은 조사자인 면접자와 조사대상자인 피면접자가 대면적 상태에서 질문하고 응답하는 문답방식을 통하여 피면접자의 답변을 면접자가 기록하는 형식을 취한다. 면접은 면접자와 피면접자 간에 이루어지는 사회적 상호작용의 한 형태라고 할 수 있다. 면접이 진행되면서 면접자와 피면접자 간에는 일시적인 이차적 관계가 형성된다. 이차적 관계는 일차적 관계와 달리 특정 목적을 위해 인위적으로 이루어진 관계다. 면접자와 피면접자 간에 일시적이나마 인간관계가 형성되고 심리적 상호작용이 존재하게 되므로 양자의 관계가 조사결과에 영향을 미친다.

면접법은 피면접자의 의견이나 태도, 가치관 같은 내면적 상태와 미묘하거나 복합적인 측면을 파악하기에 좋은 방법이다. 면접법에서는 면접자의 역할이 매우 중요하여 조사의 성패를 좌우하는 주요 요인이 된다.

2. 면접법의 특성

면접법의 장점으로는 다음과 같은 것들이 있다.

(1) 피면접자의 복합적이고 내면적인 측면을 파악할 수 있으며, 심층적인 정보를 얻을 수 있다.
(2) 면접자가 피면접자의 특성이나 면접상황에 따라서 질문을 조절하면서 조사할 수 있는 융통성이 있다.
(3) 복잡한 질문이 가능하다.
(4) 응답률이 높다.
(5) 조사대상자의 범위가 넓다. 어린이나 문맹자 등도 조사할 수 있다.
(6) 응답이 미흡한 경우 보완 가능하고 모든 질문이 응답되었는지 검토할 수 있어 완성도가 높다.
(7) 질문내용에 대해 면접자가 부연설명함으로써 피면접자의 이해를 도와서 조사결과의 정확도를 높일 수 있다.
(8) 피면접자의 행동을 관찰할 수 있으므로 응답의 진위 여부를 추측할 수 있다.
(9) 피면접자의 과거나 미래의 계획 등을 알아낼 수 있다.
(10) 조사항목과 관련되어 있는 기타 다른 사실들에 대한 자료를 얻을 수

있다.

(11) 면접자가 피면접자의 프라이버시가 보장되고 조용한 곳에서 행해지도록 면접환경을 통제할 수 있다.

(12) 면접자가 질문순서를 통제하여 피면접자가 무질서하게 대답하지 않도록 할 수 있다.

(13) 즉각적인 응답을 기록할 수 있다.

(14) 피면접자 혼자서 대답하므로 대리응답이나 제3자의 개입을 방지할 수 있다.

(15) 면접날짜, 시간, 장소를 기록할 수 있어 조사기간 중 피면접자의 응답에 변화를 초래할 수 있는 사건이 발생한 경우에 조사자가 사건 전후의 답을 비교할 수 있다.

면접법의 단점은 다음과 같다.

(1) 조사시간과 비용, 조사인력이 많이 든다.

(2) 면접자의 편견이 개입될 수 있다.

(3) 면접자가 피면접자의 응답을 오해하거나 잘못 기록할 수 있다.

(4) 면접자의 성, 나이, 외모 등 개인적 특성이 피면접자에게 영향을 줄 수 있다.

(5) 익명성이 결여되어 피면접자가 솔직한 응답을 회피할 수 있다.

(6) 면접자와 피면접자 간의 관계가 조사의 진행이나 조사결과에 영향을 미친다.

(7) 면접자의 선발, 훈련, 감독에 유의해야 한다.

(8) 면접자와 피면접자 간의 상이한 시각으로 인하여 질문내용을 서로 달리 해석하여 혼란을 초래할 수 있다.

(9) 피면접자가 답변을 위해 기록을 검토하거나 주위사람들에게 물어볼 수 있는 기회가 없다.

(10) 피면접자가 불편한 시간에 조사받을 수 있다.
(11) 한 면접자가 서로 다른 피면접자들에게 같은 질문을 달리 표현하거나 서로 다른 면접자들이 질문을 달리 표현함으로써 답의 비교를 어렵게 만들 수 있다.
(12) 수집된 자료를 정리하고 분류하는 데 시간이 많이 걸린다.
(13) 면접하기 어렵거나 불가능한 경우가 있다.
(14) 응답자가 넓은 지역에 분포되어 있는 경우 조사시간이 많이 걸린다.

3. 면접법의 종류

면접의 종류는 조사내용의 표준화와 통제 여부에 따라 다음과 같이 구분된다.

1) 표준화면접

표준화면접(standardized interview)은 구조화면접 또는 통제적 면접이라고도 한다. 미리 마련된 면접조사표(interview schedule)를 가지고 이에 의거하여 면접하는 방법으로서 면접내용이 통제되고 표준화된 것이다. 모든 응답자에게 똑같은 내용과 순서대로 질문함으로써 응답의 차이를 비교한다. 여기서는 면접자가 자의로 말을 바꾸거나 면접상황에 따라 적절한 질문을 할 자유가 없다.

표준화면접의 장점은 다음과 같다.

(1) 자료의 신뢰도가 높다.
(2) 조사결과를 비교할 수 있다.
(3) 조사내용이 표준화되어 있으므로 자료의 정확성과 체계성이 높다.
(4) 질문의 언어표현상의 오류가 적다.
(5) 피면접자의 잘못된 해석을 감소시킬 수 있다.

(6) 덜 숙련된 면접자도 할 수 있다.

표준화면접의 단점은 다음과 같다.

(1) 정해진 내용만을 조사하므로 새로운 사실을 발견하기 어렵다.
(2) 피면접자의 특성이나 면접상황에 따라 질문을 조절하면서 조사할 수 있는 융통성이 없다.
(3) 딱딱한 면접상황이 이루어지는 경우 피면접자로 하여금 방어의식을 갖게 하고 면접자와 피면접자 간의 라포(rapport) 형성을 저해할 수 있다.

2) 비표준화면접

비표준화면접(unstandardized interview)은 비구조화면접, 비통제적 면접 또는 비지시적 면접이라고도 한다. 연구문제만 주어지고 사전에 준비된 구체적인 질문 없이 진행되는 면접이다. 면접조사표 없이 면접자가 재량권과 융통성을 갖고서 질문내용이나 질문순서에 구애받지 않고 상황에 따라 자유로운 상태에서 면접을 실시한다. 비표준화면접은 원래 심리치료에서 유래된 방법으로서 피면접자의 무의식적 경험이나 내면상태를 알아내기 위한 것이다.

비표준화면접의 장점은 다음과 같다.

(1) 면접상황이나 피면접자의 특성에 따라 융통성 있게 질문함으로써 새로운 사실을 발견할 수 있다.
(2) 면접자와 피면접자 간에 라포가 쉽게 형성된다.
(3) 피면접자의 생각의 흐름에 따라서 자연스럽게 진술이 이루어지므로 보다 생생하고 정확한 정보를 얻을 수 있어 타당도가 높은 자료를 구할 수 있다.
(4) 피면접자가 기억을 잘 못하는 경우에 여유 있는 분위기를 제공하고 피

면접자로 하여금 자연스럽게 자유연상을 하게 함으로써 더 타당한 응답을 얻을 수 있다.

비표준화면접의 단점은 다음과 같다.

(1) 표준화면접에 비하여 조사결과가 면접자의 능력에 더 좌우된다.
(2) 숙련된 면접자가 필요하다.
(3) 면접자에 따라 어떤 내용은 깊이 다루어지고 어떤 측면은 소홀히 다루어질 수 있다.
(4) 일반적으로 표준화면접에 비하여 자료의 신뢰도가 더 낮다.
(5) 자료의 정리, 분류, 부호화에 시간이 걸린다.

3) 준표준화면접

준표준화면접(semistandardized interview)은 준구조화면접이라고도 한다. 표준화면접과 비표준화면접을 혼합한 방법으로, 주요한 핵심질문은 표준화하고 그 밖의 질문은 비표준화해서 면접자가 그때그때 적합한 질문을 사용한다.

준표준화면접에 속하는 것으로 집중면접 또는 초점면접(focused interview)이 있다. 이것은 특정한 구체적 상황에 접한 사람들을 대상으로 하여 이러한 상황에 대한 태도나 심리적 반응 같은 주관적인 경험을 집중적으로 묻는 방법이다. 이를 통하여 피면접자의 진실한 감정이나 동기, 특정 자극에 대한 반응과 그 영향 등에 대해 중점적으로 파악한다.

집중면접의 과정은 우선 피면접자가 특수한 상황에 개입되어야 한다. 즉, 피면접자는 특정 영화를 보았거나 특정한 라디오 프로그램을 들었거나 어떤 논설이나 책을 읽었거나 폭동, 시위, 의식 등에 참여한 사람이다. 그다음으로는 이러한 상황의 주요 요소, 유형, 과정 그리고 구조 등을 분석한다. 연구자는 이러한 상황분석을 통하여 그 상황의 결정적인 측면의 결과에 관한 일련의 가설을 도출한다. 이러한 분석에 기반하여 면접가이드를 개발하고, 면접에서 수집된 자료가 적절한 것인지의 기준을 제공하는 질문과 가설의 주요 영역을 결정한다. 그 후 면접을 실시하는데, 면접은 피면접자의 상황정의를 확인하기 위한 노력으로서 미리 분석한 상황에 노출된 피면접자의 주관적 경험에 초점을 둔다. 마지막 단계로 피면접자의 응답에 의거하여 가설을 검증한다.

이렇듯 집중면접에서 면접자는 미리 피면접자가 접한 사건 자체를 연구하여 그것의 어떤 측면을 탐구할 것인지를 결정하고 가설을 구성한다. 피면접자에게 물어볼 질문을 미리 자세히 언어화하지는 않지만 대략적인 질문내용은 면접 전에 미리 결정한다. 집중면접에서 사용되는 질문은 개방식이면서 융통적이어서 연구가설이나 주제에 적절한 정보를 탐색하는 데 효과적이다.

4. 면접과정

1) 초기접촉단계

면접자가 피면접자를 만나서 처음에 해야 할 일은 자신의 신분과 소속기관을 밝히는 것이다. 그리고 피면접자에게 관계기관의 협조 의뢰서나 소개장, 추천장 등을 보여 준다.

피면접자가 어떻게 조사대상으로 선정되었는지 설명해 주고 조사의 목적과 필요성을 설명해야 한다. 피면접자의 응답이 소중한 자료가 된다는 점을 강조하고 피면접자에게 가치 있는 일을 한다는 것을 주지시킴으로써 면접에 응하도록 유도해야 한다. 면접에 응하도록 하기 위하여 선물을 제공할 수도 있다. 피면접자에 대한 정보를 가지고 있는 경우에는 개인적인 관심사나 취미 등에 대한 이야기를 하여 호감을 이끌어 내도록 한다.

초기단계에서는 면접자와 피면접자 간에 라포를 형성하는 것이 중요하다. 면접자의 첫인상이 중요하므로 옷차림, 말투 등에 신경을 써야 한다. 옷차림은 면접장소나 피면접자의 특성에 따라 적절하게 선택해야 한다. 피면접자의 가정을 방문하여 면접하는 경우에는 그 집의 관습이나 분위기를 파악하여 이를 존중하고 배려하는 태도를 가져야 한다. 대화를 처음 시작할 때는 일상적인 잡담이나 흥미를 끌 수 있는 이야기를 먼저 함으로써 피면접자의 긴장을 풀어 주고 부드러운 분위기를 유도한 후에 차츰 본론으로 들어간다. 피면접자에게 비밀이 보장된다는 점을 주지시켜야 한다.

2) 면접실시단계

면접실시단계에서 면접자가 주로 해야 할 일은 대화를 인도하면서 질문하고 대답을 경청하고 기록하는 것이다. 면접자는 질문하는 동안에 피면접자를 직시하고 관찰해야 한다. 질문을 할 때는 피면접자로 하여금 시험을 치는 것과 같은 느낌이 들게 해서는 안 된다. 면접자는 질문내용을 숙지해야 함은 물론 질문하는 태도나 음성, 어조 등에도 신경을 써야 한다. 질문은 솔직하고 객관적이며 쉽게 이해할 수 있도록 하고 답을 암시하는 것과 같은 표현은 하지 말아야 한다.

표준화면접에서는 면접조사표에 있는 대로 질문한다. 면접자는 피면접자가 질문을 올바르게 이해하였는지 확인하고 잘못 이해한 경우에는 수정해 주어야 한다. 때로는 피면접자가 면접자의 의견을 알아서 이에 동조하는 답변을 하려 하기도 한다. 그러나 면접자는 피면접자를 특정한 방향으로 유도해서는 안 된다. 피면접자가 모른다고 하는 경우에는 재차 물어보아서 답변을 유도해야 하지만 지나치게 답변을 강요해서는 안 된다. 피면접자의 진술이 산만하고 중복되더라도 도중에 중단시키기보다 끈기 있게 경청해야 한다. 주제를 벗어난 진술을 할 때는 피면접자의 기분이 상하지 않게 하면서 올바른 방향으로 대화를 유도해야 한다. 피면접자의 응답내용이 불일치하는 경우에는 지적해 주고 반복적인 표현 등에 유의해야 한다.

피면접자가 진술할 때는 기록하는 순간을 제외하고는 눈을 마주보고 경청해야 한다. 면접자는 피면접자가 말하고자 하는 모든 것에 대해 관심을 보이고 적절하게 대화의 보조도 맞추어야 한다. 면접과정에서 피면접자의 표정이나 태도, 진술 내용의 일치 여부 등을 통하여 응답의 진위 여부를 가려야 한다.

3) 종결단계

종결단계에서 유의해야 할 점은 피면접자가 면접에 싫증 내기 전에 면접을 종결해야 한다는 것이다. 면접은 면접자와 피면접자 간에 좋은 감정 속에서 종결되어야 한다. 면접을 완전히 종결하기 전에 면접자는 피면접자에게 더 하고 싶은 이야기가 있는지 물어보아야 한다. 면접이 끝나면 최종적으로 면접의 성패 여부를 검토한다.

5. 면접 시 유의사항

피면접자를 선정할 때는 누구를 면접해야 얻고자 하는 자료를 얻을 수 있을지 결정해야 한다. 피면접자를 실제로 면접하는 데는 면접 거부, 소재지 불명, 피면접자의 부재나 기타 사유로 인한 면접 불능 등 여러 가지 현실적인 장애가 따른다. 표본으로 선정된 조사대상자가 면접을 거부하는 데는 여러 가지 이유가 있을 수 있다. 단순히 관심이 없는 경우, 조사실시기관에 대해 반감이 있는 경우, 조사가 무가치하다고 생각하는 경우, 면접자에 대해 적대감을 갖는 경우, 시간이 없는 경우, 할 일이 많은 경우 등 다양한 이유로 인해 면접에 응하지 않을 수 있으므로 면접자는 면접을 거부하는 이유를 파악하여 문제를 해결해야 한다.

면접자는 면접이 실시되는 물리적 환경을 잘 선택하여야 한다. 면접장소는 피면접자가 안정된 심리상태를 가질 수 있도록 조용한 곳이어야 하며, 면접자와 피면접자 이외의 다른 사람이 주위에 있는 것은 피해야 한다. 면접시간은 너무 이른 아침이나 늦은 밤은 피하고 피면접자의 편의를 고려하여 정해야 하며, 불필요한 시간이 소요되지 않도록 유의해야 한다.

면접과정에서 여러 가지 오류가 발생할 수 있으므로 유의해야 한다. 면접자 측에서 일어날 수 있는 오류로는 면접자의 특성이나 태도로 인한 것, 질문의 언어화에 의한 것, 확인질문에서 오는 것, 기록상의 오류 등이 있고, 피면접자 측의 오류로는 면접자로부터 오는 영향에 의한 잘못된 진술, 질문내용에 대한 곡해, 불완전한 기억, 의식적인 응답의 회피, 허위진술, 선다형 질문이 적합하지 않을 경우 적당한 응답의 선택 등이 있다. 면접을 할 때는 이러한 오류를 가능한 한 줄임으로써 조사의 정확도와 신뢰도를 제고해야 한다.

면접내용을 정확히 기록하는 것도 중요하다. 기본적으로 기록할 것은 피면접자의 인적 사항, 면접일시, 면접장소 등이다. 기록은 그때그때 즉시 하는 것이 바람직하다. 보통 기록하는 속도가 답변하는 속도보다 느리므로 녹음기를 사용하기도 한다. 기록할 때는 답변 이외의 다른 의견도 기록한다. 면접자는 피면접자로 하여금 기록하는 도중에도 계속해서 말하도록 하는 것이 좋다. 비표준화면접에서는 보통 진술내용이 요약되어 기록된다. 면접자는 기록한 내용을 응답의 일관성 여부, 피면접자의 편견 여부 등과 관련하여 검토해야 한다.

비표준화면접에서는 특히 면접자가 면접의 성패를 좌우하는 주요 요인이 된다. 면접자의 능력이나 개인적 특성 등이 조사결과에 영향을 주므로 면접자를 선발할 때는 신중해야 한다. 면접자를 선정할 때는 조사내용, 조사지역, 피면접자의 특성 등을 고려해야 한다. 피면접자에게 영향을 줄 수 있는 주요 특성으로는 성, 연령, 사회계층 등과 같은 인구사회학적 특성과 외모 등이 있다.

일반적으로 면접자와 피면접자 간에 유사성이 클수록 라포가 잘 형성된다. 피면접자와 면접자의 성별 차이에 따라 다른 응답을 보인다는 연구도 있다. 성행태에 관한 조사 같은 경우에는 면접자와 피면접자의 성이 같은 것이 좋다. 면접자의 사회계층도 영향을 줄 수 있는데, 면접자와 피면접자 간의 계층적 차이가 크면 라포 형성에 부정적인 영향을 미칠 수 있다. 면접자의 나이나 외모도 중요하다. 옷차림은 면접자로서의 인상을 풍길 수 있고 단정하고 단순한 것이 좋다. 조사지역이 폐쇄적인 지역인 경우에는 그 지역을 잘 아는 면접자를 활용하는 것이 도움이 될 수 있다.

면접자가 여러 명인 경우에는 이들을 교육하고 감독하고 통제하는 것이 필요하다. 면접자에게 조사의 목적과 필요성, 의의, 질문내용, 질문에 포함되어 있는 주요 개념의 의미, 면접기술, 기록방법 등을 교육해야 한다. 이러한 교육을 통하여 면접자는 조사내용에 대해 충분한 지식을 가져야 하며, 면접기술에 능해야 한다.

면접자는 기본적으로 객관적, 중립적, 일상적, 우호적 태도를 가져야 하며, 성실성과 정직성을 갖추어야 한다. 면접에 임해서는 피면접자를 존중하고 그의 문화적 배경을 이해하도록 노력해야 한다. 면접을 할 때는 다른 사람을 동반해서는 안 되며, 조사대상자 이외의 사람을 면접하지 말아야 한다. 면접을 통해서 알게 된 정보를 누설해서는 안 되며, 조사할 내용에 대해 연구하고 면접한 내용을 자의적으로 수정해서는 안 된다.

피면접자가 부적합하거나 불명료하거나 미완성된 답변을 할 경우 추가질문을 통해 답변을 다시 확인하여 정확한 답을 알아내는 것을 프로빙(probing)이라고 한다. 프로빙의 기능은 응답자가 정확하고 완전하게 대답하도록 유도하고 부적절한 자료를 줄이는 것이다. 프로빙은 면접 도중이나 면접 종료 후에 한다. 면접 종료 후에 하는 프로빙은 주로 응답자에게 답에 대한 예를 들게 하고 이를 이용하여 나중에 부호화를 통하여 답의 정확도를 검토한다. 면접 도중에 하는 프로빙은 예상 가능한 특정한 대답에 대한 특수한 프로빙용 질문을 미리 작성하거나 면접자에게 일반적인 프로빙 방법을 교육함으로써 이루어진다.

일반적인 프로빙은 다음과 같은 방법을 통해 이루어진다.

첫째, 질문을 반복한다. 이것은 피면접자가 응답하는 것을 망설이거나 질문을 이해하지 못하는 경우에 사용한다.

둘째, 답변을 반복한다. 이것은 면접자가 피면접자의 응답을 정확히 이해하지 못한 경우에 사용한다.

셋째, 피면접자에게 이해와 관심을 표시한다. 면접자는 피면접자의 응답을 듣고서 시인했음을 나타냄으로써 피면접자가 계속 진술하도록 격려한다.

넷째, 응답이 불완전한 경우 아무 말 없이 잠시 쉰다.

다섯째, 더 말해 달라고 하는 등 응답을 요구하는 중립적인 질문을 한다.

6. 전화면접법

오늘날에는 전화보급률이 매우 높으므로 전화를 통하여 면접하는 전화면접법(telephone interview)을 많이 사용한다. 이 방법은 여론조사나 시장조사에 흔히 사용된다. 전화면접법은 특히 전화의 속성상 신속히 여론조사를 하고자 하는 경우에 유용하다. 최근에는 컴퓨터를 활용하여 더욱 편리하고 신속하게 전화면접을 할 수 있게 되었다.

전화면접법의 장점은 다음과 같다.

(1) 빠른 시간에 조사할 수 있고 조사과정이 간단하다.
(2) 조사원을 사용하는 면접법에 비하여 조사비용이 적게 든다.
(3) 접근하기 어려운 사람을 조사할 수 있다.
(4) 무작위로 조사대상을 추출하기가 용이하다.
(5) 개인적 면접에 비하여 익명성이 보장된다.
(6) 지역적으로 분산되어 있는 조사대상자들을 조사하기가 용이하다.
(7) 처음에는 조사에 응하는 것을 꺼리더라도 재차 전화하여 응답하도록 설득할 수 있다.
(8) 우편설문조사와 비교 시 더 높은 응답률을 얻을 수 있다.
(9) 면접자에 대한 감독이 용이하여 문제가 생긴 경우 감독자가 즉시 대처할 수 있다.

전화면접법의 단점은 다음과 같다.

(1) 전화가 없는 빈곤층이 적게 선정됨으로써 표본의 대표성에 문제가 있다.
(2) 복잡하거나 지나치게 민감하거나 사적인 질문은 하기 곤란하다.
(3) 지나치게 긴 통화는 곤란하므로 질문의 양이 제한된다.
(4) 조사지역이 지방인 경우 조사비용이 많이 든다.
(5) 전화를 받는 사람을 확인할 수 없으므로 피면접자가 바뀌어도 확인할 수 없다.
(6) 피면접자가 언제든지 면접을 중단할 수 있다.
(7) 면접자가 숨은 동기를 가졌거나 장난하는 것으로 의심할 수 있다.
(8) 시각적 자료를 활용할 수 없다.
(9) 피면접자를 관찰할 수 없으므로 비언어적 자료를 수집할 수 없다.
(10) 전화는 피면접자로 하여금 조사에 응하도록 만드는 데 덜 효과적이다.

제3절 관찰법

1. 관찰법의 정의

관찰법(observation)은 관찰자가 자신의 감각기관을 사용하여 조사대상의 행동을 파악하는 방법이다. 관찰은 일상생활에서 일어나는 현상에 대한 정보를 얻는 가장 기초적인 방법이다. 우리는 생활 속에서 항상 일상적인 관찰을 하게 되는데, 이러한 일상적 관찰과 조사연구를 위한 과학적 관찰의 차이점은 과학적 관찰은 일정한 목적하에 이루어지고, 체계적으로 계획되고 무엇을 관찰할 것인지가 연구가설과 연관되어 규정되며, 관찰내용이 체계적으로 기록되고 관찰결과의 타당도와 신뢰도에 대한 검토와 통제가 가해진다는 점 등이다.

관찰법은 조사자가 어떤 특수한 상황에서 일어나는 행동을 자세히 연구하고자 할 때 선호하는 방법이다. 이것은 신념이나 가치, 태도, 의견보다 겉으로 드러난 행동에 대한 자료를 수집하고자 할 때 적절한 방법이다. 관찰법은 다른 자료수집방법을 보완하여 보완적 자료를 수집할 목적으로 사용되기도 한다. 관찰법은 탐색적 목적을 가진 예비조사에서 흔히 사용된다.

2. 관찰법의 특성

관찰법이 지니는 장점으로는 다음과 같은 것들이 있다.

(1) 비언어적 행동에 관한 자료를 수집하기에 좋은 방법이다. 질문지를 사용하여 조사대상자의 행동에 대해 물어보는 경우에는 고의로 거짓말을 할 수도 있으나 관찰법을 사용하면 진행되는 행동 그대로를 파악할 수 있다.
(2) 자연적인 환경에서 일어나는 자연스러운 행동을 관찰하는 경우 조사대상으로부터의 반작용을 덜 야기한다.
(3) 유아와 같이 언어표현이 미숙한 사람을 조사하거나 조사대상자가 말로 표현하기 꺼리거나 미처 의식하지 못하는 현상을 조사하기에 적합하다.
(4) 조사대상자가 행동하는 순간에 즉시 기록할 수 있으므로 자료의 정확성과 실재성이 높다.
(5) 조사대상자의 특성과 실제 모습을 세밀하게 파악할 수 있다.
(6) 일상적이거나 무의식적인 행동을 조사하기에 좋다.
(7) 장기간에 걸친 종단적 연구가 가능하다.
(8) 조사대상자의 특정 부분이 아닌 전체에 대하여 심층적으로 조사할 수 있다.
(9) 조사대상자가 조사를 위하여 별도의 시간을 할애하지 않아도 되므로 조사대상자가 조사에 비협조적인 경우에 유용하다.

(10) 비구조적 관찰은 특히 관찰자로 하여금 중요한 것으로 나타난 어떤 변수에도 집중할 수 있게 하는 융통성이 있다.

관찰법의 단점은 다음과 같다.

(1) 관찰하려는 현상이 나타날 때까지 기다려야 한다.
(2) 관찰자의 편견이나 개인적 관심 등의 태도에 따라 특정 측면만 강조되거나 선택적으로 관찰될 수 있고 관찰대상의 실제가 왜곡될 수 있어 자료의 신뢰도와 타당도가 저해될 수 있다.
(3) 조사대상자의 익명성이 결여되어 관찰되기 꺼리는 행동이나 사적이거나 민감한 문제를 조사하기 어렵다.
(4) 일반적으로 표본크기가 작다.
(5) 관찰대상자가 관찰당하고 있다는 것을 인지함으로써 평소와 다른 행동을 보이는 반응성(reactivity)의 문제가 있다.
(6) 2인 이상의 관찰자에 의해 수집된 자료는 쉽게 비교할 수 없어 신뢰도를 검증하기가 어렵다.
(7) 현지관찰인 경우 조사결과에 영향을 줄 수 있는 외생변수를 통제하기 어렵다.
(8) 일정 시간에 기록할 수 있는 양이 제한되므로 기록상의 잘못이 야기될 수 있다.
(9) 장기간 관찰하는 경우 관찰자의 신체적 강인성과 인내심이 필요하다.
(10) 참여관찰인 경우 관찰자와 피관찰자 간의 친밀한 관계로 인하여 관찰자가 객관성을 잃을 수 있다.
(11) 비구조적 관찰인 경우 수집된 자료를 체계적으로 분류하기가 어렵고 통계분석을 위하여 자료를 양화하기가 어렵다.
(12) 현지관찰인 경우 관찰하는 것을 허락받기 어려운 경우가 있다.
(13) 일반적으로 질문지법을 사용하는 것보다 조사시간이 더 오래 걸린다.

3. 관찰법의 종류

1) 구조적 관찰과 비구조적 관찰

구조적 관찰(structured observation)은 체계적 관찰, 통제적 관찰 또는 조직적 관찰이라고도 하는데, 관찰할 내용이 표준화되어 있고 통제된 상태에서 관찰이 이루어지는 것이다. 관찰자는 가설을 검증하기 위하여 관찰할 내용과 방법을 미리 계획하여 관찰한다. 구조적 관찰은 관찰자로 하여금 특정한 부분에 주의를 집중하게 함으로써 조사대상의 특정 측면에 관찰의 초점을 둘 수 있게 하여 비구조적 관찰에서 간과하기 쉬운 측면을 파악하게 해 준다. 구조적 관찰은 자연적 환경에서보다는 실험실에서 빈번히 이루어진다.

구조적 관찰을 할 때는 관찰한 것을 체계적으로 기록하는 관찰조사표(observation schedule)를 작성하여 이에 근거하여 관찰내용을 기록한다. 관찰조사표는 관찰내용과 기록방법을 표준화하는 도구로서, 이를 사용함으로써 관찰자는 관찰내용을 자의적으로 선택하지 않고 일관된 내용을 관찰하여 기록하게 된다. 이처럼 구조적 관찰은 관찰조사표를 사용함으로써 관찰내용이 구조화, 표준화되기 때문에 신뢰도 높은 자료를 얻을 수 있다.

구조적 관찰을 할 때는 단위시간의 결정, 관찰대상이 될 행동의 결정, 기록방법, 행동유형의 보존 등을 고려해야 한다. 단위시간은 관찰에 소요되는 시간으로서 짧게는 수 초에서 길게는 수 시간이 될 수 있다. 행동은 보통 연속적으로 이루어지므로 하나의 행동을 다른 행동과 명확히 구분하기 어렵기 때문에 관찰대상이 되는 행동을 결정하는 일은 단순한 것이 아니다. 따라서 관찰조사표에 기재되어 있는 행동유형별로 각각의 대상행동에 대하여 명확한 정의를 내려야 한다. 관찰한 것을 기록하는 방법으로는 양분형, 선다형 등 여러 가지가 있다. 기록할 때는 피관찰자가 한 행동의 원형을 그대로 보존하는 것이 중요하다.

비구조적 관찰(unstructured observation)은 비체계적 관찰, 비통제적 관찰, 비조직적 관찰 또는 단순관찰이라고도 하는데, 구조적 관찰과는 반대로 관찰할 내용이 표준화되어 있지 않고 관찰자가 미리 정해진 기준에 의거하여 관찰하지 않는 방법이다. 이러한 관찰은 주로 탐색적 목적의 조사에서 사용된다. 비구조적 관찰에서는 특히 관찰의 목적과 배경, 관찰자와 피관찰자의 관계, 피관찰자의 특성 등이 중요하다. 비구조적 관찰을 할 때 관찰자는 자신의 편견이나 선택적 지각 등에 대한 이해를 통해 객관적 태도를 유지해야 한다.

2) 참여관찰과 비참여관찰

참여관찰은 관찰자가 일시적으로 관찰대상이 되는 집단의 성원이 되어, 즉 조사대상의 일부가 되어 함께 참여하면서 관찰하는 방법이다. 대부분의 참여관찰은 실험실보다는 현지에서 이루어진다.

참여관찰은 보통 관찰자가 자신의 신분을 밝히지 않으므로 피관찰자가 관찰당한다는 사실을 몰라서 있는 그대로의 상태에서 왜곡되지 않은 자료를 얻을 수 있는 장점이 있다. 피관찰자의 활동에 직접 참여함으로써 조사대상을 보다 자세히 파악할 수 있다. 또 관찰자는 함께 참여하는 것을 통하여 피관찰자와 일체감을 느낌으로써 겉으로 드러나지 않는 피관찰자의 주관적 가치나 태도, 피관찰자가 자신의 행위에 부여하는 내면적 의미 등을 파악할 수 있으므로 피관찰자의 내적 특성을 파악하고 이해하는 데 적합하다. 그러나 관찰자가 오랜 기간 동안 피관찰자와 함께 생활하는 경우에는 관찰자의 객관성이 결여될 위험이 있고, 관찰자의 신분이 노출된 경우에는 관찰자의 존재가 피관찰자에게 영향을 미치는 효과가 나타날 수 있다.

참여관찰을 가장 많이 사용하는 분야는 인류학이다. 미개사회를 연구할 때 인류학자들은 보통 수개월 내지 1년 이상 장기간 현지에 체류하여, 그 지역의 부족과 함께 생활하면서 그들의 일상세계를 자세히 관찰조사한다.

비참여관찰은 관찰대상과 함께 참여하지 않고 관찰자가 제3자의 입장에서 관찰하는 방법이다. 비참여관찰 시에는 피관찰자의 행동을 통제하지 않고 가능한 한 관찰하는 상황을 자유롭게 방치해야 한다. 비참여관찰을 하는

그림 4-1 관찰법의 종류

경우에는 무엇보다도 피관찰자가 관찰당하고 있다는 사실을 인지함으로써 야기되는 반응성 문제에 신경을 써야 한다. 관찰자의 존재가 노출됨으로써 피관찰자에게 심리적인 긴장이나 부담을 주게 되고 이것이 그들의 행동에 영향을 미쳐서 부자연스럽고 의도적인 행동을 유발할 수 있으므로 주의해야 한다. 이러한 문제를 해결하기 위한 방법으로서 실험실에서 비참여관찰을 하는 경우 도시창(peep window) 같은 장치를 사용할 수도 있다.

관찰법의 종류를 관찰환경의 구조화 정도와 관찰상황의 구조화 정도에 따라 구분하면 [그림 4-1]과 같다.

3) 직접관찰과 간접관찰

직접관찰은 피관찰자의 행동이 일어난 순간 이를 직접 보고서 관찰하는 방법이다. 반면, 간접관찰은 과거에 일어났던 행동의 결과로 나타난 물리적 흔적을 관찰하는 방법이다. 간접관찰은 피관찰자를 직접 관찰할 수 없거나 조사자가 피관찰자로부터의 반작용을 우려하여 직접 관찰하지 않는 경우에 사용할 수 있다. 간접관찰은 행동이 일어날 때 관찰자가 그 자리에 없으므로 피관찰자로부터의 반작용효과도 없다.

간접관찰 시에 과거행동의 물리적 흔적을 조사하는 방법에는 두 가지가 있다. 하나는 어떤 물질의 닳아 없어진 정도를 측정하는 것(erosion measures)

이고, 다른 하나는 물질의 축적된 정도를 측정하는 것(accretion measures)이다. 전자의 예로는 어떤 전시품이 가장 인기 있는지를 알아보기 위하여 전시장 주위의 마룻바닥의 닳은 정도를 조사한다거나 어떤 책이 가장 잘 읽히는지 알기 위해 책이 닳은 정도를 조사하는 것이다. 후자의 예로는 식습관을 알기 위해 쓰레기를 조사한다거나 경찰이 범인을 찾기 위해 범인의 신발에 묻은 흙을 조사하는 것이다.

4. 관찰과정

관찰이 이루어지는 과정은 다음과 같다.

첫째, 조사의 목적과 관찰대상을 정한다. 관찰대상을 정할 때는 접근성을 고려해야 한다.

둘째, 관찰할 내용을 정한다. 연구문제와 가설검증에 적합한 자료를 찾기 위해서는 어떠한 것을 관찰해야 할 것인지 관찰의 초점을 분명히 해야 하며, 이를 위해서는 관찰할 내용을 명료화, 세분화해야 한다.

셋째, 관찰단위를 정한다. 관찰할 내용을 정한 후에는 개개의 행동을 단위로 관찰할 것인지, 연속적인 일련의 행동들을 단위로 관찰할 것인지 관찰단위를 결정해야 한다.

넷째, 관찰방법을 정한다. 참여관찰을 할 것인지 비참여관찰을 할 것인지, 구조적 관찰을 할 것인지 비구조적 관찰을 할 것인지, 현지관찰을 할 것인지, 실험실관찰을 할 것인지 등을 결정한다.

다섯째, 관찰상황에 들어가서 관찰하고 기록한다. 관찰을 할 때는 피관찰자의 행동을 유발하는 사건이나 자극, 행동의 목적, 행동의 대상과 방향, 행동의 구체적인 표현형태, 행동의 결과, 행동의 발생시기와 지속기간, 발생빈도 등을 주시해야 한다.

여섯째, 관찰을 종료한다. 관찰을 종료한 후에는 기록한 내용을 검토한다.

5. 관찰 시 유의사항

관찰자는 관찰조사의 성패를 좌우하는 주요 요인이다. 관찰을 할 때에는 관찰자의 주관이 개입될 여지가 많으므로 관찰자의 역할이 매우 중요하다. 특히 구조적 관찰보다 비구조적 관찰인 경우에 관찰자의 능력, 기술, 자질이 더욱 중요하다. 관찰자는 숙련된 관찰기술을 가져야 하며 인내심, 지구력, 섬세함, 조심성, 자기통찰력 등의 자질을 갖추어야 한다. 여러 명의 관찰자를 사용하는 경우에는 적절한 관찰자의 선발과 훈련에 만전을 기함으로써 관찰자로 인하여 야기되는 문제가 최소화되도록 해야 한다.

관찰자는 객관성을 유지해야 한다. 관찰자는 실제 일어난 사건과 이에 대한 자신의 해석을 구분하여야 한다. 관찰자가 객관성을 잃게 되면 자료의 신뢰도와 타당도가 저해된다. 특히 참여관찰을 하는 경우에는 관찰자는 자신을 피관찰자와 동일시함으로써 객관성을 잃게 되지 않도록 주의해야 하며, 피관찰자의 행동에 너무 익숙해짐으로써 통찰력이 감소될 수 있다는 점에 유의해야 한다. 관찰자는 자신의 관찰행위가 피관찰자의 태도나 행동에 영향을 주지 않도록 유의해야 한다. 피관찰자가 자신이 관찰되고 있다는 사실을 알게 되면 평소와 다른 행동을 하기 쉬우므로 관찰행위로 인한 영향이 최소화되도록 해야 한다.

자료의 객관성을 확보하고 신뢰도를 높이기 위해서는 2인 이상의 관찰자를 활용하여 관찰결과를 비교하거나 기록내용을 외부인에게 보여서 검토하는 것도 한 가지 방법이 될 수 있다. 2인 이상의 관찰자가 동원되는 경우에는 특정 개념이 관찰자에 따라서 달리 해석되고 인지될 수 있으므로 사용되는 개념에 대한 명확한 정의와 이에 대한 철저한 교육이 필요하다. 관찰자에 따라서 동일한 현상에 대해서도 평가하는 정도가 다를 수 있으므로 이에 대한 철저한 훈련이 요구된다.

조사를 시작할 때 피관찰자에게 잘못 접근하면 조사를 거부하는 결과를 초래할 수도 있다. 관찰자는 관찰대상에 접근하기 전에 자신의 신분을 노출할 것인지 말 것인지에 대해 결정해야 한다. 때로는 현지관찰 시 조사자가 피관찰자로부터 관찰해도 된다는 허락을 받는 것이 쉽지 않다. 조사에 대한 허락을 얻어 내기 위하여 조사자는 조사의 목적과 의의를 합리화해야 한다. 때로는 조사자를 조사대상자에 소개해 주고 그 집단의 문화에 익숙해지도록 도와주는 내부로부터의 정보제공자(informant)를 활용할 수도 있다. 처음에 허락을 받을 때는 상대적으로 작은 규모의 단기간에 걸친 조사를 할 것이라고 말하고서 현지에 들어간 후에 조사를 연장하는 방법도 있다. 조사자는 피조사자의 입장에서는 조사를 허락함으로써 얻는 것보다 잃는 것이 많다는 점을 인식해야 한다.

현지참여관찰에서는 피관찰자와 라포를 형성하고 원만한 관계를 유지하는 것이 중요하다. 이는 어렵고도 시간이 걸리는 일이다. 관찰자는 처음에는 피관찰자의 언어나 관습 등을 잘 이해하지 못한다. 특히 다른 문화권에 있는 대상을 조사할 때는 더욱 어려움이 있다. 관찰자는 피관찰자가 속해 있는 집단의 문화를 이해해야 하며, 피관찰자와 신뢰관계를 구축해야 한다.

관찰내용을 기록하는 것도 중요하다. 관찰에 들어가기 전에 언제, 어떤 방법으로 기록할 것인지 결정해야 한다. 현장에서 관찰한 내용을 적은 것을 현지노트(field notes)라고 한다. 현지노트를 할 때 가장 기본적인 원칙은 관찰자의 존재가 알려진 경우에도 피관찰자의 눈에 띄게 기록해서는 안 된다는 것이다. 자료의 정확성을 위해서는 즉시 그 자리에서 기록하는 것이 좋으나 기록하는 속도가 관찰을 따르지 못하고 관찰자의 신분을 노출하지 않은 경우에는 피관찰자의 의심을 유발하고 관찰할 내용에 대한 관찰자의 주의력이 분산되는 문제가 있다. 따라서 대부분의 현지관찰자는 가능하면 관찰할 당시에는 간단히 기록하고 관찰이 종료된 후에 완전한 현지노트를 쓰는 것을 선호한다. 간단한 기록에는 핵심단어나 중요한 인용구, 기억을 촉진하는 단서 등이 포함된다. 그러나 관찰이 종료된 후에 기록하는 것은 관찰자의 기억에 의존하므로 내용이 부정확할 수 있고 주관적 해석이 개입될 여지가 더 많다. 그러므로 그 자리에서 즉시 기록하는 방법과 관찰이 끝난 후 기록하는 방법 중 어느 것이 더 좋은지는 상황에 따라 달라질 수 있으므로 여건에 따라 적절한 기록방법을 선택해야 한다.

현지노트에는 매일 무엇이, 언제, 누구에게 일어났고, 누가, 무엇을, 누구에게 말했으며, 물리적 환경에 어떤 변화가 발생했는지 등의 내용이 포함되어야 하고, 이 밖에도 관찰자의 개인적 생각과 느낌, 분석적 추론 등을 적어야 한다. 연구주제, 가장 중요한 관찰내용, 자료의 조직과 분류 등에 대한 조사자의 생각도 기록한다. 피관찰자를 묘사할 때는 추상적인 수식어를 사용하기보다는 구체적이어야 하며, 피관찰자가 한 말은 관찰자의 용어가 아니라 피관찰자가 사용한 용어 그대로 표현해야 한다. 참여관찰에서는 관찰자와 피관찰자 간에 감정적 관계가 성립하는데, 이 경우 피관찰자의 감정은 물론 관찰자 자신의 감정도 기록해야 한다. 이것은 참여관찰에서는 관찰자 자신도 조사대상집단의 일원이기 때문만이 아니라 관찰자가 갖는 편견의 근원으로서 자신의 감정을 분석할 수 있게 해 주기 때문이다.

관찰할 때는 경우에 따라 녹음기나 사진기, 비디오카메라, 촬영기 등을 사용할 수도 있다. 녹음기나 비디오카메라, 촬영기 등은 특히 정확성이 요구되는 조사에 도움이 된다. 이 밖에 기록에 사용되는 보조기구로서 일기나 메모철, 지도 등이 활용된다. 이러한 보조기구의 사용은 관찰내용의 정확도와 신뢰도를 높이는 데 도움을 준다.

제4절 실험법

1. 실험법의 정의

실험법(experimentation)의 주요 특징은 연구자가 가상적인 상태를 임의로 만들고서 의도적으로 일정한 자극(독립변수)을 가하여 이러한 상황에서 발생하는 피험자의 행동이나 태도 등의 변화(종속변수)를 측정한다는 것이다. 즉, 실험에서는 인위적으로 특정변수를 조작하여 종속변수에 어떤 변화가 나타나는지를 관찰한다. 또 과거에 일어난 사실을 사후에 조사하는 것이 아니라 현재 진행되고 있는 사실을 조사하는 것이 특징이다.

실험법은 변수들 간의 인과관계를 파악하는 데 목적이 있다. 실험자는 실험이 실시되는 환경과 실험대상이 되는 집단의 구성을 통제하며 실험적 자극, 즉 독립변수를 통제한다. 이렇듯 전반적인 실험과정에 대한 통제가 가능함으로써 실험자는 변수들 간의 상관관계를 넘어서 인과관계를 규명할 수 있게 된다. 대부분의 다른 조사방법에서는 변수들 간의 인과관계를 명확하게 확인하기 어려운 경우가 많이 있다. 그러나 실험법에서는 외생변수를 엄격히 통제하면 인과관계를 명확히 규명할 수 있다.

2. 실험법의 특성

실험법의 장점은 다음과 같다.

(1) 변수들 간의 인과관계를 파악할 수 있다.
(2) 실험상황의 통제로 인하여 외생변수에 의하여 야기되는 오차가 발생할 가능성이 감소됨으로써 조사결과의 명확성이 제고된다.
(3) 표본크기가 작다.
(4) 동일한 실험을 여러 번 반복할 수 있어 이를 통하여 조사결과의 일반성과 보편성을 제고할 수 있다.
(5) 종단적 연구가 가능하다.

실험법의 단점은 다음과 같다.

(1) 실험상황의 조작성, 인위성으로 인하여 조사결과를 일반화하는 데 문

제가 있다.

(2) 윤리적 문제가 제기될 수 있다. 인간을 실험대상으로 하므로 윤리적 측면에서 문제가 발생할 수 있다.

(3) 표본으로 선정된 실험집단이 모집단을 대표한다고 보기 어려운 경우가 있다.

(4) 조작할 수 없는 독립변수가 있다.

(5) 많은 독립변수를 동시에 조작하기 어렵다.

(6) 실제 세계에서 일어나는 복잡한 현상은 실험을 통하여 규명하기 어렵다.

(7) 실험에 영향을 줄 수 있는 모든 가능한 외생변수를 통제하기가 어렵다.

(8) 실험자가 갖고 있는 실험결과에 대한 사전기대나 가설이 피험자에게 영향을 줄 수 있다(요구특성).

(9) 실험자 편향현상(experimenter bias)이 발생할 수 있다. 즉, 실험자의 개인적 특성이 피험자에게 영향을 미칠 수 있다.

3. 실험과정

실험절차는 실험설계의 유형에 따라 차이가 있는데, 전형적인 절차는 다음과 같다.

(1) 연구문제와 연구대상을 정한다.

(2) 독립변수와 종속변수 간의 관계를 예측하는 가설을 형성한다.

(3) 모집단으로부터 표본을 추출한다.

(4) 표본으로 추출된 피험자들을 실험집단과 통제집단에 배정하여 실험집단과 통제집단을 구성한다.

(5) 실험장소, 실험에 필요한 장비나 도구 등을 준비한다.

(6) 실험집단과 통제집단에 대해 종속변수를 사전검사한다.

(7) 실험집단에 독립변수를 부여한다. 즉, 실험적 자극을 가한다.

(8) 실험집단과 통제집단에 대해 종속변수를 사후검사한다.

(9) 실험집단과 통제집단의 측정치를 비교한다.

실험집단과 통제집단을 구성할 때는 양 집단에 속해 있는 피험자들의 인적 구성을 동일하게 만드는 것이 중요하다. 그렇게 해야 양 집단의 측정결과를 비교하여 독립변수의 효과를 파악할 수 있기 때문이다. 양 집단의 인적 구성을 동일하게 하는 방법에는 다음과 같은 것들이 있다.

- **난선화**: 연구대상이 되는 모집단으로부터 피험자들을 무작위로 선정하는 방법으로서 가장 빈번히 사용된다.
- **정밀통제법**: 성, 연령 등 여러 특성 면에서 동일한 짝을 찾아서 한 명은 실험집단에, 다른 한 명은 통제집단에 배정하는 방법이다. 이 방법의 단점은 피험자를 추출하는 모집단의 규모가 커야 원하는 수의 피험자들을 추출할 수 있으며, 적합한 모든 특성이 똑같은 짝이 없는 사람은 피험자로 선정되지 못한다는 점이다.
- **빈도분포통제법**: 실험집단과 통제집단이 갖는 주요 특성의 구성비율을 동일하게 하는 방법이다. 하나의 중요한 기준변수를 정하여 양 집단에서 이 변수의 비율이나 평균이 같도록 만든다. 예를 들어, 기준이 되는 변수가 성이나 연령인 경우 두 집단의 성별 비율이나 연령별 비율이 같도록 피험자들을 배정한다.

선정하는 피험자 수는 실험 도중에 발생할 수 있는 피험자 상실에 대비하여 원하는 표본크기보다 조금 더 여유 있게 확보해 두는 것이 좋다.

실험을 할 때는 내적 타당도와 외적 타당도가 있는 실험을 해야 한다. Campbell과 Stanley는 실험설계의 타당도를 내적 타당도와 외적 타당도로 구분하고 이들을 저해하는 요인들을 지적하였다.

내적 타당도(internal validity)란 독립변수의 조작이 실제로 종속변수의 변화를 초래한 원인이 된 정도를 의미한다. 독립변수뿐 아니라 다른 외생변수에 의하여 종속변수가 변할 수도 있는데, 이러한 외생변수를 통제하지 못하면 내적 타당도를 저해하게 된다. 예를 들어, 실험 시 내적 타당도가 결여되면 실험적 조작 후에 종속변수에 어떤 차이가 발생하더라도 그것을 독립변수의 영향 때문이라고 단정할 수 없게 된다.

실험 시 내적 타당도를 저해하는 요인으로는 다음과 같은 것들이 있다.

- **역사적(외부) 사건**: 측정기간 중에 독립변수 이외의 특정 사건이 종속변수에 영향을 미칠 수 있다. 첫 번째 측정과 두 번째 측정 사이에 특정

〈표 4-1〉 내적 타당도 저해요인

저해요인	의미	사례
성숙효과	단순한 시간의 흐름과 경과, 개입기간이 길어질수록 성숙효과에 유의(조사대상자는 시간이 흐름에 따라 성숙해지고 더 현명한 결정을 할 수 있다.)	• 초등학교 고학년의 신체 성숙 또는 자아존중감 향상 • 노인들의 자연스런 ADL 기능 약화
역사적 사건	사전조사와 사후조사 기간 동안 일어나는 어떤 사건(현상)을 말한다.	• 사회복지사들의 응집력을 높이기 위한 프로그램을 협회 주관으로 실시하는 도중에 '가정복지사' 문제가 발생할 경우 그 프로그램의 효과를 제대로 파악하기가 쉽지 않다. • 노인을 위한 사회참여 활성화프로그램 진행 도중 '노인 비하' 발언 발생
측정(검사)효과	반복되는 측정은 연습이 될 수 있으므로 측정검사 결과를 상향시킬 수 있다. 즉, 한 번 이상의 측정은 (사후)측정결과에 영향을 줄 수 있다. 이것이 문제가 될 경우 솔로몬 4집단설계를 선택하거나 사전검사를 하지 않는 통제집단사후비교조사를 활용한다.	청소년의 자아존중감 향상프로그램의 효과를 측정할 때 자아존중감에 대한 사전검사 및 사후검사의 실시는 연습효과를 초래할 수 있다.
측정도구 효과	사후검사 시 시간을 더(덜) 준 경우, 결과 측정 시 발생하는 기록(측정)오류 또는 사후검사 시 측정도구를 바꾸거나 변경한 경우를 말한다.	우울증검사, 불안감검사, 자아존중감검사의 경우

피험자 선정 오류	실험집단과 통제집단이 서로 상이한 경우나 모집단을 대표하지 못할 경우에 해당된다. 이는 관련 모집단에서 무작위배정으로 해결할 수 있지만 현실적으로 항상 가능하지는 않다.	10대 자녀와 관계에 있어 어려움을 해소하기 위한 부모교육프로그램에 대한 신문광고의 경우 동기 부여가 강한 부모들만 지원
통계적 회귀	극단적인 측정값은 사후검사 시 중간값(평균)으로 이동하는 경향이 있다. 즉, 사전검사 때 낮은 점수를 기록한 사람들은 통계적 회귀의 영향으로 사후검사 시 더 높은 점수를 기록할 가능성이 많다. 조사자는 이것을 예방할 수는 없지만 무작위배정과 통제집단을 통해 파악할 수 있다.	조사론과목의 그룹스터디 효과(중간시험을 토대로 두 집단으로 나눌 때 기말시험 후 두 집단의 상향점수를 어느 정도 통제할 수 있다. 즉, 통제집단의 상승효과를 실험집단에서 그만큼 제외시킬 수 있다. 이는 개입의 효과를 정확하게 해 준다.)
피험자 이탈	피험자의 소멸은 전체적인 집단의 위상(분위기)에 변화를 줄 수 있고, 사후검사 시 측정값을 왜곡할 수 있다. 조사자는 특히 통제집단 참여자들이 쉽게 집단에서 탈락할 수 있고, 사후검사 시 누락될 수 있음을 인식해야 한다(작은 선물이 인센티브가 될 수 있다).	• 조사자는 특히 통제집단의 참여자들과 계속 접촉할 필요가 있다. 또한 사전검사의 요구가 부담스러운 경우 쉽게 탈락할 수 있다. • 고교 복교생의 학교적응프로그램
상호 작용의 영향	성숙과 피험자 선정오류가 상호작용적으로 나타나는 경우나, 피험자의 탈락과 선정오류가 상호작용적으로 나타날 수 있다.	• 초등학교 고학년 여학생의 경우 남학생보다 성숙의 정도가 빠르다. • 노인우울증 치료프로그램의 경우 통제집단의 참가자들이 누락되기 쉽다.
해결방안	• 실험기간을 가능한 한 짧게 한다(성숙, 역사적 사건 통제 가능). 그러나 이것은 시계열조사에는 해당되지 않는다. • 측정도구를 한 번만 사용하거나 사후검사 시 조금 다른 측정도구를 사용하면 측정의 영향을 줄일 수 있다. • 진행요원에게 훈련을 통해 측정 시 동일한 방법 및 절차를 시행하도록 하여 측정도구에 관련된 영향을 제거한다. • 조사대상자, 특히 통제집단 참여자들과 계속 접촉을 유지한다면 자연적 감소나 소멸을 예방할 수 있다. • 극단적인 측정값을 보이는 대상자를 피한다. 즉, 한 번의 측정으로 극단적인 대상자를 선정하지 않도록 한다. 이를 통해 통계적 회귀문제를 통제할 수 있다. • 가능하면 무작위배정을 활용하고, 아니면 실행 가능한 많은 변수에 배합하도록 한다. 이는 참여자 선정문제를 어느 정도 해결할 수 있다.	

자료: 황성동(2015). 알기 쉬운 사회복지조사방법론(2판). 서울: 학지사. pp. 164-165.

사건이 발생한 경우에 종속변수의 변화가 독립변수 때문인지 특정 사건 때문인지 판단하기 어렵게 된다.

- **성숙**: 실험기간 동안 발생한 조사대상 자체의 변화, 피험자에게 일어나는 자연적인 성장으로 인하여 종속변수에 차이가 발생할 수 있다. 예컨대 장시간에 걸쳐 실시되는 조사에서 청소년이 대상인 경우 청소년들은 성장속도가 빨라서 이로 인해 사후측정 시에 사전측정과 다른 결과를 보일 수도 있다.
- **통계적 회귀**: 만약 표본이 정상분포상 극단적인 위치에서만 선정됐다면 이러한 표본의 수치는 평균으로 회귀하는 경향을 보일 것이다. 예컨대 성적이 극히 저조한 학생들을 대상으로 수업방식의 효과를 측정하는 경우 더 이상 낮은 성적을 얻을 수 없어 평균점으로 회귀하는 경향을 보일 수 있다.
- **측정(검사)효과**: 사전검사(측정)가 사후검사의 결과에 영향을 미칠 수 있다. 예를 들어, 사전검사 시 낮은 점수를 얻은 학생들이 사후검사에서 높은 점수를 얻은 경우에 이것이 수업방식이라는 독립변수효과 때문이 아니라 사전검사효과로 인하여 사후검사 시에 더 열심히 공부했기 때문일 수 있다.
- **측정도구와 실험자**: 사전검사에 사용된 척도와 사후검사에 사용된 척도가 상이함으로써 생기는 영향이나 측정절차상의 변화로 인한 영향, 실험에 사용되는 도구들이 실험결과에 영향을 미칠 수 있다. 예를 들어, 실험 도중에 더 나은 방법을 발견하여 중간에 측정절차를 의도적으로 바꾸는 경우다. 또 실험자가 실험을 반복하면서 점차 부주의해지거나 더 능숙하게 되는 경우에 이러한 실험자로 인한 영향이 독립변수효과와 혼동될 수 있다.
- **피험자 선정오류**: 표본이 되는 피험자를 실험집단과 통제집단에 무작위로 할당하지 않고 의도적으로 선정하여 두 집단의 피험자들의 특성이 다른 경우에 두 집단의 측정결과가 다르다고 하더라도 이것을 반드시

독립변수 때문만으로는 볼 수 없다.

- **피험자 이탈**: 조사가 종결되기 전에 피험자가 표본에서 이탈하는 경우에 만약 이탈한 피험자가 남아 있는 피험자보다 개인적인 분산이 크다면 내적 타당도를 저해하는 요인이 된다.
- **반응적 실험절차**: 인위적인 실험상황으로 인하여 피험자가 자신의 원래 태도나 행동을 변경하는 것을 말한다.

외적 타당도(external validity)란 변수들 간의 인과관계에 대한 조사결과를 일반화할 수 있는 정도를 의미한다. 외적 타당도가 있으려면 특히 표본추출이 중요하다. 보다 광범위한 대상으로부터 표본이 추출되는 경우에 조사결과를 일반화할 수 있는 가능성이 높아진다. 특히 실험법을 사용하는 경우에 외적 타당도의 문제가 제기되는데, 이는 실험이 인위적인 상황에서 이루어지므로 인위적 상황에서 얻은 실험결과를 자연적 상황에 얼마나 적용할 수 있는지의 문제가 제기되기 때문이다.

실험 시 외적 타당도를 저해하는 요인에는 다음과 같은 것들이 있다.

- **편향된 피험자 선정**: 특정한 속성을 가진 사람들이 표본으로 선정된 경우에 그러한 표본은 모집단을 대표한다고 할 수 없다.
- **측정에 대한 반작용효과**: 측정한다는 사실 자체가 피험자에게 영향을 미치는 것이다. 실험과정에서 피험자가 측정되는 행위나 태도가 무엇인지 인지하게 되면 그러한 인지 자체가 차후의 행동이나 태도에 영향을 미칠 수 있다.
- **독립변수의 중다처리 효과**: 실험 시 다수의 실험적 처리를 함으로써 실험결과에 영향을 미칠 수 있다. 하나의 독립변수를 반복하여 여러 번 시행하거나 여러 개의 독립변수를 조합적으로 개입시키는 경우에 한 가지 독립변수를 한 번만 개입시키는 경우와 비교하여 실험결과가 달라질 수 있다.

〈표 4-2〉 외적 타당도 저해요인

저해요인	의미	사례
측정의 반응효과	사전검사가 조사대상자의 의식과 민감성, 즉 실험의 주요 변수에 대한 참여자의 의식 및 민감성에 영향을 준다. 그리고 피험자가 조사목적에 대한 이해 및 조사에 대한 참여로 스스로 조사(측정)에 대한 반응 및 민감성을 보일 수 있다.	실험집단 참가자의 경우 무의식적으로 실험결과가 좋아야 한다는 부담감 또는 민감한 반응으로 측정에 예기치 않은 현상이 일어날 수 있다.
피험자의 편향된 선정	연구를 진행하는 데 참여자들을 무작위로 배정하기 어려울 때 생긴다.	• 2~3시간의 심도 있는 인터뷰를 요하는 조사인 경우 대부분이 참여를 거부할 것이다. 또한 시간이 많거나 외로운 사람들이 주로 참여하게 되어 대상자들이 대표성을 띠지 못하며 조사결과를 일반화하는 데 문제가 있다. • '대학생 음주프로그램'의 경우 축제에서 주점에 모인 대학생들만 대상으로 할 경우 일반화하기 어렵다.
실험 환경의 영향	조사대상자들이 일상적인 환경과 다른 환경(상황)에서 실험이 진행될 때 생긴다.	자신의 행동이 녹화된다거나 이중거울을 통해 관찰될 때 일상적인 모습이나 반응과는 다르게 반응할 수 있다.
독립 변수의 중다처리 효과	두 번 이상의 개입이 있을 경우 생기는 문제로서 실험집단의 각 대상자들에게 개입(치료) 시 동일한 시간, 순서가 적용되기 어렵다. 특히 복수치료(개입)는 누적효과가 있어 특정한 개별개입의 효과에 대한 결론을 내리기 어렵다.	노인우울증 치료프로그램의 경우 집단상담을 실시할 경우 매번 같은 시간, 순서, 절차를 따르기가 쉽지 않다.
해결방안	• 조사대상자가 대표성을 갖도록 한다. • 개입 자체가 분명하고 구조화되어야 한다. • 조사진행요원은 훈련되고 자질을 갖춘 자로 하며, 개입이 동일하게 진행되도록 한다.	

자료: 황성동(2015). 알기 쉬운 사회복지조사방법론(2판). 서울: 학지사. p. 166에서 재구성.

4. 실험설계의 유형

실험설계의 기본요소는 통제집단, 무작위 할당, 독립변수의 조작, 사전검사와 사후검사다. 이러한 기본요소의 유무에 따라 실험설계의 유형을 순수실험설계, 준실험설계, 전실험설계로 구분한다.

순수실험설계는 통제집단과 무작위 할당이 있는 방법으로서 내적 타당도 저해요인을 최대한 통제한 설계다. 준실험설계(quasi-experimental design)는 반실험설계, 유사실험설계라고도 하며, 실험설계의 기본요소 중 한두 가지가 결여된 설계다. 무작위 할당이 없고 내적 타당도가 순수실험설계보다 일반적으로 낮다. 전실험설계(pre-experimental design)는 선실험설계라고도 하며, 무작위 할당과 통제집단이 없고 내적 타당도와 외적 타당도 저해요인을 거의 통제하지 못하는 설계다.

1) 실험집단 사후측정설계

실험집단 사후측정설계는 일회성 사례연구(one-shot case study)라고도 하며 전실험설계의 일종이다. 통제집단을 구성하지 않고, 무작위 할당을 하지 않은 실험집단만 구성하여 여기에 독립변수를 부여한 후 사후검사를 시행한다. 이 방법은 무작위 할당이 없고 통제집단도 없어 내적 타당도와 외적 타당도 저해요인을 거의 통제하지 못한다.

이것은 피험자가 어떤 개입이나 프로그램을 제공받은 결과, 기준이 되는 최소한의 기능을 수행할 수 있는지 보고자 할 때 사용할 수 있다. 실험과정이 매우 간단하지만 단지 직관적 판단에 의해 독립변수의 효과를 추정하므로 인과관계를 추론하는 데 문제가 있어 주로 탐색적 연구에 사용된다.

실험집단: X　　O_1

(X: 독립변수, O_1: 사후검사)

2) 실험집단 사전사후검사설계

전실험설계의 일종으로서 통제집단 없이 무작위 할당으로 구성되지 않은 실험집단에 대해 사전검사를 실시하고 독립변수를 부여한 후에 사후검사를 실시하는 방법이다. 이 방법의 문제점은 사전검사 결과와 사후검사 결과의 차이가 반드시 독립변수효과 때문이라고 단정할 수 없다는 것이다. 왜냐하면 실험기간 중에 외적 사건이나 성숙효과가 발생하거나, 사전검사가 피험자나 사후검사에 영향을 미치는 등 내적 타당도 저해요인을 통제하지 못하기 때문이다. 따라서 내적 타당도와 외적 타당도가 비교적 낮다.

실험집단: O_1 X O_2

(X: 독립변수, O_1: 사전검사, O_2: 사후검사)

3) 단일통제집단 사후검사설계

순수실험설계의 일종으로서 무작위 할당으로 하나의 실험집단과 하나의 통제집단을 구성하여 양 집단 모두 사전검사를 하지 않고 실험집단에만 독립변수를 부여한 후 양 집단에 대해 사후검사를 실시하여 사후검사 결과를 비교하는 방법이다. 여기서는 양 집단이 독립변수 이외의 요인들의 영향을 동일하게 받는다는 것을 가정한다.

이 방법의 장점은 사전검사를 실시하지 않으므로 사전검사가 피험자에게 영향을 미치는 효과가 없다는 것이다. 일반적으로 내적 타당도와 외적 타당도가 높다. 단점은 사전검사를 하지 않음으로써 원래의 실험집단의 상태를 알 수 없고 단지 통제집단과의 비교를 통해서만 추정할 수 있다는 것이다.

실험집단: R X O_1

통제집단: R O_1

(R: 무작위할당)

4) 단일통제집단 사전사후검사설계

순수실험설계의 일종으로서 실험설계 유형 중 가장 전형적인 방법이다. 무작위 할당으로 하나의 실험집단과 하나의 통제집단을 구성하여 양 집단 모두 사전검사를 실시하고, 실험집단에만 독립변수를 부여한 후 양 집단 모두 사후검사를 실시한다. 실험집단의 실험적 조작 전후의 차이와 통제집단의 사전, 사후검사 간의 차이를 비교함으로써 독립변수의 효과를 확인한다.

이 방법은 실험집단을 사전검사함으로써 독립변수를 부여하기 이전의 실험집단의 상태를 알 수 있고, 양 집단의 사전검사 결과를 비교함으로써 독립변수를 부여하기 이전의 양 집단의 차이를 알 수 있다. 내적 타당도를 저해하는 요인을 잘 통제할 수 있어 내적 타당도가 높으나, 사전검사가 피험자에게 영향을 미치는 효과가 발생할 수 있으므로 외적 타당도는 비교적 낮다.

실험집단:	R	O_1	X	O_2
통제집단:	R	O_1		O_2

5) 솔로몬 4집단설계(복수통제집단 사전사후검사설계)

솔로몬 4집단설계는 Solomon이 개발한 것으로서 순수실험설계의 일종이다. 무작위 할당으로 구성된 두 개의 실험집단과 두 개의 통제집단을 사용한다. 단일통제집단 사전사후검사설계에다 사전검사가 사후검사에 미치는 영향을 통제하기 위하여 사전검사를 하지 않는 또 하나의 실험집단과 통제집단을 추가한 것이다. 여기서는 사전검사와 독립변수의 부여 없이 실험기간 동안 오로지 내외적 요인에만 노출된 통제집단이 있음으로써 내·외적 요인들의 영향을 파악할 수 있다.

이것은 사전검사가 사후검사에 영향을 미치는 효과와, 역사적 사건이나 성숙효과 같은 내적 타당도를 저해하는 모든 요인의 영향을 파악할 수 있는 장점이 있다. 그러나 단점은 네 개의 집단을 구성해야 하고 실험을 두 번 해야 하는 등 실험과정이 복잡하여 실제로는 별로 사용하지 않는다.

실험집단: R O_1 X O_2
통제집단: R O_1 O_2
실험집단: R X O_1
통제집단: R O_1

6) 시계열설계

시계열설계(time-series design)는 준실험설계의 일종으로서 통제집단을 구성하지 않고 무작위 할당 없이 실험집단을 구성하여 독립변수를 부여하기 전에 사전검사를 몇 번 실시한 후에 독립변수를 부여하고서 다시 사후검사를 몇 번 시행하는 방법이다. 통제집단이 없는 대신 사전검사를 여러 번 시행하여 독립변수의 효과를 파악한다. 독립변수의 효과는 사전검사 측정치들의 합이나 평균값과 사후검사 측정치들의 합이나 평균값을 비교하여 확인한다.

시계열설계는 독립변수를 부여하기 이전과 이후의 추세를 알 수 있는 장점이 있으나, 단점은 외적 사건의 영향을 통제하지 못하고 사전검사와 독립변수 간의 상호작용효과가 발생할 수 있다는 것이다. 내적 타당도는 비교적 높지만 외적 타당도가 저해될 가능성이 있다.

O_1 O_2 O_3 X O_4 O_5 O_6

5. 실험법의 종류

1) 실험실실험

실험실실험(laboratory experiment)은 자연적으로 존재하는 현장에서 실험이 이루어지는 것이 아니라 조사자가 원하는 조건을 갖춘 실험상황을 인위적으로 만들어서 실험하는 것이다.

실험실실험의 장점은 다음과 같다.

(1) 폐쇄적인 환경에서 실험하기 때문에 실험결과에 영향을 줄 수 있는 외생변수가 개입될 가능성이 감소하므로 현지실험에 비하여 종속변수에 대한 독립변수의 효과를 보다 명확하게 알 수 있다. 즉, 일반적으로 현지실험보다 내적 타당도가 높다.
(2) 폐쇄적인 장소에서 실험을 하므로 독립변수의 조작과 이에 대한 통제 정도가 높다.
(3) 여러 개의 독립변수를 동시에 조작할 수 있다.
(4) 실험 목적에 적합한 피험자를 자유롭게 선정할 수 있다.

실험실실험의 단점은 다음과 같다.

(1) 인위적인 실험상황으로 인하여 외적 타당도가 저해될 수 있다. 현지실험에 비하여 실험결과를 일반화할 수 있는 정도가 낮다.
(2) 제한된 실험장소에서 실험이 이루어지므로 조작할 수 있는 독립변수의 범위가 제한된다.
(3) 실험환경의 인위성으로 인하여 독립변수의 조작이 종속변수에 뚜렷하게 영향을 미치게 하기 위해서는 독립변수의 정도를 강하게 해야 한다.

실험실실험을 설계할 때는 측정하고자 하는 변수를 명확히 정의하고 파악하고자 하는 문제를 구체적으로 표현해야 하며, 독립변수를 조작하는 방법과 변수의 측정방법을 잘 정해야 한다. 본실험을 시행하기 전에 예비실험을 실시하여 실험적 조작이 종속변수에 영향을 주기에 충분히 효과적인지 미리 확인해 보고, 실험 도중에 발생할 수 있는 문제를 사전에 파악하는 것이 바람직하다. 실험실실험에서 무엇보다 유의해야 할 점은 인위적인 실험상황을 가능한 한 현실성을 띠게끔 조성하여 피험자로 하여금 실험당하고 있다는 생각을 갖지 않도록 해야 하는 것이다.

원하는 실험결과를 얻기 위해서는 효과적인 실험적 조작방법을 개발하는 것이 중요하다. 이를 위하여 때로는 거짓말을 하는 경우도 있다. 예를 들어, 가짜약을 사용할 수도 있고 실험협조자(confederate)를 활용하는 경우도 있다. 실험협조자란 진짜 피험자에게는 비밀로 하고서 진짜 피험자들 속에 투입해서 미리 계획된 각본에 따라 행동하는 가짜 피험자를 말한다.

2) 현지실험

현지실험(field experiment)은 인위적으로 조성한 장소가 아니라 실제 현장에서 실험하는 것이다. 현지실험을 할 때는 특히 원하는 실험적 조작을 현지에서 적용할 수 있는지의 문제를 고려해야 한다. 예비실험을 통하여 미리 현지에서 실험적 조작이 가능한지 여부를 검토하고 실험상황에서 존재하는 불필요한 변수를 제거하는 방법을 개발해야 한다. 실험은 되도록 최소한의 시간이 소요되도록 실시하는 것이 좋다.

현지실험의 장점은 다음과 같다.

(1) 자연스러운 상황에서 이루어지므로 실험실실험에 비하여 일반적으로 독립변수의 효과가 더 강하다.
(2) 실험실실험에 비하여 실험결과를 일반화할 수 있는 정도가 더 높다. 즉, 외적 타당도가 높다.
(3) 폐쇄적인 환경에서는 다루기 어려운 복잡한 현상을 조사할 수 있다.

현지실험의 단점은 다음과 같다.

(1) 실험실실험에 비하여 외생변수에 대한 통제가 더 어려우므로 실험실실험보다 일반적으로 내적 타당도가 낮다.
(2) 현지여건상 독립변수를 조작할 수 없는 경우가 많다.

제5절 문서연구법

1. 문서연구법의 정의

문서연구법(document study)은 연구하고자 하는 대상에 대한 정보를 포함하고 있는 자료를 분석하는 방법이다. 모든 문서가 문서연구법의 대상이 될 수 있다. 직접적인 경험자에 의하여 쓰인 일차적 문서(primary document)나, 직접 경험하지 않은 사람에 의하여 쓰인 이차적 문서(secondary document) 모두 다 문서연구의 대상이 된다.

대부분의 문서는 연구가 아닌 다른 목적을 위하여 쓰인 것이다. 일기, 편지, 자서전 같은 개인적이고 일차적인 문서는 개인적인 목적을 위해 쓰인 것이다. 이와 달리 회의록, 각종 서류 같은 비개인적인 문서는 개인적인 문서보다 더 구조화된 특징이 있다. 신문, 잡지, 책과 같은 모든 인쇄물뿐만 아니라 영화, 연극, 만화, 방송 등도 문서연구의 자료가 된다.

2. 문서연구법의 특성

문서연구법의 장점은 다음과 같다.

(1) 다른 방법으로는 조사할 수 없는 대상을 조사할 수 있다. 예를 들어, 이미 죽은 사람이나 역사적 사실을 조사할 수 있다.
(2) 문서를 작성한 사람으로부터의 반작용효과가 없다. 문서연구를 한다고 해서 분석대상이 되는 자료가 변하지는 않는다.
(3) 장기간에 걸친 변화 추세를 연구할 수 있다.
(4) 많은 양의 문서를 표본으로 선정할 수 있다. 표본크기가 크면 조사결

과의 일반화 정도가 높아지고 통계적으로 유의미한 결과를 얻을 가능성이 크다.

(5) 즉각적인 행동이나 감정에 관한 정확하고 생생한 정보를 얻을 수 있다. 예를 들어, 일기의 분석을 통하여 즉각적이고 생생한 감정을 파악할 수 있다.

(6) 일기나 자서전, 유서 같은 문서의 연구를 통하여 비밀스럽고 솔직한 정보를 얻어 낼 수 있다.

(7) 조사비용이 비교적 적게 든다.

(8) 신문의 사설과 같이 전문가에 의하여 쓰인 문서는 질 높고 가치 있는 정보를 제공해 준다.

문서연구법의 단점은 다음과 같다.

(1) 문서가 쓰인 원래 목적으로 인하여 그 내용이 편향될 수 있다. 예를 들어, 자서전 같은 것은 실제보다 과장하거나 미화하는 경향이 있다.

(2) 종이에 쓰인 문서는 보관하기 어렵고 변하기 쉽다.

(3) 보통 사람이 쓴 일상적인 문서는 버려지거나 접근 불가능한 경우가 많다.

(4) 많은 문서가 관련사건이나 인물에 대한 지식이나 사전경험이 없는 연구자에게는 불완전한 설명을 제공한다. 편지나 일기 같은 개인적 문서는 연구목적을 위해 쓰인 것이 아니므로 연구자가 상대방에 대한 특별한 지식을 갖고 있지 않은 경우 해독이 어렵다.

(5) 접근 불가능한 문서가 많다. 필요한 정보가 기록되어 있지 않거나 기록은 되었으나 대외비로서 접근할 수 없는 경우가 많다.

(6) 문서를 작성하는 사람은 주로 교육수준이 높은 사람들이다. 따라서 지식층의 견해가 편중되게 반영된다.

(7) 비언어적 행동에 대한 직접적인 정보를 제공하지 않는다.

(8) 많은 문서의 경우, 특히 개인적 문서는 표준화된 형식이 없으므로 어느 한 시점에 작성된 문서에는 포함되었던 가치 있는 정보가 다른 시점에 작성된 문서에는 없을 수 있으므로 비교하는 것이 어렵거나 불가능하다.
(9) 장기간에 걸친 비교를 하기 위하여 자료를 수정해야 하는 번거로움이 있다. 예를 들어, 같은 화폐단위라 할지라도 그 가치가 많이 변하여 수정하지 않으면 잘못된 비교가 될 수 있다.

3. 내용분석법

1) 정의 및 특성

내용분석법(content analysis)은 문서연구법 중 가장 대표적인 방법으로 신문, 서적, 방송, 영화, 그림, 만화 등과 같은 모든 문서의 질적인 내용을 양적 자료로 전환하는 것이다. 말이나 글로 표현된 의사소통의 내용을 체계적, 객관적, 양적으로 분석하는 방법으로서 이를 통하여 의사전달의 이유, 동기, 결과 등을 파악할 수 있다. 누가, 누구에게, 무엇을, 언제, 왜, 어떻게 전달했는지 등 의사전달의 모든 측면에 대해 분석한다. 객관적이고 양적인 방법을 사용하여 메시지의 내용을 명료하게 분석하기 위한 것이다.

내용분석법은 메시지의 현재적 내용뿐만 아니라 그 이면에 숨어 있는 잠재적 내용도 분석한다. 다른 자료수집방법에 의해서는 파악하기 어렵거나 불가능한 것을 알고자 할 때 사용할 수 있다. 예를 들어, 역사적 사실이나 이미 죽었거나 접근 불가능한 인물에 관한 정보를 얻을 수 있다.

내용분석법의 장점은 다음과 같다.

(1) 실제 조사로는 불가능한 자료의 수집을 가능하게 한다.
(2) 다른 조사방법의 타당성 여부를 검토하기 위하여 사용할 수 있다.
(3) 개방식 질문의 응답을 분석하는 데 유용하다.

(4) 가치나 태도 같은 심리적 변수를 효과적으로 측정할 수 있다.
(5) 장기간에 걸친 연구가 가능하다.
(6) 조사자가 조사대상자에게 미치는 영향, 즉 반응성의 문제가 없다.
(7) 직접 자료를 수집하는 것보다 시간과 비용이 절감된다.
(8) 기존 자료를 활용하기 때문에 많은 양의 자료를 다룰 수 있다.

내용분석법의 단점은 다음과 같다.

(1) 기록된 자료만 분석대상이 될 수 있다.
(2) 기존 자료를 활용하므로 타당도 확보에 어려움이 있다.
(3) 분석할 자료를 구하기 어려운 경우가 많이 있다.
(4) 표본크기가 큰 경우에 분석하는 데 시간과 노력이 많이 든다.
(5) 부호화과정에서 오류가 발생할 수 있다.
(6) 분석결과의 신뢰도에 문제가 있을 수 있다.
(7) 기존 자료를 분석하므로 영향력이 큰 외생변수를 통제할 수 없다.

2) 내용분석의 과정

(1) 연구문제의 선정

연구하고자 하는 문제를 정한다. 내용분석법을 사용하는 것이 적절하다고 생각되는 연구문제를 선정한다.

(2) 모집단이 될 문서의 선정

어떤 문서를 분석대상으로 할 것인지 분석할 문서의 종류를 결정한다. 신문, 잡지, 소설, 영화, TV 프로그램 등 매체의 종류와 상관없이 모든 문서가 분석대상이 될 수 있다.

(3) 표본이 될 문서의 추출

어떤 문서를 표본으로 추출하는지는 자료의 대표성과 조사결과의 일반화와 관련된 것이므로 중요한 일이다. 내용분석에서의 표본추출방법은 일반적인 표본추출방법과 동일하다.

모집단을 구성하는 방대한 자료로부터 표본이 되는 자료를 추출하기 위해서는 우선 모집단을 구성하는 모든 문서의 목록을 작성한다. 예를 들어, 신문을 표본으로 추출할 때는 신문마다 발행부수나 배포지역, 영향력 등이 다르므로 이러한 요인들을 고려하여 어떤 신문을 표본으로 선정할지 결정해야 한다. 또한 언제 나온 자료를 표본으로 추출할 것인지 기간도 결정해야 하고, 신문의 전체 면을 분석대상으로 할 것인지 특정 면만을 분석할 것인지도 결정해야 한다.

(4) 카테고리의 구성

카테고리(category)란 분석할 자료의 내용을 분류하는 기준이다. 카테고리를 정하는 것은 내용분석의 성패를 좌우하는 중요한 일이다. 카테고리는 다른 연구자가 같은 내용에 대해 같은 카테고리를 적용하여 연구결과를 검증할 수 있도록 명백히 규정되어야 하며, 포괄적이고 상호배타적이어야 한다. 카테고리는 단일원칙에 따라 분류됨으로써 개념적으로 상이한 수준의 항목들이 혼합되어서는 안 된다.

카테고리는 일반적으로 이론으로부터 도출되는 것이 아니라 조사될 문서를 검토하여 어떤 공통요소가 있는지 확인함으로써 만들어진다. 이렇게 카테고리를 분석될 문서로부터 구성해야만 카테고리는 상호배타적이면서 포괄적인 것이 될 수 있다. 문서에 대한 사전검토 없이 구성된 카테고리는 중요한 카테고리를 제외하고 불필요한 카테고리를 포함하게 된다.

카테고리의 예로서 Mott는 신문내용의 경향을 알아보기 위하여 신문기사의 내용에 따라서 외국뉴스와 인물, 워싱턴뉴스, 공공문제를 다루는 칼럼, 사설, 기업과 재정, 스포츠, 사회, 여성의 관심사, 영화와 연극과 책과 미술,

라디오프로 소개, 만화, 만화를 제외한 만평 등 12개의 카테고리를 구성하였다.

(5) 분석단위의 결정

직접적인 분석대상이 되는 분석단위를 결정해야 하는데, 분석단위에는 기록단위와 문맥단위가 있다. 문맥단위는 반드시 필요한 것은 아니다.

기록단위(recording unit)에는 단어, 주제, 인물, 문장이나 문단, 공간이나 시간 등이 있다. 어떤 기록단위를 사용할 것인지는 연구의 목적과 분석될 내용 등에 의해 결정된다.

단어는 가장 작은 기록단위로서 여기에는 구와 같은 복합어도 포함된다. 단어를 기록단위로 할 때의 장점은 명확하고 객관적인 경계를 갖지 않는 주제 같은 기록단위와는 대조적으로 경계가 명확하므로 알아내기 쉽다는 것이다. 반면, 단점은 분석할 문서의 양이 많은 경우에는 너무 많은 단어가 있게 되고, 문맥에 따라 단어의 의미가 다를 수 있다는 점이다.

주제(theme)란 문서의 도덕적 의도나 목적을 말한다. 보통 내용에 포함된 주장이나 가치, 신념, 태도, 사상 등을 연구할 때 주제를 기록단위로 한다. 주제를 기록단위로 하는 것의 단점은 주제의 경계를 결정하기가 어렵고 주관적이며, 한 문장이나 문단에 여러 개의 주제가 포함될 수도 있다는 점이다. 주제는 단어나 문장, 문단과 같은 공간적인 경계가 없으므로 한 주제가 어디에서 시작하여 어디에서 끝나는지에 대해 의견이 일치되지 않는 경우도 있다.

인물(caharacter)은 주로 소설이나 연극, 텔레비전 드라마, 영화 등을 분석하는 경우에 기록단위로 사용된다. 등장인물의 속성을 파악함으로써 작가의 작품 경향을 유추하고자 하는 경우에 유용하게 사용할 수 있다. 특정 범주에 속하는 인물이 얼마나 등장하는지 각 범주에 해당되는 사람의 수를 기록한다. 인물을 기록단위로 할 때의 장점은 인물은 구체적이고 분명하므로 주제처럼 경계가 불분명하지 않아 구분하기 쉽고, 단어를 기록단위로 하는 경우처럼 너무 숫자가 많은 문제점이 없다는 것이다. 그러나 이것은 특별한 종류의 문서에만 사용할 수 있다는 제한점이 있다.

문장이나 문단을 기록단위로 하는 것은 경계를 쉽게 구분할 수 있는 장점이 있으나, 한 문장이나 문단에 둘 이상의 주제를 포함하고 있을 수 있으므로 한 문장이나 문단이 한 카테고리에 속하지 않고 둘 이상의 카테고리에 해당될 수 있는 단점이 있다.

공간이나 시간을 기록단위로 하는 것은 신문 같은 인쇄물이나 방송 프로그램을 분석할 때 사용한다.

문맥단위(context unit)는 기록단위보다 범위가 더 큰 것으로서 기록단위만으로는 분석을 정확하게 할 수 없는 경우에 사용된다. 예를 들어, 만약 연구자가 권력의 존재뿐만 아니라 남편 또는 부인 중 누가 권력을 갖고 있는지에 대해 관심이 있다면 우선 권력이라는 단어를 기록단위로 하여 이 단어를 찾을 것이다. 그러나 이 한 단어만 가지고는 권력이 남편에게 속한 것인지 부인에게 속한 것인지는 알지 못하므로 이 경우 단어는 문맥 속에서 읽혀야 하며, 따라서 연구자는 권력이라는 기록단위를 포함하는 더 큰 단위인 문맥단위를 정할 필요가 있다. 만약 기록단위가 단어라면 문맥단위는 문장이나 문단, 하나의 장 또는 책 전체가 될 수도 있다. 문맥단위를 분석하는 것은 기록단위를 분석하는 것보다 시간이 더 소요된다.

(6) 계산체계(분석방법)의 결정

자료를 양화하여 분석하는 방법을 정해야 한다. 분석단위가 나타나는 빈도를 측정하거나, 활자로 된 자료인 경우 지면에서 차지하는 공간의 크기를 측정하거나, 방송 프로그램인 경우 방송시간을 측정하는 등 분석방법을 선택하여 자료를 범주들로 분류한다.

자료를 양화하여 분석하는 방법에는 다음과 같은 것들이 있다.

- **카테고리가 나타나는지 나타나지 않는지만을 표시하는 이분법적 구분법**

- **카테고리가 문서에 나타나는 빈도를 세는 빈도계산법**: 가장 기본적인 방법으로 가장 많이 사용된다. 이 방법의 장점은 사용하기 편리하고 간단하다는 점이다. 그러나 이 방법은 모든 카테고리가 동일하고, 특정한 카테고리나 기록단위가 동일한 가중치를 갖는다는 것을 가정하고 있는데, 그러나 이러한 가정이 경우에 따라서 맞을 수도 있지만 아닐 수도 있다. 또 빈도는 표현의 강도를 반영하지는 않는다.
- **카테고리에 할당된 공간의 크기를 측정하거나 방송시간을 측정하는 방법**: 대중매체 분석 시에 널리 사용된다. 신문기사가 실린 지면의 크기를 측정하거나 방송시간의 길이를 측정한다.
- **카테고리가 표현되는 강도를 측정하는 강도분석법**: 빈도가 높다고 해서 반드시 강도가 높은 것은 아니므로 빈도계산만으로는 부족하고 표현의 강도를 측정함으로써 내용을 더 잘 파악할 수 있다. 특히 가치나 태도의 강도를 알기 위해서는 빈도계산이 적합하지 않다.

(7) 자료의 분석과 해석

계산체계에 따라 자료를 분석하고 결론을 도출한다.

〈표 4-3〉 내용분석법의 진행과정과 유의사항

진행과정	유의사항
조사질문 및 가설의 설정	연구주제의 선정과 측정하고자 하는 개념을 구체적으로 조작화해야 한다.
분석대상의 결정	분석에서 가장 신뢰할 수 있는 자료가 무엇인가를 생각하고, 이를 기준으로 연구주제에 매우 밀접하고 자료 수집이 용이한 자료를 선정한다. 그리고 분석하고자 하는 내용의 분류기준 및 범주를 생각한다.
분석단위 결정 및 표본추출	분석단위로는 단어, 주제, 문단, 인물 등이 주로 사용되며, 그 존재 유무, 빈도, 비중 등을 분석한다. 그리고 자료가 방대할 때는 표본추출을 통해 분석자료를 압축한다.

데이터의 범주화 및 계량화	데이터를 범주화할 때는 포괄성과 상호배타성의 원칙을 지키며, 구체적으로 드러난 명시적 분류뿐만 아니라 자료 속에 내재되어 있는 잠재적 의미를 찾아내는 것도 중요하다.
신뢰도 검증	내용분석의 신뢰도는 분석한 자료의 분류가 서로 다른 연구자 간에 얼마나 일치하는가를 통해 확인할 수 있다.

자료: 황성동(2015). 알기 쉬운 사회복지조사방법론(2판). 서울: 학지사. p. 223.

〈표 4-4〉 내용분석법의 사례 (응용과학으로서 사회복지학에 대한 논문의 분석)

진행과정		적용
1단계	조사질문 및 가설의 설정	응용사회과학으로서 사회복지학의 정체성에 대한 논란을 해소하기 위한 방법은 무엇인가?(과거 130년간 사회복지 주요 저널을 통해 사회복지가 어떻게 묘사되고 있는지에 대한 객관적인 관점 제공)
2단계	분석대상의 결정	1870년에서 1990년까지 130년 동안 사회복지의 주요 학술지, 즉 그 시대에 사회복지에 대해 학술적 내용을 가장 잘 나타내고 있다고 판단되는 학술지를 선정한다.
3단계	분석단위 결정 및 표본추출	분석대상인 주요 사회복지학술지에 게재된 개별 논문들을 분석단위로 결정한다. 그리고 게재논문이 여러 다양한 학술지에 게재되었기 때문에 25~100%의 비율로 비례무작위표집을 활용하여 추출하였다(전체 조사대상 논문은 541개다.)
4단계	데이터의 범주화 및 계량화	각 논문을 실증주의적 논문, 기술석 논문, 이론적 논문, 가치 및 철학적 논문, 논평적 논문의 다섯 가지 상호배타적이고 포괄적인 기본범주로 구분하였다. 실증주의적 논문은 하위범주로는 계량적인 자료수집방법, 2차 자료수집, 질적인 자료수집방법으로 다시 구분하였다. 그리고 각 논문이 해당되는 범주에 퍼센트로 표시하였다(중복 가능).
5단계	신뢰도 검증	평가자 간 신뢰도 평가방법을 활용하였다.

자료: 황성동(2015). 알기 쉬운 사회복지조사방법론(2판). 서울: 학지사. p. 284에서 재구성.

제6절 온라인조사법

1. 온라인조사법의 정의

온라인조사법은 전자조사법이라고도 하며, 인터넷, pc통신 등을 통하여 이루어지는 조사를 말한다. 최근 컴퓨터의 보급과 인터넷의 발달로 인하여 새로운 자료수집방법으로서 활용도가 증가하고 있다. 1990년대에 웹 사용이 증가하면서 인터넷을 이용한 조사가 발달하기 시작하였다. 인터넷조사는 'send survey(전송)'를 클릭하여 질문지를 전송할 수 있기 때문에 질문지를 회수하기 쉽다. 웹(web) 조사는 각 문항에 응답된 내용을 미리 정해진 형식에 따라 숫자나 텍스트로 자료파일을 작성할 수 있으므로 조사가 완료됨과 동시에 즉시 간단한 빈도 결과를 계산할 수 있다. 또한 자료입력단계가 생략되기 때문에 부호화나 자료입력 오류가 발생하지 않으며, 다양한 통계분석 방법을 적용할 수 있다. 이 조사의 유용성은 얼마나 많은 일반국민이 전자통신망에 접속하는 것이 가능한지에 달려 있다.

인터넷조사는 네티즌만을 대상으로 표본조사가 이루어지기 때문에 전 국민을 대상으로 하는 표본조사에는 부적합한 방법이겠지만 향후 특정계층을 대상으로 하는 사회 전반의 이슈에 대한 여론조사, 마케팅 분야에서의 소비자 욕구조사, 시장조사 등의 분야에서는 기존방법들을 대체하거나 보완하는 방법으로 활용할 수 있다. 특히 일반국민이나 일반소비자보다는 컴퓨터 통신이나 인터넷 사용자의 특성을 이용하여 전문직 종사자나 신기술 및 변화의 수용력이 빠른 집단을 대상으로 하는 표본조사에는 기존방법들을 대체하는 방법으로서 매우 유용하게 활용될 수 있을 것이다.

인터넷조사에서 조사의 신뢰성을 저해하는 요인은 다양하다. 예를 들어, 확률표본 확보의 어려움, 목표 모집단과 표본추출 모집단의 차이에서 발생하는 오차, 무응답 발생 문제, 설문지 설계 문제, 그 밖의 다양한 기술적인 문제 등을 생각할 수 있다. 또한 한국 내에 거주하는 웹 사용자를 대상으로 조사를 하더라도 WWW는 전 세계 어디에서든지 접속할 수 있기 때문에 의도하는 지역의 대상이 아님에도 조사에 응답할 수 있다. 인터넷 모집단은 매우 포괄적이기 때문에 이러한 상황까지 신중하게 고려하여 조사를 진행해야만 한다. 조사에 참여하는 웹 사용자가 조사에서 의도하는 대상인지 조사 안내문에서 명확하게 판단하거나 식별할 수 있도록 해 주어야 한다.

온라인조사에서 단순히 다수의 인터넷 사용자로부터 얻은 응답을 근거로 하여 조사결과를 마치 전체 모집단으로부터 대표성 있는 응답자를 추출하여 얻은 결과로 해석하고, 이 결과가 국민들의 의견인 것처럼 일반화하여 왜곡된 결과를 발표하는 경우가 발생하고 있는 것은 문제다.

2. 온라인조사법의 특성

온라인조사의 장점은 다음과 같다.

(1) 조사비용이 적게 든다.
(2) 빠른 시간에 조사할 수 있다.
(3) 응답하기 편리하다.
(4) 응답의 입력이 전자파일 형태로 자동으로 이루어질 수 있으므로 자료의 입력에 별도의 시간과 비용이 들지 않는다.
(5) 자료의 정리, 분석에 걸리는 시간이 단축된다.
(6) 전자우편 등을 이용한 후속독촉이 용이하다.
(7) 응답자가 응답하기 편리한 시간을 선택하여 응답할 수 있다.
(8) 광범위한 지역을 대상으로 조사할 수 있다.
(9) 24시간 조사가 가능하다.
(10) 시각적 자료를 활용할 수 있다.

(11) 멀티미디어를 활용한 고도화된 설문을 작성할 수 있다.
(12) 난이도 높은 질문이 가능하다.
(13) 표본크기가 커져도 조사비용이 이에 비례하여 증가하지 않는다.
(14) 전문가집단에게 쉽게 접근할 수 있다.
(15) 응답자와의 상호작용이 가능하다.

온라인조사의 단점은 다음과 같다.

(1) 컴퓨터 활용능력이 있는 사람만 조사대상자가 되므로 표본의 대표성이 없다.
(2) 웹 사용자들에 대한 전체 명부를 작성하는 것이 불가능하여 확률표본추출보다 비확률표본추출을 하므로 조사결과를 일반화하는 데 한계가 있다.
(3) 웹을 이용한 조사에서는 얼마나 많은 사용자가 조사를 열람하거나 사이트를 방문하여 조사에 참여했는지 알 수 없기 때문에 응답률을 계산할 수 없다. 접속횟수와 회수된 수의 비율을 계산하면 응답률을 추정할 수 있으나 중복방문자의 수를 알 수 없으므로 정확한 응답률을 알 수 없다.
(4) 무제한으로 접속할 수 있으므로 동일한 응답자가 여러 번 응답할 수 있고, 응답자의 부주의로 두 번 이상 전송할 수 있다. 따라서 중복응답을 방지하기 위해서는 첫 번째 질문으로 응답자의 전자우편 주소를 입력하여 응답하도록 하거나, 하나의 프로토콜 주소를 표시한다. 전자우편 주소와 인터넷 프로토콜 주소를 확인함으로써 중복응답을 확인할 수 있다.
(5) 설문조사 시스템을 설치하는 비용이 많이 든다.
(6) 인터넷 전송과정에서 자료가 유출되는 문제 때문에 응답을 기피할 수 있다. 따라서 자료의 전송과정에서 문제가 발생하지 않도록 적절한 조치를 취해야 하며, 응답자들에게 보안조치가 있다는 사실을 공지하는

것이 응답률을 높이는 데 도움이 된다.

(7) 전자우편을 이용한 조사에서는 스팸메일로 간주되어 삭제할 수 있어 응답률이 낮아질 수 있다.

〈표 4-5〉 전화조사, 면접조사, 인터넷조사의 장단점

	전화조사	면접조사	인터넷조사
장점	1. 신속한 자료수집 2. 적은 비용 3. 익명성 보장 4. 광범위한 접근 가능	1. 높은 융통성 2. 복잡한 질문 가능 3. 많은 양의 질문 가능 4. 높은 응답률 5. 시청각자료 이용 가능	1. 시간 및 비용 절감 2. 적극적 응답 3. 멀티미디어자료를 활용한 다양한 조사 가능 4. 원거리 표본조사 가능
단점	1. 응답 신뢰성 부족 2. 시청각자료 활용 부족 3. 응답자의 제한 4. 질문 수의 제한	1. 비싼 비용 2. 조사원 편견 개입 우려 3. 응답자의 비협조 4. 낮은 익명성	1. 조사 모집단의 제한 2. 대표성 결여 3. 표본틀 확보 곤란 4. 사전 표본설계 곤란

자료: 최병수 외(2002). 엑셀을 이용한 사회조사분석. 서울: 탐진. p. 73.

〈표 4-6〉 전화조사, 면접조사, 인터넷조사의 설계 및 수행과정상의 특성

조사의 설계 및 실사 수행 특성	전화조사	면접조사	인터넷조사
표본의 대표성	높다	높다	낮다
표본추출방법의 다양성	중간	높다	낮다
사전 표본크기의 확보	중간	높다	낮다
표본추출 대상지역의 범위	중간	좁다	넓다
조사대상자의 응답률	중간	높다	높다
시청각자료의 활용	불가	중간	높다
질문지의 양	적다	많다	중간
질문의 난이도	낮다	높다	높다
응답의 신뢰성	중간	높다	높다
조사비용	적다	많다	적다
조사기간	짧다	길다	중간

자료: 최병수 외(2002). 엑셀을 이용한 사회조사분석. 서울: 탐진. pp. 73-74.

온라인조사에서의 응답률은 질문지의 길이, 질문의 난이도 등에 영향을 받는다. 따라서 질문의 내용은 응답하기 쉬워야 하고 간결해야 한다. 실제로 인터넷조사에서 질문내용의 난이도와 응답률의 관계를 살펴보면 웹을 이용하는 경우에는 통신망 사용자들의 자발적인 참여에 의해 조사가 이루어지기 때문에 비교적 복잡하고 긴 내용의 질문이라도 응답률이 높게 나타나지만, 사전에 조사대상자를 추출하여 전자우편을 이용하여 조사하는 경우에는 질문이 비교적 단순하고 질문 수가 적을 때 효과적이라고 알려져 있다.

3. 온라인조사법의 종류

1) 전자우편을 이용한 조사

설문지를 전자우편으로 발송하고 완성된 설문지를 다시 전자우편으로 보내는 것이다. 설문지는 전자우편의 주 내용에 포함시키거나 첨부파일로 발송한다. 이것은 설문지 작성이 간편한 반면에 다양한 기법을 활용할 수 없고, 전자우편으로 설문지를 받아 읽고서 다시 전자우편으로 보내야 하는 번거로움이 있다. 이 방법을 사용하기 위해서는 조사대상자가 전자우편 사용법, 컴퓨터파일 조작법 등에 대한 기본지식을 가지고 있어야 한다.

2) 웹을 이용한 조사

웹(World Wide Web: WWW)을 이용한 조사에도 여러 가지 방법이 있다. 대표적으로는 설문지를 웹의 홈페이지(homepage) 형식으로 작성하여 이것을 네트워크에 연결된 컴퓨터에 올린 후 조사대상자들에게 전자우편이나 전화 등으로 설문지 홈페이지 주소를 알려 주는 방법이 있다. 조사대상자가 설문지 홈페이지를 찾아가서 설문지에 응답하면 응답이 자동적으로 조사자의 데이터베이스에 입력된다. 이 방법의 장점은 웹의 멀티미디어 속성을 살려서 다양한 설문양식을 사용할 수 있고, 조사대상자가 설문에 응답하면 곧바로 조사자의 컴퓨터에 입력되므로 자료의 입력과 정리에 드는 비용이 절감

된다는 것이다.

(1) 웹사이트에 설문지를 올려놓고 응답하기 원하는 사람이면 누구든지 아무런 제한 없이 응답할 수 있도록 하는 방법

인터넷조사 중 가장 원시적인 형태로서 간이여론조사를 할 때 주로 사용된다. 이것은 응답자의 대표성 문제와 동일한 응답자가 여러 번 응답하는 문제점이 있다.

(2) 포털사이트나 웹 사용자들이 자주 방문하는 사이트에 조사에 대한 안내문을 공지하여 조사에 참여할 것을 권유하고, 참여하기를 원하는 응답자가 자발적으로 응답하는 방법

중복응답이나 원하지 않는 응답자가 응답하는 문제점이 있다.

(3) 방문자가 많은 사이트에 조사에 참여하기를 희망하는 사람들을 모집하여 이들로써 패널을 구성하여 조사하는 방법

현재 인터넷조사의 대표적인 방법으로 널리 사용되고 있다. 패널을 구성하는 사람들의 연령, 직업 등 인구사회학적 정보를 미리 수집한다. 패널을 구성하는 표본은 인터넷 사용자의 인구사회학적 구성비율에 비례하는 할당표본추출을 하는 것이 좋다. 이렇게 패널을 구성함으로써 특정계층이 표본으로 선정될 확률을 통제할 수 있고, 인구사회학적 자료를 이용한 계층별 비교가 가능하고, 장기적으로 보다 확대된 패널을 구성할 수 있는 장점이 있다. 그러나 패널의 크기와 인구사회학적 구성비율에 따라서 조사결과가 영향을 받으며, 비확률표본추출에 의해 응답자가 선정되기 때문에 표본의 대표성이 없는 문제점이 있다.

(4) 일반 모집단을 대상으로 확률표본추출된 표본 중에서 조사에 참여하기를 희망하는 사람들을 패널로 선정하여 조사하는 방법

전화조사나 우편조사를 사용하여 패널을 구성하는데, 패널은 인터넷 사용이 가능한 대상자 중에서 패널 참여에 동의하는 사람들로 구성한다. 패널 구성에 동의한 사람들에게 웹조사 안내문을 전자우편으로 발송하여 조사한다. 이때 조사대상자가 아닌 일반 참여자를 통제하기 위하여 ID나 비밀번호를 부여한다.

제5장
표본조사

제1절 표본조사의 정의

오늘날 실시되고 있는 대부분의 조사는 전수조사가 아니라 표본조사(sample survey)다. 원칙적으로 연구자는 완전한 모집단을 연구하고자 하며 그러한 조사결과에 더 많은 가치를 부여하고 싶어 한다. 그러나 대부분의 경우 전수조사가 불가능하거나 매우 어려우므로 표본조사를 하게 된다.

규모가 큰 인구집단을 대상으로 하여 조사하고자 하는 경우에 전수조사를 하면 너무 많은 조사비용과 시간이 들기 때문에 표본조사를 하지 않을 수 없다. 표본조사는 표본의 대표성만 확보되면 조사결과를 모집단에 대하여 일반화할 수 있다. 많은 사람에 대하여 많은 분량의 자료를 얻는 방법으로서 가장 효율적이고 적합하다.

표본은 전체 모집단에 대한 비율로 정의할 수 있다. 100%의 표본은 전체 모집단이 되며, 1%의 표본은 전체 모집단의 100분의 1을 의미한다. 표본조사에서는 표본조사 결과 나온 통계치들이 모집단의 추정치로서 얼마나 근접하고 적절한지가 중요한 문제다. 표본조사에서 나온 통계치에 기반하여 모수를 추정하게 된다. 통계학과 확률이론에 바탕을 둔 표본추출이론은 매우 정확하여 오차의 정도를 쉽게 파악할 수 있으므로 이에 근거하여 모집단의 성격을 추론한다.

표본조사는 일반적으로 모집단으로부터 표본을 한 번 뽑아서 조사하여 여기서 나온 통계치로부터 확률이론에 근거하여 모수를 추정한다. 동일한 모

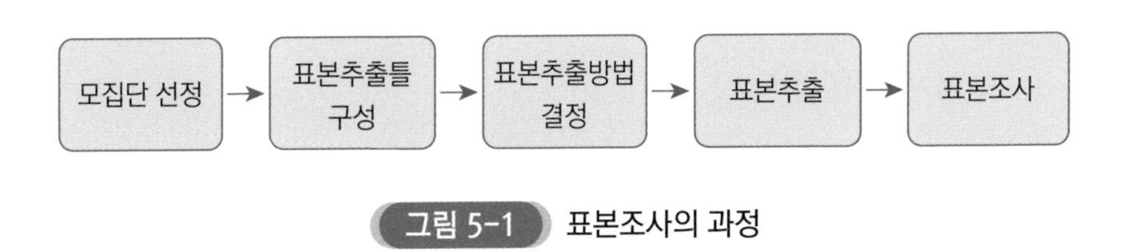

그림 5-1 표본조사의 과정

집단에서 무작위추출로 동일한 크기의 표본을 여러 개 뽑는 경우에 각각의 표본조사에서 나온 평균은 다르다. 그러나 이 표본들에서 나온 평균들은 모집단의 평균을 중심으로 고르게 분포되어 있으며, 이 평균들의 평균은 모집단의 평균과 같다.

제2절 표본조사의 특성

표본조사의 장점은 다음과 같다.

(1) 전수조사에 비하여 조사시간이 절약된다.
(2) 전수조사에 비하여 조사비용이 적게 든다.
(3) 모집단의 크기가 너무 크거나 알 수 없어서 전수조사가 불가능한 경우에 사용할 수 있다.
(4) 전수조사에 비하여 조사인력이 적게 든다. 조사원 수가 전수조사보다 적으므로 이들을 교육하고 감독하기가 더 쉽다.
(5) 전수조사처럼 조사대상자의 수가 너무 많은 경우에는 조사의 정확도가 떨어질 수 있는데, 표본조사는 조사대상자 수가 보다 적으므로 보다 정확한 조사를 할 수 있다.
(6) 전수조사에 비하여 응답률이 높다.
(7) 전수조사인 경우 조사대상자가 많아 장기간에 걸쳐 조사하게 되면 조사기간 동안에 발생하는 다른 사건들 때문에 응답자의 반응에 차이가 있는지 알 수 없고, 따라서 초기에 조사된 의견을 나중에 수집된 의견과 비교할 수 없다.
(8) 전수조사에 비하여 수집된 자료의 양이 더 적으므로 자료의 보관이 더 용이하다.

표본조사의 단점은 다음과 같다.

(1) 모집단을 대표하는 표본이 선정되도록 유의해야 한다.
(2) 모집단의 크기가 작은 경우에는 표본조사가 의미가 없다.
(3) 표본설계가 잘못된 경우 오차가 생길 수 있다.

제3절 주요 개념

표본조사에서 사용되는 주요 개념은 다음과 같다.

- **전대상**(universe): 모든 연구대상자의 이론적 · 가설적 집합체
- **모집단**(population): 실제로 조사할 수 있는 전체 연구대상집단으로서 여기서 표본을 추출한다.
- **모수(치)**(parameter): 모집단의 특성을 나타내는 값
- **표본**(sample): 모집단의 부분
- **통계치**(statistics): 표본조사에서 얻어진 변수들의 값
- **표본크기**(sample size): 표본에 포함된 조사대상자의 수
- **표본추출/표집**(sampling): 모집단으로부터 표본을 선정하는 것
- **표본추출요소**(sampling element): 자료수집대상의 단위로서 보통 개인이 되지만 집단, 조직 등도 될 수 있다.
- **표본추출틀**(sampling frame): 표본이 추출되는 모집단의 목록
- **표본추출단위**(sampling unit): 각 표본추출단계에서 표본추출대상이 되는 단위. 표본추출단계마다 표본추출단위가 다를 수 있다.
- **신뢰수준**(confidence level): 통계치에 기반을 두어 모수를 추정할 때 추정값의 오차범위. 95% 신뢰수준이란 동일한 조사를 100번 실시했을 때 모

수가 표본오차 내에 있을 가능성이 95번이라는 뜻이고, 99% 신뢰수준 이란 동일한 조사를 100번 했을 때 모수가 표본오차 내에 있을 가능성 이 99번이라는 뜻이다.

- **표본오차/표집오차**(sampling error): 표본의 통계치가 모수와 다른 정도. 표본오차가 작을수록 모수를 정확히 추정할 수 있다(예: 표집오차가 ±3% 라는 것은 통계치의 평균이 50%라면 모수의 평균은 47%에서 53% 사이에 있다 는 뜻이다).

제4절 표본추출방법

표본을 추출하는 방법은 크게 확률표본추출(probability sampling)과 비확률표본추출(nonprobability sampling)로 구분된다.

- **확률표본추출**: 무작위추출을 전제로 하며 모집단을 구성하고 있는 각 표집단위가 표본으로 추출될 확률이 동일한 방법이다. 표본으로 추출될 확률이 동일하므로 이 방법을 사용하여 추출된 표본조사 결과는 확률이론에 입각하여 통계적 추론이 가능하다.
- **비확률표본추출**: 모집단의 구성요소가 표본으로 추출될 확률이 동일하지 않거나 표본으로 추출될 확률을 모르는 방법이다. 모집단을 명확히 알지 못하여 표본추출틀을 작성하지 못하는 경우에 사용된다. 장점은 표본추출과정이 간단하고 표본추출에 걸리는 시간과 비용이 적게 든다는 것이다. 단점은 표본으로 추출될 확률을 모르므로 표본오차를 알 수 없고 모수를 추정할 수 없으며, 표본의 대표성이 없으므로 조사결과를 일반화할 수 없다는 것이다.

1. 확률표본추출

1) 단순임의표본추출

단순무작위표본추출(simple random sampling)이라고도 한다. 크기가 N인 모집단으로부터 크기가 n인 표본을 균등한 확률로 추출하는 것이다. 단순임의표본추출을 하기 위해서는 우선 모집단의 전체 구성요소를 파악한 후에 개개요소에 대해 일련번호를 부여하고 난수표 등을 사용하여 필요한 수만큼의 표본을 추출한다.

단순임의표본추출의 과정은 다음과 같다.

첫째, 조사하려는 대상의 모집단을 확보한 후 일련번호를 부여한다.

둘째, 모집단으로부터 무작위로 표본을 선정하기 위하여 난수표 같은 것을 이용하여 크기가 n개가 되도록 난수를 선택한다.

셋째, 선택된 난수에 해당하는 번호와 일치되는 모집단의 요소를 표본으로 선정한다.

그러나 이 방법을 사용하기 위해서는 모집단의 구성요소를 정확히 파악하여 명부를 작성해야 하는데, 실제로는 이것이 매우 어려우므로 잘 사용되지는 않는다.

난수표를 사용하는 방법은 다음과 같다.

첫째, 모집단의 모든 요소에 1번부터 차례대로 번호를 부여한다.

둘째, 모집단이 세 자리 숫자이면 난수표에서 세 개의 숫자를, 다섯 자리이면 다섯 개의 숫자를 선정한다. 예를 들어, 다섯 자리 숫자들이 배열되어 있는 난수표에서 모집단이 세 자리인 경우에는 세 개의 숫자를 정해야 하는데, 난수표에 있는 다섯 자릿수 중 오른쪽 세 숫자, 왼쪽 세 숫자 또는 가운데 세 숫자를 선택한다.

셋째, 표를 찾는 방법은 아래쪽으로 이동할 수도 있고 왼쪽이나 오른쪽이나 대각선으로 이동할 수도 있다. 처음에 한 방향을 정하여 일관되게 그 방향으로 이동하면서 숫자를 선택한다.

10480	15011	01536	02011	81647	91646	69179	14194	62590	36207	20969	99570	91291	90700
22368	46573	25595	85393	30995	89198	27982	53402	93965	34095	52666	19174	39615	99505
24130	48360	22527	97265	76393	64809	15179	24830	49340	32081	30680	19655	63348	58629
42197	93093	06243	61680	07856	16376	39440	53537	71341	57004	00849	74917	97758	16379
37570	39975	81837	16656	06121	91782	60468	81305	49684	60672	14110	06927	01263	54613
77921	06907	11008	42751	27756	53498	18602	70659	90655	15053	21916	81825	44394	42880
99562	72905	56420	69994	98872	31016	71194	18738	44013	48840	63213	21069	10634	12952
96301	91977	05463	07972	18876	20922	94595	56869	69014	60045	18425	84903	42508	32307
89579	14342	63661	10281	17453	18103	57740	84378	25331	12565	58678	44947	05585	56941
85475	36857	53342	53988	53060	59533	38867	62300	08158	17983	16439	11458	18593	64952

그림 5-2 난수표

넷째, 처음에 선택하는 숫자는 무작위로 정한다. 예를 들어, 눈을 감고 숫자 하나를 고른다.

다섯째, 선택범위를 벗어나는 번호는 건너뛴다. 같은 번호가 두 번 이상 나오는 경우에도 건너뛴다.

여섯째, 이와 같은 방법으로 표본크기 만큼의 숫자를 선택한다.

2) 층화표본추출

층화표본추출(stratified sampling)은 층화임의표본추출이라고도 하는데, 모집단이 서로 상이한 성격으로 구성된 경우에 모집단을 우선 유사한 성격을 가진 여러 개의 부분집단, 즉 층으로 구분한 후 각 층으로부터 단순임의표본추출에 의해 표본을 추출하는 방법이다. 즉, 이것은 모집단에서 표본을 추출하는 것이 아니라 모집단을 일단 여러 개의 동질적인 부분집단들로 층화시킨 후 각각의 부분집단에서 표본을 추출한다. 이때 모집단을 층화시키는 기준을 무엇으로 할 것인지는 기준이 되는 변수의 중요성과 사용가능성에 근거하여 결정한다.

층화표본추출에서 층 내는 동질적이고 층 간은 이질적이어야 한다. 층화

표본추출의 장점은 각 층별로 결과의 비교가 가능하고, 표본의 관리가 용이하며, 조사의 정도(precision)가 높다는 것이다.

층화표본추출에는 비례층화표집과 비비례층화표집이 있다. 비례층화표본추출은 모집단에서 각 층이 차지하는 비율에 비례하여 각 층의 크기를 할당하는 것이고, 비비례층화표본추출은 모집단에서 각 층이 차지하는 비율과 상관 없이 각 층의 크기를 동일하게 하는 것이다.

3) 계통표본추출

체계적 표본추출(systematic sampling)이라고도 하는데, 일련번호가 부여된 모집단의 각 요소에 대하여 임의의 난수로부터 k번째 대상을 첫 번째 표본으로 추출하고, 두 번째 이후의 표본은 일정한 간격만큼 증가시켜 가면서 표본으로 선정하는 방법이다. 계통표본추출의 장점은 단순임의표본추출보다 표본추출 작업이 용이하고, 조사의 정도가 높고, 실제 조사현장에서 직접 사용이 가능하다는 것이다.

계통표본추출을 하기 위해서는 우선 전체 명부를 작성해야 하며, 명부가 작성되면 여기에서 매 몇 번째 사람을 뽑는 식으로 표본을 추출한다. 이때 처음에 표본으로 선정되는 사람은 무작위로 추출한다. 계통표본추출을 하는 경우에 유의해야 할 점은 명부가 일정한 유형을 가지고 배열되어 있는 경우에는 편향된 표본이 추출되므로 이러한 경우에는 사용해서는 안 된다는 것이다. 따라서 계통표본추출을 하는 경우에는 반드시 명부가 어떤 규칙성을 갖고 배열되어 있는지를 우선 살펴보아야 한다.

계통표본추출의 과정은 다음과 같다.

첫째, 모집단의 요소들에게 일련번호를 부여한다.

둘째, 표본크기가 n인 경우 추출률 n/N의 역수인 k=N/n을 계산하여 표본추출간격 k를 정한다.

셋째, 난수표 같은 것을 사용하여 k보다 작은 수 r을 첫 번째 표본으로 선정한다.

넷째, 두 번째 이후의 표본 선정은 일정한 간격으로 k만큼 증가시킨 r+k, r+2k, ……, r+(n-1)k에 해당하는 표본을 뽑는다.

4) 군집표본추출

집락표본추출(cluster sampling)이라고도 하는데, 모집단의 요소들을 여러 개의 군집으로 묶은 후에 군집을 표본으로 추출하여 추출된 군집 내의 요소들을 표본으로 뽑는다. 이렇듯 군집표본추출에서는 표본추출단위가 개인이 아니라 군집이다. 군집표본추출은 개인 단위의 명부를 작성하는 것이 불가능하거나 개인 단위의 명부가 불완전한 경우, 지리적으로 조사지역이 너무 크게 분산되어 있어 조사시간과 비용이 많이 소요되는 경우에 유용한 방법이며, 흔히 다른 표본추출방법과 병행하여 사용된다.

군집표본추출에서는 층화표본추출과는 반대로 군집 내는 이질적이고 군집 간은 동질적이어야 한다. 왜냐하면 모든 군집을 선정하는 것이 아니라 그 중 일부만을 표본으로 선정하기 때문에 만약 군집이 내부적으로 동질적이면 한쪽으로 치우친 표본이 선정될 위험이 있기 때문이다.

군집표본추출의 과정은 다음과 같다.

첫째, 모집단을 여러 개의 군집으로 묶는다.

둘째, 단순임의표본추출에 의해 필요한 수만큼의 군집을 추출한다.

셋째, 추출된 군집 내에 있는 요소들로 표본을 구성한다.

군집을 구성할 때는 각 군집의 크기를 가능한 한 동일하게 하고, 조사시간과 비용의 절감 효과를 고려하여야 한다. 군집의 크기를 적절한 수준에서 정하여 통제하기 편리하도록 하는 것이 좋다. 적은 수의 군집을 추출한 후에 각각의 군집으로부터 많은 수의 표본을 선택할 수 있고, 많은 수의 군집을 추출한 후에 각 군집에서 적은 수의 표본을 선택할 수도 있다. 어떤 방법이 조사시간과 비용 면에서 더 효율적인지 고려해야 한다.

군집표본추출은 층화표본추출과 결합해서 사용할 수도 있는데 이를 층화군집표본추출이라고 한다. 층화군집표본추출은 모집단을 우선 몇 개의 층으로 나눈 후에 각 층으로부터 하나의 군집을 표본으로 추출하는 것이다. 이것의 장점은 모집단을 동질적인 층으로 나눈 후에 각 층에서 추출한 군집들은 서로 이질적이므로 층화효과와 군집효과를 효율적으로 이용할 수 있고, 각

〈표 5-1〉 확률표본추출의 유형

유형	사례
단순임의 표본추출	새로운 총장 선임에 대해 학생들의 의견을 묻고자 할 때 학교에 등록된 학생 수가 2만 명이며, 이 리스트에서 난수표를 이용해 100명의 학생을 선정한다고 할 때 이 100명이 표본이 된다. 이 100명은 전체 학생을 축소시킨 것이며, 남녀 비율 및 1, 2, 3, 4학년의 비율이 전체 학생의 비율과 비슷해야 한다. • 표집틀: 2만 명 학생 리스트 • 표집단위: 전체 리스트의 학생
계통 표본추출	2만 명의 학생 중 200명만 선정하여 설문조사를 실시한다고 할 때 표집비율은 0.01이다. 즉, 100명에 1명꼴로 추출한다. 그다음 모든 학생에게 일련번호를 붙이고 난수표에서 출발점을 찾아서 시작한다(첫 번째 학생이 6이라고 하면 6, 106, 206, 306, 406 …… 1106, 1206 …… 순으로 200명을 선정).
층화 표본추출	모집단의 어떤 중요한 특성을 알고 있을 때 모집단을 몇 개의 층으로 나누어 각 층에서 일정비율을 표본추출하는 것을 말한다. 예를 들어, 전체 학생을 대상으로 하는 대신 1학년과 4학년만 조사하고자 할 때 1학년이 4학년의 2배이고, 표본 300명을 선정하고자 한다면 1학년과 4학년의 학생 리스트를 받아서 난수표를 이용하여 1학년 200명, 4학년 100명만을 표본추출한다.
군집 표본추출	모집단을 구성하는 모든 대상자 명단을 확보할 수 없는 경우(예: 전체 국민, 전체 대학생)에 군집, 즉 자연집단에서 무작위로 개인을 추출한다. • 일단계집락표집: 어떤 도시의 인구를 가구수로 나누고 일정가구를 무작위로 추출한 후 선정된 가구의 모든 구성원을 조사하는 경우 • 이단계집락표집: 인구를 가구수로 나누어 놓고 무작위로 선정된 가구에서 가구원을 무작위로 선정 · 조사하는 경우 • 다단계집락표집: 전국적인 여론조사를 실시할 경우 우선 광역자치단체를 선정하고, 선정된 광역자치단체에서 시 · 군 · 구를 선정하며, 여기서 읍 · 면 · 동을 그다음 단계로 선정한다. 그리고 선정된 읍 · 면 · 동 중에서 반 · 리를 선정하고, 반 · 리에서 조사할 가구를 선정하며, 각 선정된 가구에서 가구원을 선정하는 경우 * 일반적으로 전문조사기관에서는 다단계집락표집을 활용한다.

자료: 황성동(2015). 알기 쉬운 사회복지조사방법론(2판). 서울: 학지사. p. 187에서 재구성.

층으로부터 군집을 추출하므로 대표성 있는 표본을 추출하면서도 표본크기를 줄일 수 있으며, 조사의 정도가 향상된다는 점이다.

2. 비확률표본추출

1) 편의표본추출

편의표본추출(convenience sampling)은 우연적 표본추출(accidental sampling, incidental sampling), 임의표본추출이라고도 하는데, 손쉽게 접근할 수 있는 사람들을 표본으로 선정하는 방법이다. 예를 들어, 선거 시 투표하고 나오는 유권자들을 표본으로 선정하거나 길거리를 지나는 사람들을 선정하는 것이다. 이것은 시간과 비용을 절약하는 장점이 있으나 표본의 대표성이 없고 따라서 조사결과를 일반화하기 곤란한 단점이 있다. 편의표본추출에 의한 표본조사는 내적 타당도는 있으나 외적 타당도는 없다. 여러 가지 제약으로 인하여 엄정한 표본추출이 어려운 경우에 사용할 수 있다.

2) 할당표본추출

할당표본추출(quota sampling)은 각 층이 모집단에서 동일한 비율을 갖는 표본으로 나타나는 층화표본추출과 유사한 점이 있는 방법으로서 모집단이 갖는 특성의 비율에 맞추어 표본을 추출하는 것이다. 확률표본추출과 병행하여 사용하기도 하며, 다단계 표본추출과정의 마지막 단계에서 많이 사용된다.

할당표본추출에서는 모집단의 성별 구성이나 연령별 구성 등 그 특성을 정확히 알고서 이에 근거하여 할당기준을 마련한다. 할당은 보통 전체 인구구성비율과 같은 비율로 하지만 상황에 따라서는 특정 속성을 갖는 대상을 가중 표본추출할 수도 있다. 이 경우 전체 모집단의 특성을 추정하고자 할 때는 다시 가중치를 부여하여 모집단의 분포와 같아지게 해야 한다.

할당표본추출을 하기 위해서는 우선 할당기준에 따라 할당표를 작성한 후에 이에 따라 미리 정해진 방법으로 조사대상자를 선정하여 조사하고, 해당 기준에 따른 할당량이 채워지면 조사대상자가 나타나더라도 배제한다. 할당표본추출의 문제점은 실제 조사과정에서 조사원의 자의가 개입될 수 있는 소지가 있어 어떤 특성을 지닌 사람(예: 귀가시간이 늦은 사람)이 표본에서 배제될 수 있다는 것이다.

예를 들어, 국민들을 대상으로 의식조사를 할 때 전체 국민들의 성별 비율이 남자와 여자가 1:1이고, 연령별 비율이 40대 미만과 40대 이상이 1:1이라고 하면 이러한 모집단의 성별 및 연령별 비율에 맞추어 할당표를 작성한다. 표본으로 선정된 각 통에서 20명씩 조사한다면 남자이면서 40대 미만인 자 5명, 남자이면서 40대 이상인 자 5명, 여자이면서 40대 미만인 자 5명, 여자이면서 40대 이상인 자 5명을 조사한다.

3) 유의표본추출

의도적 표본추출(purposive sampling), 판단적 표본추출(judgemental sampling)이라고도 한다. 연구자의 주관적인 판단에 따라 조사 목적에 적합한 사람을 의도적으로 표본으로 선정하는 방법으로서 연구자가 모집단에 대한 지식이 많은 경우에 사용할 수 있다. 유의표본추출의 장점은 연구자가 표본을 선택하는 데 있어 자신의 지식을 활용할 수 있다는 점이다. 유의표본추출의 예로는 선거결과를 예측하는 조사를 할 때 여러 해 동안 선거에서 승리한 후보를 지지한 사람을 표본으로 선정하는 것이다.

유의표본추출에는 다음과 같은 것들이 있다.

- **극단적(예외적) 사례표본추출**(extreme case sampling): 특이하고 예외적인 사례를 표본으로 추출하는 것이다. 예를 들어, 특정 프로그램에 참가한 클라이언트들 중에서 프로그램의 효과가 없는 클라이언트들과 효과가 큰 클라이언트들을 표본으로 뽑는 것이다.
- **변이극대화표본추출**(maximum variation sampling): 모집단으로부터 매우

다양한 특성을 가진 이질적인 표본을 추출하는 것이다. 예를 들어, 특정 프로그램에 참여한 클라이언트들 중에서 매우 다른 특성과 경험을 가지고 있는 사람들을 표본으로 선정하는 것이다. 이 방법을 사용하면 조사대상자들이 경험하는 변이와, 그 변이 내에서 보편적으로 나타나는 공통요소를 파악할 수 있다.

- **전형적 사례표본추출**(typical case sampling): 전형적인 사례를 표본으로 추출하는 방법이다. 이때 전형적인 사례는 전문가의 도움을 받아서 선정하거나 조사를 통해 나타난 인구학적 배경을 바탕으로 선정한다.
- **중요사례표본추출**(critical case sampling): 어떤 사항에 대해 극적인 요점을 제공해 줄 수 있는 사례를 표본으로 선정하는 것이다. 예를 들어, 어떤 집단이 문제를 가지고 있다면 다른 모든 집단도 문제를 가지고 있다고 확신할 수 있을 때 그 집단은 중요사례가 된다.
- **기준표본추출**(criterion sampling): 미리 결정된 기준을 충족시키는 모든 사례를 표본으로 선정하는 방법이다. 예를 들어, 특정 프로그램에 참여하는 기간이 4~16주라면 16주 이상 참여한 모든 사례를 표본으로 선정하는 것이다.

4) 눈덩이표본추출

눈덩이표본추출(snowball sampling)은 누적적 표본추출이라고도 하는데, 마치 작은 눈뭉치를 굴려서 점점 큰 눈덩이를 만들어 가듯이 처음에는 소수의 표본을 찾아내어 조사하고, 이들을 정보원으로 활용하여 비슷한 특성을 가진 다른 대상을 소개받아 이들을 조사하는 것이다. 이 같은 절차를 반복하여 필요한 수만큼의 표본이 확보될 때까지 조사한다. 눈덩이표본추출은 조사대상자가 눈에 잘 띄지 않아서 다른 표본추출방법으로는 표본을 추출하기 어려운 경우, 예를 들어 에이즈 환자나 동성애자처럼 신분 노출을 꺼려 밖으로 잘 드러나지 않는 사람들을 조사하는 경우에 유용하다.

〈표 5-2〉 비확률표본추출의 유형

유형	사례
편의 표본추출	사람이 많이 모이는 곳에서 그 자리에서 선정할 사람들을 대상으로 어떤 이슈에 대해 인터뷰하는 경우를 말한다.
유의 표본추출	재활용품을 수거하는 사람의 하루 수입이 얼마나 되는지 알고자 할 때 재활용품을 수거하는 사람 50명을 의도적으로 선정하여 설문조사를 할 수 있다. 실제 재활용품을 수거하는 사람이 얼마나 되는지 알 수가 없다. 이와 같은 경우 결과를 좀 더 타당하게 보완하기 위해 두 도시에서 똑같은 방식으로 조사를 진행할 수 있다.
눈덩이 표본추출	한 대상자로 인해 또 다른 대상자를 파악할 수 있을 때, 즉 이전의 표본이 또 다른 잠재 대상자에 대한 정보를 제공한다.
할당 표본추출	모집단의 어떤 특성을 알고서 추출된 표본에서 같은 비율을 얻고자 할 때 사용할 수 있다. 예를 들어, 복지기관의 클라이언트를 30세 미만, 30~65세 미만, 65세 이상으로 구분한 경우 표본을 전체 이용자들의 비율에 맞도록 선정할 수 있다. 최종 표본은 연령 면에서는 모집단과 배합이 되지만 다른 특성 때문에 대표성을 갖지 못할 때가 많다. 즉, 연령 면에서는 모집단과 유사하지만 확률표집이 아니기 때문에 모집단을 대표한다고 말할 수 없다.

자료: 황성동(2015). 알기 쉬운 사회복지조사방법론(2판). 서울: 학지사. p. 188에서 재구성.

제5절 표본크기

표본크기는 모집단의 성격과 조사의 목적에 의해 좌우된다. 표본크기는 보통 모집단의 크기에 의존한다. 만약 작은 모집단을 가진 조사인 경우에는 모집단의 100%에 해당되는 표본이 바람직할 것이다. 대략 30개 정도의 표본크기를 통계적 자료분석이 행해질 조사에서의 최소표본크기로 간주한다. 그러나 많은 연구자는 최소표본크기를 100으로 보기도 한다. 왜냐하면 따로따로 분석되기를 요구하는 부모집단(subpopulation)들이 존재하기 때문이다.

예를 들어, 교육수준과 연간 소득수준 간의 관계를 조사한다고 하자. 표본크기 30명에 대하여 〈표 5-3〉과 같이 자료수집을 하였다. 그리고 각 칸에

〈표 5-3〉 교육수준과 연소득에 관한 조사의 표본분포 (단위: 명)

연간소득 \ 교육수준	대학 졸업자	대학 비졸업자
3천만 원 이상	10	5
3천만 원 미만	5	10

서 카이스퀘어검정과 같은 통계적 검정 결과를 얻었다고 하자. 여기서 교육수준 이외에 성별도 소득에 영향을 주므로 성이라는 변수를 첨가해야 한다고 주장할 수 있다. 이 경우 성에 의하여 자료가 분할되면 어떤 칸의 값은 매우 작은 값을 갖게 되어 자료분석을 해도 신뢰할 수 없게 된다. 그러므로 추정을 위하여 표본크기를 정할 때는 자료를 분석할 때 표본이 몇 번 나뉘는지와 각 분할에 대하여 충분한 표본크기를 유지하는 것을 확인하는 것이 중요하다.

표본조사를 하는 연구자는 이론적인 표본크기와 상관없이 파악할 수 없는 응답자의 존재, 조사의 거절, 무응답, 해석하기 어려운 질문지의 반환 등으로 인하여 최종적으로 수집되는 표본의 수는 실질적으로 이보다 적다는 것을 명심해야 한다. 따라서 표본크기를 정할 때에는 자료분석이 가능한 답변에 실패한 응답자를 고려하여 처음 생각보다 더 크게 하는 것이 필요하다. 예를 들어, 서둘러 질문지를 작성하는 응답자는 부주의하게 몇몇 항목을 빠뜨릴 것이며, 어떤 응답자는 개인권의 침해라고 생각하는 질문을 빈칸으로 남겨 두거나 많은 생각을 요구하는 질문에 대하여 답변을 회피할 것이다. 더욱이 어떤 질문은 모든 응답자에게 적용할 수가 없는데, 이런 종류의 질문들이 포함되는 경우 실제로 얻어지는 표본의 크기가 작아지므로 이 점에 유의해야 한다.

표본크기가 클수록 표본오차가 감소하여 더 정확한 조사결과를 얻을 수 있으므로 표본크기가 크면 좋다. 그러나 표본크기가 커질수록 조사비용과 조사시간이 증가하게 되는 단점도 있다. 일반적으로 표본조사에서 정상분포를 이루기 위해서는 최소한의 표본 수가 30명 이상이 되어야 한다. 표본크기에 영향을 미치는 요인에는 다음과 같은 것들이 있다.

(1) 모집단 크기
(2) 모집단의 동질성 정도
(3) 표본추출방법
(4) 분석하고자 하는 변수의 수
(5) 조사시간, 조사비용, 조사인력
(6) 자료분석에 사용될 통계분석방법
(7) 모수 추정의 정확도

〈표 5-4〉 각 모집단에서 표본오차를 반영한 표본크기(95% 신뢰수준) (단위: 명)

모집단크기 \ 오차율	0.05	0.04	0.03	0.02	0.01
100	79	86	91	96	99
500	217	273	340	414	475
1,000	278	375	516	706	906
5,000	357	536	879	1,622	3,288
10,000	370	566	964	1,936	4,899
50,000	381	593	1,045	2,291	8,056
100,000	383	597	1,056	2,345	8,762
500,000	384	600	1,065	2,390	9,423
1,000,000	384	600	1,066	2,395	9,513
2,000,000	384	600	1,067	2,398	9,558

자료: 황성동(2015). 알기 쉬운 사회복지조사방법론(2판). 서울: 학지사. p. 183.

제6장

질적 조사연구

제1절 질적 조사연구의 정의와 특성

오늘날 대부분의 조사연구는 실증주의에 의거하여 이루어지고 있다. 그러나 사회과학과 같이 주관적이고 가변적인 인간행위와 사회현상을 연구하는 경우에는 실증주의에 근거한 조사연구에 한계가 있을 수 있다. 질적 조사연구(qualitative research)는 실증주의에 기반한 조사연구에 대한 비판이 제기되면서 1970년대 이후에 이에 대한 대안으로서 활발히 주장되었다. 질적 조사연구는 양적 조사연구가 갖고 있는 한계에 대한 인식이 확산되면서 양적 조사연구를 보완하거나 대체하고 있다.

질적 조사연구는 연구의 초점이 어떤 현상에 대한 원인 규명이나 변수들 간의 관계에 대한 분석보다는 무슨 일이 일어나고 있는지를 있는 그대로 기술(description)하는 것에 있을 때, 자연스러운 상황에서 조사대상자들을 연구하고자 할 때, 연구주제에 대해 보다 구체적으로 탐색할 필요가 있을 때, 현장에서 오랫동안 자료수집을 할 수 있는 충분한 시간과 자원이 있을 때 주로 사용된다.

질적 조사연구에는 다양한 종류가 있지만 모든 질적 조사연구는 공통된 특성을 가진다. 질적 조사연구는 양적 조사연구에 비하여 융통적이고 유동적인 조사절차와 방법을 사용한다. 즉, 질적 연구자는 조사방법과 절차를 사전에 결정하지 않고 연구가 진행되는 상황에 따라서 그때그때 적절한 방법을 선택한다. 질적 조사연구의 설계는 양적 조사연구에서처럼 미리 설계되지 않는다. 질적 연구에서는 자료수집과정에서 자료수집대상과 방법이 바뀌기도 한다. 자료수집과 자료분석이 양적 연구에서처럼 구분되어 있지 않고 동시에 진행된다. 질적 연구자는 자료를 수집해 가면서 자료의 유사점과 차이점을 탐색하고 왜 그런 현상이 일어나는지 유추해 간다. 이러한 과정에서 파악된 현상에 대하여 지속적으로 명제를 제시해 가고 일시적으로 결론을 내리며, 이를 기반으로 자료를 계속 수집해 가면서 새로운 주제가 나타나는지 탐색한다.

질적 조사연구에서는 객관적인 관찰이라는 것을 믿지 않고, 연구자의 관찰하는 행위 자체가 조사되는 대상에 영향을 준다고 본다. 그리고 연구자와 연구대상자들의 주관적인 생각이나 느낌 등을 가치 있는 자료로 간주한다. 양적 연구에서는 연구자가 조사과정에서 객관적인 입장에 있으나, 질적 연구에서는 연구자가 조사과정에 깊이 관여하며 측정도구로서의 역할을 한다.

질적 조사연구에서는 양적 연구에서 중시하는 양적 측정과 통계를 사용한 자료분석에 관심을 두지 않는다. 양적 연구에 비해 과정에 더 많은 관심을 갖는다. 질적 연구자는 연역적 방법보다는 구체적인 경험적 자료를 수집

〈표 6-1〉 질적 조사연구의 특징

특징	LeCompte & Schensul (1999)	Hatch (2002)	Marshall & Rossman (2010)
자연스러운 상황(현장)에서 수행되고 밀접한 상호작용이 자료의 원천임	예	예	예
자료수집의 주요 도구로서 연구자	–	예	–
다양한 방법을 사용함	예	–	예
귀납과 연역을 오가는 복합적인 추론과정을 포함	예	예	예
참여자의 관점, 참여자의 의미, 참여자의 다양한 주관적 견해에 초점을 맞춤	예	예	–
참여자/장소의 사회적 · 정치적 · 역사적 맥락 혹은 상황 내에 자리 잡음	예	–	예
사전에 꽉 짜인 설계라기보다는 유연한 설계	–	예	예
반영적이고 해석적임(즉, 연구자의 전기, 사회적 정체성에 민감함)	–	–	예
총체적이고 복합적인 묘사	–	예	예

자료: Creswell, J., 조흥식 외 공역(2015). 질적 연구방법론. 서울: 학지사. p. 67.

〈표 6-2〉 질적 조사의 특성

특성	조사자 자신이 조사도구가 된다.	척도나 측정도구를 사용하는 것이 아니라 조사자 자신이 조사도구가 된다. 즉, 모든 데이터는 조사자의 눈과 귀를 통해 걸러지고 수집된다.
	작은 규모의 표본(대상자)이 가능하다.	소수 사람의 생활을 면밀히 관찰해서 사회문제를 밝히며, 특히 잘 드러나지 않거나 주류에 속하지 않는 사람의 생활경험을 이해하려고 한다(예: 북한이주민, 양로원 거주노인, 외국인 이주노동자 등).
	자연스러운 상태의 생활환경이 연구의 장이 된다.	사회복지사에게 잘 알려진 사례조사와 같이 어떤 현상(사물)을 심도 있고 구체적으로 이해하려는 목적으로 수행된다. 그리고 어떤 객관화된 척도를 사용해서 어떤 문제나 현상을 파악하기보다는 조사대상자의 삶의 현장에서 이루어지는 구체적인 일상의 삶에 대한 심층적인 이해와 파악을 추구한다.
	주로 (이야기 방식의) 기술적인 묘사가 많다.	어떤 가설을 검증하려는 양적 조사와 달리 조사대상자들의 사회적 관계와 상호작용의 유형을 파악하려고 하며, 조사대상자의 삶을 묘사하기 위해 일화적 서술(anecdotal accounts)을 사용하는 경우가 많다.
	귀납적이고 탐색적인 성격을 띤다.	질적 조사는 보다 융통성이 많고 데이터가 수집되는 동안에 조사 목적이나 조사 질문이 수정될 수 있다. 그리고 질적 조사의 목적은 차후 검증을 위한 가설을 만드는 것으로서 일반적으로 그 성격이 탐색적 조사로 규정되는 경우가 많다.
사례	양로원에서의 삶은 실제 어떤 모습일까?	양적 조사에서 추구하는 척도를 사용해서 양로원 입주자의 생활만족도나 외로움 또는 우울증을 분석하는 것이 아니라, 입주자와 직접 면담과 관찰을 통해 양로원에서의 생활을 보다 세밀하게 기술하여 그 생활의 실상을 보다 구체적이고 풍부하게 그려낸다.
자료 수집방법	관찰	연구대상자의 행위나 사회적 과정 등을 세밀하게 관찰한다.
	심층면접	비구조화된 개방형 질문으로 심층면접을 진행한다.
	개인 기록의 분석	개인의 편지, 일기, 전기, 연설 등을 분석한다.
	참여관찰	관찰대상자의 문화와 환경에 몰입하여 관찰한다(예: 의사정신질환자로 입원, 휠체어 체험 등).
	포커스그룹	6~8명의 참여자로 구성된 그룹에서 자유스러운 토의를 진행한다.

장점	• 풍부하고 자세한 사실의 발견이 가능하다. • 문제에 대한 새로운 시각(통찰력)을 제공한다. • 조사설계나 자료수집에 융통성이 있고, 때로는 저비용으로 쉽게 시작할 수 있으며, 작은 집단이나 표본으로도 가능하다.
단점	• 주관적이라는 인상을 주기 쉽다. 즉, 결과에 대한 주관적인 이해가 반드시 현실이나 경험적 검증결과와 일치하지는 않는다. • 재정지원을 받는 것과 출간에 어려움이 있다(일반적으로 재정지원기관과 학술지 심사위원들은 주로 양적 조사 오리엔테이션에 더 강하다). • 조사결과를 일반화하는 데 어려움이 있으며, 재정지원기관에서는 'hard' 데이터를 'soft' 데이터보다 선호하는 경향이 있다. • 조사결과의 효율성을 입증하거나 실천적 적용을 이끌어 내기에는 미흡하다.

자료: 황성동(2015). 알기 쉬운 사회복지조사방법론(2판). 서울: 학지사. pp. 252-253.

〈표 6-3〉 질적 조사연구의 철학적 가정과 실천에 대한 함의

가정	질문	특성	실천에 대한 함의(예)
존재론적	• 실재의 본질은 무엇인가?	• 실재는 많은 관점을 통해 보이는 것이므로 복합적이다.	• 연구자는 결과물(findings)을 통해 주제가 발전함에 따라 다른 관점들을 보고한다.
인식론적	• 무엇이 지식으로 간주되는가? • 지식 주장은 어떻게 정당화되는가? • 연구자와 연구는 어떤 관계인가?	• 연구참여자의 주관적 증거 • 연구자는 연구와의 거리를 좁히려는 시도를 한다.	• 연구자는 연구참여자의 말에 대한 인용을 증거로 사용하고, 협력하며, 참여자와 현장에서 시간을 보내고, '내부인(insider)'이 된다.
가치론적	• 가치의 역할은 무엇인가?	• 연구자는 연구가 가치개입적이며 편향이 존재한다는 것을 인정한다.	• 연구자는 내러티브를 형성하는 가치에 대해 개방적으로 논의하고 참여자의 해석과 함께 자신의 해석을 포함한다.
방법론적	• 연구과정은 무엇인가? • 연구의 언어는 무엇인가?	• 연구자는 귀납적인 논리를 사용하며, 맥락 내에서 주제를 연구하고, 생성되는(emerging) 설계를 사용한다.	• 연구자는 일반화 이전에 특정한(세부적인) 것들을 가지고 작업하며, 연구의 맥락을 상세하게 기술하고, 현장 경험에 의해 끊임없이 질문을 수정해 나간다.

자료: Creswell, J., 조흥식 외 공역(2015). 질적 연구방법론. 서울: 학지사. p. 39.

하고 이를 근거로 잠정적인 이론에 도달하는 귀납적 방법을 선호한다. 조사대상자들의 실제 상황과 맥락을 중시하고, 자연스러운 상황에서 일어나는 일상적 행위에 담긴 의미를 이해하려고 한다. 질적 연구자는 복잡하게 연결되어 있는 상황들을 질적으로 묘사하기 위하여 이야기식(narrative)의 서술을 선호한다.

질적 조사연구의 단점은 연구자의 주관이 많이 개입되고, 조사결과의 신뢰도가 일반적으로 낮고, 조사결과를 일반화하기 어렵다는 점 등이다.

존재론적 차원에서 질적 연구자는 실재(reality)를 사람들에 의해 구성된 주관적 내지 상호주관적인 성격을 갖는 것으로 본다. 따라서 하나의 실재만 존재하는 것이 아니라 보는 사람과 보는 관점에 따라 다중 실재(multiple reality)가 존재한다고 본다. 인식론적 차원에서 질적 연구자는 연구대상자와 동떨어져 있는 객관적인 제3자가 아니라 연구대상자와 상호교류하면서 자신과 연구대상자 간의 거리를 최소화하려 한다. 가치론적 차원에서 질적 연구자는 연구과정에 자신의 가치가 개입되며 수집된 자료가 가치개입적이라는 것을 인정하고, 자신의 가치를 공개적으로 드러낸다. 방법론적 차원에서 질적 연구자는 수집된 자료에 근거하여 범주를 개발하고 이론을 도출하는 귀납적 방법을 사용한다. 즉, 자료를 제공하는 정보제공자의 진술을 자세히 기술하고 이러한 자료로부터 가치 있는 자료를 추려 낸다.

제2절 질적 조사연구의 과정

질적 조사연구의 과정은 양적 조사연구와 유사하다. 즉, 연구문제 선정→연구문제와 관련된 문헌연구→연구과정 설계→자료수집→자료분석 및 해석→결과 보고 순으로 이루어진다.

질적 연구자는 변수들 간의 인과관계나 집단 간 비교가 아니라 연구자가 알고자 하는 하나의 아이디어나 문제를 가지고 연구를 시작한다.

질적 연구자는 조사가 진행될 여건과 상황에 대한 정보를 수집하고 연구 내용과 관련된 기본이론과 주요 개념들을 잘 파악하고 있어야 한다. 질적 조사연구에서는 다양한 정보원으로부터 폭넓게 자료수집을 하는데, 주로 사용되는 자료수집방법은 심층면접, 참여관찰, 문서연구 등이다. 질적 연구자는 현장에서 많은 시간을 보내면서 광범위하게 자료를 수집하고, 이렇게 수집된 자료들을 정리, 분류하여 가치 있는 핵심 자료로 간추리는 일을 한다.

질적 조사연구에서는 모집단이 불명확한 경우가 많으므로 유의표본추출 같은 비확률표본추출을 주로 사용한다. 유의표본추출을 함으로써 풍부한 정보를 제공해 줄 수 있는 사례를 선정할 수 있는 반면에 표본의 대표성이 없는 문제점이 있다. 따라서 이러한 표본의 대표성 문제를 감소시키기 위해서는 표본크기를 가능한 한 크게 하고, 될 수 있는 한 다양한 지역이나 상황에서 표본을 선정해야 한다. 표본추출방법은 조사를 진행해 가면서 바뀔 수도 있고, 조사하는 도중에 초기에 계획했던 표본만으로는 부족하다고 판단되면 새로운 표본을 더 찾을 수도 있다. 이처럼 질적 조사연구에서는 표본크기를 미리 확정하지 않으며, 분석결과에 따라서 예상보다 표본크기를 더 크게 할 수도 있다.

질적 조사연구에서 자료를 분석할 때는 이론을 바탕으로 전반적인 분석틀을 개발하여 사용하기도 하고, 이론적 배경이나 분석틀 없이 분석하기도 한다. 구체적인 자료분석방법은 자료수집이 진행됨에 따라 변경될 수 있지만 자료분석에 대한 계획은 자료를 수집하기 이전에 세워야 한다. 질적 자료를 분석할 때는 우선 광범위하게 수집된 원자료(raw data)를 핵심적인 것으로 축약, 단순화한 후 자료를 정렬하여 조직화하고, 이로부터 결론을 도출하고 정당화한다. 질적 조사연구에서 자료를 분석하는 데 가장 많이 사용하는 방법은 내용분석이다.

질적 조사연구에서는 양적 조사연구와는 다른 방법으로 연구결과의 신뢰도와 타당도를 확인한다. 양적 조사와 마찬가지로 질적 조사에서도 신뢰도와 타당도는 중요한 이슈다. 질적 조사연구의 신뢰도와 타당도를 확보하기 위한 전략으로는 다음과 같은 방법이 있다.

- **장기간의 관계 유지**: 조사하고자 하는 문화 및 집단에 대해 학습할 뿐 아니라 학습하고 이해한 것을 확인하기 위해 충분한 시간을 투자해야 한다.
- **지속적 관찰**: 매일매일 관찰하고, 관찰한 것을 지속적으로 기록해야 한다.

이 외에도 동료의 조언과 지지, 예외적 사례의 분석, 모든 기록의 유지 등이 질적 연구의 타당도와 신뢰도를 확보하기 위한 방법으로 제시되었다.

Denzin은 질적 연구결과의 신뢰도를 제고하기 위한 방법으로서 삼각검증법을 제시하였다. 질적 연구에서는 조사자나 조사대상자의 주관적 판단이나 오류가 개입될 수 있는 문제가 발생할 수 있는데, 삼각검증법은 이러한 오류를 수정하기 위한 방법이다. 삼각검증 또는 교차검증(triangulation)이란 자료의 타당성을 확인하기 위하여 복수의 조사자나 출처, 자료수집방법을 사용하거나 자료에 대한 설명과 해석 시 복수의 관점을 활용하는 방법이다. 조사자에 의해서 개발된 개념이나 설명들을 복수의 확인처로부터 타당성을 확인받도록 하는 방법이다. 삼각검증법에는 다음과 같은 종류가 있다.

- **자료 삼각검증**: 자료를 다양한 출처로부터 얻는다. 예를 들어, 다른 위치에 있는 사람이나 다른 견해를 가지고 있는 사람들로부터 자료를 수집한다.
- **조사자 삼각검증**: 한 사람이 아닌 여러 명의 조사자를 활용하여 자료를 수집한다.
- **이론 삼각검증**: 자료를 해석하기 위하여 다양한 이론이나 관점을 활용한다.
- **방법론적 삼각검증**: 어떤 문제를 연구하기 위하여 한 가지가 아닌 다양한 자료수집방법을 활용한다. 예를 들어, 참여관찰, 심층면접, 문서연구를 혼합하여 사용한다.

질적 연구자는 복잡다양한 실제 세계를 잘 반영해 주고 복합적 관점을 보여 주는 글쓰기를 한다. 설득력 있는 글을 씀으로써 읽는 사람들로 하여금 거기에 있는 듯한 경험을 하도록 해야 한다. 질적 조사연구에서 사용되는 언어들은 개인적이고 문학적이며, 연구 초기에 연구자에 의해 정의되기보다는 연구과정에서 전개되는 정의에 기초한다. 질적 연구에서는 정보를 제공하는 사람이 정의하는 용어를 중요시하기 때문에 용어에 대한 포괄적인 정의가 거의 없다.

제3절 질적 조사연구의 종류

Creswell(2005)은 질적 조사연구의 대표적인 종류로서 사례연구, 전기연구, 현상학적 연구, 근거이론 연구, 문화기술지를 들고 있다.

1. 사례연구

사례연구(case study)는 소수의 사례(개인, 집단, 조직, 지역사회 등)에 대하여 깊이 있게 조사하는 것이다. 사례연구에서는 다양한 정보원으로부터의 세부적이고 심층적인 자료수집을 통하여 특정 사례를 심층적이고 총체적으로 탐색한다. 사례는 단일한 사례일 수도 있고 집합적 사례일 수도 있다.

사례연구에는 양적, 질적 자료들이 모두 사용될 수 있다. 자료수집은 관찰, 면접, 기존문서 검토 등 다양한 방법을 사용하여 이루어진다. 이러한 자료수집을 통해 연구자는 사례에 대한 세부적인 기술과 해석, 주제나 이슈에 대한 분석을 한다. 사례에 대한 분석은 사례 전체에 대한 총체적 분석을 할 수도 있고, 사례의 특정 측면에 대한 분석도 할 수 있다. 사례연구는 현상에 대한 심층적 이해를 목적으로 한다는 점에서 질적이고, 자연스러운 일상생활 속의 현상을 있는 그대로 관찰한다는 점에서 자연주의적(naturalistic)이며, 전체적인 묘사를 한다는 점에서 총체적(holistic)인 특징을 갖는다.

하나의 현상이 단일한 사례가 되기 위해서는 현상의 경계선을 명확히 규정할 수 있어야 한다. 이렇게 하여 결정된 단일한 사례를 대상으로 집중적인 연구가 이루어지는데, 단일사례 안에서 나타나는 현상을 풍부한 맥락과 과정, 역사 등을 통하여 기술한다. 사례연구에서 연구자는 각 개별 사례에서 나타나는 특수성과 아울러 다른 사례와의 공통점을 검토해야 한다.

사례연구자는 현장에서 조사대상자와 오랜 시간 동안 대면적 상호작용을 한다. 조사대상자에 대한 기록 검토, 관찰, 면접 등을 통하여 풍부한 자료를 수집하고, 수집한 자료를 통하여 연구되는 사례에 대한 느낌이나 직관을 개발해 낼 수 있어야 한다. 사례에 대한 심층적이고 총체적인 이해는 집중적 개입(intensive involvement)을 통해 가능하다.

사례연구의 종류를 그 목적에 따라 다음과 같이 구분할 수 있다.

- **본질적 사례연구**: 사례연구의 일차적 목적이 연구대상이 되는 사례에 대한 심층적인 묘사와 이해에 있고, 이론을 만들어 낸다거나 사회적 이슈를 이해하기 위한 목적을 가진 것이 아니다.
- **도구적 사례연구**: 조사연구를 위한 방법이나 이론을 개발할 목적을 위한 도구로서의 역할을 하는 것이다.
- **집합적 사례연구**: 사회적 이슈나 특정 집단의 사람들에 대한 이해를 넓히기 위한 목적을 가진 것이다. 개별사례에 대한 관심은 이차적이고, 일차적인 관심은 사회적 이슈나 연구하는 집단에 대한 이해에 있다.

2. 전기연구

전기연구(biographical study)는 말로써 전해지거나 문서에서 발견되는 한 개인과 그의 경험에 관한 연구다. 이것은 한 개인의 인생에 대하여 서술하고 분석하는 것으로서 자신이나 타인이 살아온 이야기를 글로 쓴 것이다. 전기연구를 하기 위해서는 연구대상에 대하여 광범위한 정보를 수집해야 한다.

전기의 종류에는 개인적 전기, 자서전, 생애사(life history) 등이 있는데, 모든 종류의 공통점은 한 개인의 인생의 역사를 구성하고자 하는 것이다. 자서전은 연구자가 본인의 인생 이야기를 쓰는 것이다. 생애사는 연구자가 연구대상자와의 면접을 통하여 자료를 수집하여 한 개인의 삶이 어떻게 그가 속한 전체 사회와 역사를 반영하는지를 서술하고 분석하는 것이다. 즉, 개인의 삶과 거시적인 사회적 맥락과의 관련성을 탐구한다. 생애사는 연구대상자의 자기반성적 이야기를 토대로 구성된다. 생애사는 현재 시점에서 개인이 이야기하는 과거 경험을 말하는 것이므로 과거 경험에 대한 연구대상자의 주관적인 의미 부여와 해석이 포함된다. 생애사 연구에서 연구자는 연구대상자의 인생사를 통해 드러나는 주관적인 의미세계를 재해석한다.

전기연구에서 연구자는 우선 연구대상자가 살아온 인생을 몇 단계로 구분하여 연대기식으로 기술하거나 인생에서의 주요 사건과 경험들을 중심으로 기술한다. 그다음에는 면접을 통하여 구체적인 자료를 수집하고, 수집된 이야기들을 조직화하며, 이러한 이야기들에 내포되어 있는 의미를 탐색하고 인생 경험에 대한 해석을 제시한다.

3. 현상학적 연구

현상학적 연구(phenomenological study)는 Husserl의 철학이론과 Heidegger, Sartre, Merleau-Ponty 같은 철학자들의 철학적 논의에 뿌리를 두고 있다. 이것은 어떤 현상에 대한 사람들의 주관적인 경험의 의미를 탐구하고 해석하는 연구다. 현상학자들은 인간의 경험에서 의식의 구조와 의미를 탐색한다. 현상학적 연구에서 연구자는 편견 없는 관찰자가 되도록 노력하면서 자신이 연구하고자 하는 현상을 경험하며, 현상을 경험하는 동안에 자신의 생각과 감정을 검토하기 위하여 자기성찰을 활용한다. 그리고 자신의 경험이 어떤 의미가 있는지 이해하려고 노력한다. 이를 위해 연구자는 자신의 경험에 대한 판단중지(epoché), 즉 현상에 대한 자신의 선입견을 배제하는 방법을 사용하여 모든 편견을 배제한다.

현상학적 연구는 하나의 개념이나 현상에 대한 여러 개인의 체험의 의미를 기술한다. 현상학적 연구자는 본질 또는 경험의 중심적인 기저 의미를 탐색한다. 그리고 의식의 지향성을 강조하는데, 의식의 지향성이란 의식은 항상 객체를 지향한다는 것이다. 그리고 객체의 실재는 그것에 대한 누군가의 의식과 복잡하게 연관되어 있다고 본다. 따라서 실재는 주체와 객체로 나누어져 있지 않다고 보고 주체와 객체의 이분법을 거부한다. 한 객체의 실재는 한 개인의 경험의 의미 내에서만 인식된다고 주장한다. 주관적 경험은 외향적인 모습과 이미지, 내향적인 의식 모두를 포함한다.

현상학적 연구에서 연구자는 우선 개인의 경험에 대한 의미를 탐색하는 연구문제를 기술하고, 개인에게 그들의 일상적인 경험을 기술하도록 요구한다. 그다음으로는 연구 중인 현상을 경험한 개인들로부터 면접을 통하여 자료를 수집한 후 수집된 자료를 분석한다. 자료를 분석할 때는 무엇이 경험되었는지에 대한 기술과 어떻게 경험되었는지에 대한 기술을 한다.

4. 근거이론 연구

근거이론(grounded theory)은 Glaser와 Strauss가 1960년대에 처음으로 개발한 것으로서 현실에서 수집된 자료에 근거한 이론이라고 하여 근거이론이라고 명명하였다. 이들은 기존의 이론으로부터 연구를 실시하는 것은 새로운 관점을 찾아내는 데 문제가 있다고 보고, 사실에 대한 관찰로부터 이론을 개발하는 것이 더 타당하다고 주장하였다. 즉, 이론은 현장, 특히 사람들의 행동이나 상호작용, 사회적 과정 등으로부터 수집된 자료에 근거해야 한다고 보았다. 근거이론은 사람이나 현상에 대한 이론을 귀납적으로 구성하는 데 목적이 있다. 즉, 근거이론 연구의 핵심은 연구하고자 하는 현상의 맥락과 밀접하게 연관된 이론을 개발하는 것이다.

근거이론 연구에서는 1차로 수집된 자료 속으로 깊이 들어가 자료를 설명할 만한 개념이나 범주를 만든다. 개념이나 범주가 만들어지면 그것을 활용하면서 원자료를 재검토하여 새로운 개념이나 범주가 개발될 필요가 있는지 탐색한다. 즉, 처음에 만들어진 개념이나 범주를 다시 원자료를 검토하면서 수정한다. 이러한 과정을 새로운 개념이 나타나지 않을 때까지 반복한다. 이 과정이 끝나면 조사자는 새로운 표본으로부터 자료를 수집하여 첫 번째 조사에서 얻어진 개념과 비교하여 그 개념의 적합성과 정확성을 확인하고 수정, 보완한다.

근거이론 연구에서는 면접이나 관찰 같은 방법을 사용하여 자료를 수집하는데, 현장을 여러 번 방문하여 보통 20~30회 정도의 면접을 한다. 이러한 방법으로 수집된 자료를 분석하여 개념을 추출하고, 다시 그 자료를 분석하여 개념을 수정하는 과정을 반복한다. 근거이론 연구에서는 체계적 부호화를 통해 자료를 의미 있게 범주화하거나 개념이나 주제를 개발해 나간다. 연구자는 이러한 개념들을 잘 연결하여 가설을 구성하고 이론을 개발한다. 개발된 이론은 내러티브 진술, 시각적 그림 또는 일련의 가설이나 명제의 형태를 띨 수 있다.

근거이론 연구에서는 조사목적에 적합한 사례를 의도적으로 선정하는 유의표본추출을 사용한다. 첫 번째 조사가 완료되면 조사자는 첫 번째 조사의 표본과 유사한 표본을 새로운 사실이 발견되지 않을 때까지 지속적으로 추출한다. 새로운 사실이 더 이상 발견되지 않는 시점을 이론적 포화상태라고 한다. 새로운 사실이 더 이상 발견되지 않으면 다른 유형의 표본을 선정하여 새로운 사실이 나타나는지 살펴보고, 새로운 사실이 나오지 않을 때까지 그와 유사한 표본을 계속 선정한다.

근거이론 연구에서는 자료의 해석에 조사자의 관점이 필연적으로 개입된다는 점을 인정하고 조사자의 관점에 따라 조사결과에 대한 해석이 달라질 수 있음을 인정한다. 그리고 자료를 해석할 때 조사자의 관점뿐 아니라 조사대상자의 관점도 포함시킨다. 즉, 보는 사람의 상황과 위치에 따라 동일한 현상도 다르게 볼 수 있다는 점을 중시하여 서로 다른 사람들의 다양한 관점을 포함시킨다. 그리고 근거이론 연구에서는 조사자와 조사대상자가 상호작용하면서 서로 영향을 준다고 본다. 조사자가 개발된 개념이나 설명을 조사대상자에게 제시하고 이러한 제시가 조사대상자의 앞으로의 행동에 영향을 줄 수 있으며, 조사자가 조사과정에서 조사대상자와 같은 역할을 할 수도 있고 이것이 조사대상자의 행동에 영향을 줄 수 있다고 본다.

5. 문화기술지

문화기술지 또는 민속지학(ethnography)은 Malinowski, Radcliffe-Brown, Mead 같은 20세기 초반의 문화인류학자들의 비교문화 연구를 통하여 발전한 것으로서 문화적 또는 사회적 집단의 행동이나 관습, 생활양식 등을 탐구하여 기술하고 해석하는 것이다. 문화기술지는 특정문화에 속한 사람들의 관점에서 그 문화를 연구한다. 예를 들어, 어떤 사회복지기관에 속한 사회복지사의 관점에서 그 기관의 문화를 연구하는 것이다.

문화기술지에서는 참여관찰이나 면접 등을 사용하여 특정문화를 공유하는 집단에 대한 장기간에 걸친 현지조사를 실시하여 그 집단의 언어, 역사, 관습, 정치, 경제 등 모든 측면을 총체적으로 기술하고 분석하고 해석한다. 이러한 연구결과는 보통 단행본 정도의 분량을 갖는다. 연구자는 연구대상이 되는 집단의 구성원들 중에서 정보제공자를 선정하여 이들로부터 집단에 대한 유용한 정보를 제공받는다. 연구자는 연구대상에게 자신의 존재를 알려 연구목적이나 내용에 대해 속이지 말아야 한다.

〈표 6-4〉 다섯 가지 질적 조사연구의 특성 비교

특성	전기연구	현상학적 연구	근거이론 연구	문화기술지	사례연구
초점	개인의 인생을 탐색	경험의 본질을 이해	현장에서 나온 자료를 근거로 한 이론을 개발	문화고유집단을 기술하고 해석	단일사례나 여러 사례에 대한 철저하고 상세한 기술과 분석을 전개
설계에 가장 적합한 문제 유형	개인적 경험에 대한 이야기를 말하고자 할 때	체험한 현상의 본질을 기술하고자 할 때	연구참여자의 관점에서 근거이론을 개발하고자 할 때	집단 문화의 공유된 패턴을 기술하고 해석하고자 할 때	단일사례나 사례들에 대한 철저하고 상세한 이해를 제공하고자 할 때
학문 배경	인류학, 문헌정보학, 역사학, 심리학, 사회학을 포함한 인문학	철학, 심리학, 교육학	사회학	인류학, 사회학	심리학, 법합, 정치학, 의학
분석단위	한 명 이상의 개인들을 연구	경험을 공유해온 여러 개인을 연구	많은 개인이 포함된 과정, 행동, 상호작용을 연구	같은 문화를 공유하는 집단을 연구	사건, 프로그램, 활동, 한 명 이상의 개인을 연구
자료수집 형식	주로 면접과 문서 활용	주로 개별면접이지만, 문서와 관찰, 예술작품도 활용될 수 있음	주로 20~60명 정도의 개인과 면접	주로 관찰과 면접을 활용하지만 현장에서 오랜 시간을 보내면서 다른 자료원들을 수집	면접, 관찰, 문서, 인공물과 같은 다양한 자료원을 활용
자료분석 전략	이야기, 이야기 재구성, 주제 전개, 종종 연대기 사용	의미 있는 진술, 의미 단위, 조직적·구조적 기술, '본질'에 대한 기술	개방코딩, 축코딩, 선택코딩	문화공유집단에 대한 기술, 집단에 대한 주제	사례 간 주제뿐 아니라, 그 사례의 주제와 사례에 대한 기술
보고서 작성	개인의 인생 이야기에 대한 내러티브 전개	경험의 '본질'을 기술	하나의 그림으로 설명되는 이론을 창출	문화공유집단이 작동하는 방식을 기술	하나 이상의 사례에 대한 상세한 분석을 전개

연구의 일반적인 구조	• 서론 (문제, 질문) • 연구 절차 (내러티브, 개인의 중요성, 자료수집, 분석결과) • 이야기 보고 • 개인의 인생에 대한 이론화 • 확인된 내러티브의 부분들 • 확인된 의미의 패턴들(사건, 과정, 발현, 주제) • 요약 (Denzin, 1989a, 1989b에서 각색)	• 서론 (문제, 질문) • 연구 절차 (현상학과 철학적 가정, 자료수집, 분석, 결과) • 의미 있는 진술 • 진술의 의미 • 의미 있는 주제 • 현상에 대한 철저한 기술 (Moustakas, 1994에서 각색)	• 서론 (문제, 질문) • 연구 절차 (근거이론, 자료수집, 분석, 결과) • 개방코딩 • 축코딩 • 선택코딩과 이론적 명제 · 모형 • 이론에 대한 논의와 선행문헌과 대조 (Strauss & Corbin, 1990에서 각색)	• 서론 (문제, 질문) • 연구 절차 (문화기술지, 자료수집, 분석, 결과) • 문화에 대한 기술 • 문화적 주제에 대한 분석 • 해석, 교훈, 제기된 질문 (Wolcott, 1994b에서 각색)	• 도입 삽화 • 서론 (문제, 질문, 사례연구, 자료수집, 분석, 결과) • 사례/사례들과 그 맥락에 대한 기술 • 이슈들을 전개 • 선택된 이슈들에 대한 상세한 논의 • 주장 • 종결 삽화 (Stake, 1995에서 각색)

자료: Creswell, J., 조흥식 외 공역(2015). 질적 연구방법론. 서울: 학지사. pp. 133-134.

〈표 6-5〉 질적 조사연구 종류별 자료수집활동의 특징

자료수집활동	전기연구	현상학적 연구	근거이론 연구	문화기술지	사례연구
전통적으로 무엇을 연구하는가? [장소(site)/개인(들)]	접근 가능하고 독특한 개인 1명	그 현상을 경험한 여러 명의 개인들	행위(action)에 반응해 왔거나 중심현상에 대한 과정에 참여한 여러 명의 개인들	문화공유집단의 구성원 또는 그 집단을 대표하는 개인들	과정, 활동, 사건, 프로그램 또는 여러 명의 개인과 같이 경계 지워진 체계
접근과 관계형성에서 전형적인 이슈는 무엇인가? (접근과 관계형성)	개인들로부터 허락을 받고, 기록 보관소에 있는 정보에 대한 접근을 획득	현상을 경험한 사람들을 찾음	동질적인 표본을 찾아냄	문지기를 통한 접근, 정보제공자의 신뢰를 획득	문지기를 통한 접근, 참여자의 신뢰를 획득

연구를 위한 장소(site)나 개인을 어떻게 선택하는가? (의도적인 표본추출 전략)	사람에 의존한 몇 가지 전략들(예를 들어, 편의적, 정치적으로 중요한, 전형적인, 결정적 사례)	현상을 경험한 개인들, '기준(criterion)' 표본을 찾음	동질적인 표본을 찾음, '이론에 기반한' 표본, '이론적' 표본	어떤 사람이 (그 문화집단에서는) '이방인'이 되는 문화집단을 찾음, '대표적' 표본	'사례'나 '사례들' '비전형적인' 사례 또는 '최대변량(maximum variation)'이나 '극단적 사례'를 찾음
전형적으로 어떤 형태(forms)의 자료가 수집되는가? (자료형태)	문서와 기록물, 개방형 면접, 연구대상자 일기, 참여관찰, 일상적 대화	10명 이상과 면접	이론의 세부사항들을 달성하기 위해 일차적으로 20~30명과 면접	참여관찰, 면접, 인공물, 문서	문서와 기록, 면접, 관찰, 물리적 인공물과 같은 다양한 형태
정보가 어떻게 기록되는가? (정보기록)	노트, 면접지침서	긴 면접지침서	면접지침서, 메모하기	현장노트, 면접과 관찰지침서	현장노트, 면접과 관찰지침서
자료수집에서 일반적인 이슈는 무엇인가? (현장이슈)	자료에 대한 접근, 이야기(account)와 자료의 진실성(authenticity)	자신의 경험을 괄호치기(bracketing), 면접의 구조(logistics)	면접 이슈들[예를 들어, 구조(logistics), 개방성]	현장 이슈(예를 들어, 반영성, 반응성, 호혜성, '현지인처럼 되기', 사적 정보의 누설, 속임수)	면접과 관찰이슈
전형적으로 정보를 어떻게 저장하는가? (자료 저장)	파일 폴너, 컴퓨터 파일	필사본, 컴퓨터 파일	필사본, 컴퓨터 파일	현장노트, 필사본, 컴퓨터 파일	현장노트, 필사본, 컴퓨터 파일

자료: Creswell, J., 조흥식 외 공역(2005). **질적 연구방법론**. 서울: 학지사. p. 144.

제7장

단일사례설계

제1절 단일사례설계의 정의

단일사례설계(single subject design)는 단일사례연구설계(single case study design), 단일체계설계(single system design)라고도 하는데, 한 개인이나 집단 등 단일한 사례를 대상으로 하여 개입(독립변수)의 효과성을 측정하는 데 사용하는 조사방법이다.

단일사례설계의 일차적인 목적은 특정한 표적행동에 대한 개입의 효과성을 분석하는 데 있다. 하나의 사례를 대상으로 하여 이를 반복적으로 관찰, 측정하여 개입의 효과를 평가한다. 단일사례설계에서 조사대상이 되는 사례는 개인 또는 집단이다. 집단이 사례가 되는 경우에는 집단 구성원들의 개별적인 정보가 평균이나 빈도 등으로 요약되어 하나의 사례로 취급된다.

단일사례설계는 집단디자인의 문제에 대한 대안으로서 사회복지 실천현장에서 각광받게 된 것으로 1970년대 이후 사회사업방법론에 많이 적용되기 시작하였다. 주로 임상사회사업에서 개인, 가족, 소집단의 심리사회적 기능을 유지하거나 향상시키고 실천이론을 발전시키는 데 사용된다.

제2절 단일사례설계의 특성

단일사례설계는 개입에 따른 표적행동(종속변수)의 변화를 알 수 있도록 반복적인 관찰을 하는 것이 특징이다. 즉, 통제집단 없이 하나의 사례를 반복측정함으로써 개입의 효과를 파악한다. 따라서 반복측정에서 야기되는 조사대상자의 반응성(reactivity) 문제가 발생할 수 있다.

단일사례설계의 또 다른 특징은 즉각적인 피드백이 이루어진다는 점이다.

단일사례설계는 개입의 효과를 파악하기 위하여 조사 진행 도중에 도출되는 피드백 정보에 의존한다. 이것은 반복적이고 연속적으로 자료를 수집하기 때문에 개입으로 인한 표적행동의 변화 양상을 주기적으로 파악할 수 있고, 조사가 진행되는 도중에 도출되는 정보에 기반하여 새로운 개입방법을 수립하거나 기존의 개입방법을 수정함으로써 개입 효과를 높일 수 있다. 이처럼 단일사례설계는 조사과정이 실천과정과 분리되지 않은 것이 특징이다. 기존의 연구설계들은 대체로 실천 개입이 끝난 후에 그 결과를 두고 평가하지만 단일사례설계는 개입의 효과성에 대한 지속적인 피드백 정보를 제공해 준다.

단일사례설계에서는 개입의 효과성, 개입이 효과를 보이는 데 걸리는 시간, 개입의 효과가 지속되는 시간, 개입의 효과가 다른 상황들에도 일반화될

〈표 7-1〉 단일사례설계의 장단점

장점	단점
실천현장 및 임상적 환경에 쉽게 적용되며, 치료과정에 전혀 방해가 되지 않는다. 그리고 통제집단이나 개입을 위해 많은 클라이언트가 필요하지 않으며, 어떤 통계적 지식이나 이론적 배경 없이도 시작할 수 있다.	일반화하기 어렵다. 즉, 한 사람의 클라이언트에게는 효과가 있지만 다른 클라이언트들에게도 동일한 효과가 있을지는 확신할 수 없다.
시각화에 유리하다. 즉, 개입의 결과를 기초선과 비교하고 검토하기가 용이하다.	개입의 각 단계마다 그 기간이 동일하지 않을 수 있어 적용상에 문제가 있을 수 있다. 즉, 원칙적으로는 기초선단계와 개입단계 또는 B단계와 C단계의 기간이 같아야 하지만 실제현장에서 모든 단계가 정확하게 동일한 기간을 갖는 것은 거의 불가능하다.
치료과정에서 사회복지사와 클라이언트 간에 지속적인 피드백을 주고받을 수 있다. 그리고 특별한 치료의 목적 또는 문제에 초점을 맞추고 있기 때문에 사회복지사의 개입을 지지하거나 보완한다.	어떤 단계에서는 고의로 사회복지사의 개입이 철회되는 상황이 발생할 수 있어 때로는 윤리적 문제가 발생할 수 있다.

자료: 황성동(2015). 알기 쉬운 사회복지조사방법론(2판). 서울: 학지사. p. 127에서 재구성

수 있는지의 여부 등을 알 수 있다. 단일사례설계의 단점은 외적 타당도가 낮아서 조사결과를 일반화할 수 있는 가능성이 낮다는 것이다.

제3절 주요 개념

1. 개입

개입은 조사대상자의 표적행동을 변화시키기 위한 특정 사건, 실험적 자극, 특정 프로그램, 환경의 변화 등을 의미한다. 개입은 변화를 유발하는 요인으로서 독립변수에 해당된다. 이것에 의해 종속변수인 표적행동에 어떤 변화가 일어나는지를 관찰함으로써 개입의 효과성을 파악한다.

독립변수를 명확하게 규정하는 것은 매우 중요하다. 독립변수가 불명확하게 규정되면 종속변수에 변화가 발생했다고 하더라도 그것이 독립변수의 어떤 요인들에 의해 나타나게 되었는지 구체적으로 연결시킬 수 없다. 하나의 개입방법이 특정한 종속변수를 변화시키는 데 효과적이라고 판단하기 위해서는 그 개입방법에 어떤 요인들이 포함되어 있는지를 명확히 하는 것이 필요하다. 개입이 이루어지는 장소, 상황, 개입이 이루어지는 시간과 빈도, 개입의 구체적인 내용, 개입의 대상자 등을 명시해야 한다.

2. 표적행동

표적행동은 개입에 의해 변화가 의도되는 것으로서 종속변수에 해당된다. 예를 들어, 사회복지사는 클라이언트의 문제행동을 변화의 대상이 되는 표적행동으로 삼을 수 있다. 표적행동은 개입의 목표가 성취되었는지의 여부를 가장 적절하게 대변할 수 있는 것이어야 하며 명확히 측정 가능한 것이어야 한다.

단일사례설계에서 신뢰도 있는 자료를 산출하기 위해서는 명확하게 객관적으로 측정할 수 있는 표적행동이 필요하다. 따라서 표적행동으로는 객관적인 측정이 가능한 표출된 행동을 선택하는 것이 좋다. 때로는 생각이나 느낌 등과 같은 외부적으로 관찰될 수 없는 내면적 상태가 표적이 되는 수도 있는데, 이런 경우에는 직접적인 측정이 어려우므로 관찰 가능한 지표를 사용하여 간접측정을 하게 된다. 예를 들어, 개인의 불안감을 측정하기 위한 외부지표로서 더듬거림, 떨림, 땀 흘림 등을 사용할 수 있다.

3. 기초선

기초선이란 개입하기 이전에 표적행동이 어떤 경향을 보이는지를 관찰하는 기간을 의미하는 것으로서 보통 'A'로 표시한다. 기초선단계에서 측정횟수가 많을수록 안정된 경향성을 발견할 수 있으며, 일반적으로 약 10번 내외의 기초선 측정을 하는 것이 바람직하다. 그래프에 시간순서대로 측정점들을 표시하고 이 점들을 줄로 연결한 후에 기초선의 전반적인 경향을 파악한다.

제4절 단일사례설계의 과정

단일사례설계가 시행되는 과정은 다음과 같다.

첫째, 조사대상이 가지고 있는 문제를 조사대상자 자신이나 가족, 이웃 등 관련인물들에 의해 확인한다. 문제를 확인하면 문제를 명확히 규정한다.

둘째, 실험에 사용될 변수를 선정한다. 변수는 문제를 합리적으로 대표할 수 있는 타당한 지표이어야 한다.

셋째, 선정된 변수의 속성 중 어떤 측면을 측정할 것인지 측정대상, 즉 표적행동을 결정한다. 표적행동은 반복관찰이 가능해야 하므로 정기적으로 측정하기에 충분히 자주 나타나는 것이어야 한다.

넷째, 문제의 원인을 제거할 것이지, 문제 자체를 해결할 것인지 등 개입의 목표를 구체적이고 명확하게 정한다.

다섯째, 조사설계를 한다. 즉, 단일사례설계의 유형(AB, ABAB, ABCD형 등), 측정시기 및 횟수, 자료의 출처, 자료수집방법, 자료 측정 및 기록방법 등을 결정한다.

여섯째, 조사를 실시한다. 개입하기 이전과 개입 도중, 개입 이후에 자료를 수집한다. 수집한 자료는 그래프로 표시한다.

일곱째, 변화의 파동, 경향, 수준 등을 검토하여 개입의 효과를 평가한다.

제5절 측정방법

표적행동을 측정하는 방법에는 다음과 같은 것들이 있다.

- **등간 측정**: 관찰기간을 동일한 간격의 시간으로 나누어 표적행동의 발생 여부를 기록하는 방법이다. 시간간격이 짧을수록 더 정확하게 관찰할 수 있다.
- **빈도 측정**: 관찰기간 동안에 표적행동이 일어난 횟수를 측정하는 방법이다.
- **지속기간 측정**: 관찰기간 동안에 표적행동이 지속된 시간의 길이를 측정하는 방법이다.
- **시점 체크(간헐적 측정)**: 시점 체크는 지속적인 관찰이라기보다는 간헐적인 관찰로서 관찰시간을 정해 놓고 지정된 관찰시간에 표적행동이 나타

낫는지를 측정하는 것이다.

- **강도 측정**: 표적행동의 양, 수준, 정도 등에 대해 측정하는 것이다.
- **영구적 산출물 측정**: 표적행동의 발생 여부에 대해 직접적으로 관찰하지 않고 표적행동의 결과로서 발생한 산출물을 관찰, 측정하는 것이다.

이 중에서 자료의 성격에 가장 적합한 방법을 선택한다. 각각의 방법은 각기 다른 자료기록방법을 제시한다. 자료기록방법은 자료 기록자의 유형, 획득되는 정보의 성격, 자료수집에 따르는 비용 등에서 차이가 난다.

자료의 측정과 기록은 표적행동에 대해서 외부 관찰자가 기록할 수도 있고 표적행동의 당사자인 클라이언트가 스스로 작성하는 방법도 있다. 클라이언트가 자신의 행동을 기록하는 것을 자기보고(self-report)방식이라고 한다. 이처럼 표적행동을 측정할 때는 어떤 상황에서 누가 측정할 것인지를 구체화해야 한다.

대부분의 기록 절차가 개인에 대한 직접관찰을 요구하므로 반복측정하는 과정에서 관찰자의 존재로 인해 나타나는 효과 등에 대해 우려를 가져야 한다. 가능한 한 관찰대상자들의 반응성을 최소화하여 타당성 있는 자료를 산출해야 한다.

제6절 단일사례설계의 유형

1. AB 디자인

AB 디자인은 단일사례설계의 유형 중에서 가장 간단하고 기본적인 유형이다. 기초선에서 반복측정을 통하여 일정한 경향이 발생한 후에 개입을 하고, 개입 이후에 측정점들이 안정될 때까지 다시 반복측정한 후 기초선과 개

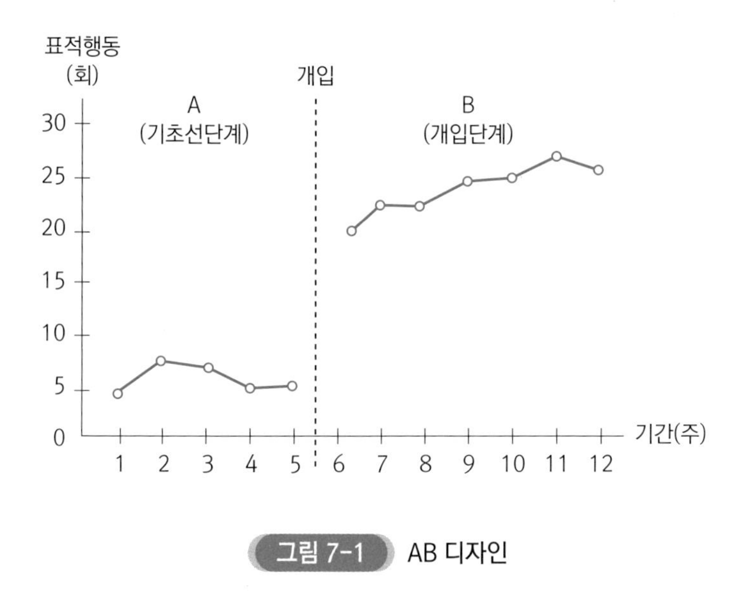

그림 7-1 AB 디자인

입 이후의 경향을 비교하여 개입의 효과를 파악한다. 여기서 기초선단계(A)의 자료들은 통제집단의 역할을 하고, 개입단계(B)의 자료들은 실험집단의 역할을 한다.

AB 디자인의 장점은 설계가 간단하여 쉽게 적용할 수 있다는 것이고, 반면 단점은 한 시점에서 개입이 이루어졌기 때문에 그 시점에서 우연히 다른 외적 사건이 개입되어 변화가 발생했을 가능성을 배제하기 어렵다는 점이다. 즉, 외생변수에 대한 통제가 없으므로 개입이 표적행동에 미치는 효과에 대한 신뢰도가 낮다.

2. ABA 디자인

AB 디자인에서 개입 이후에 또 하나의 기초선을 추가한 것이다. 즉, 첫 번째 기초선단계에서 표적행동을 측정하고, 개입단계에서 측정하며, 개입을 종료한 후에 다시 측정한다. 두 번째 기초선은 제2기초선이라고 한다. 이 경우 첫 번째 기초선단계에서 표적행동의 빈도가 높(낮)았는데 개입단계에서

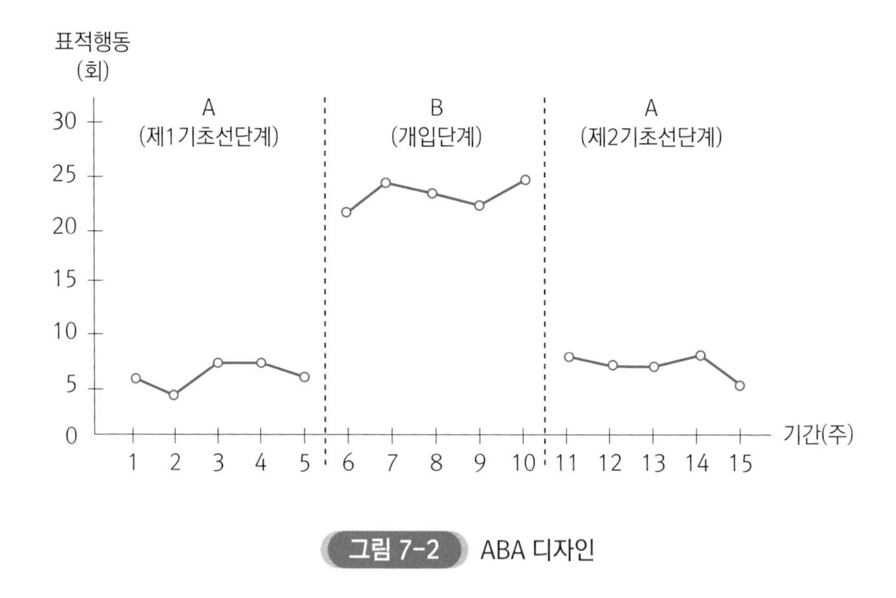

그림 7-2 ABA 디자인

빈도가 낮(높)았다가 개입을 종료한 후에 다시 빈도가 높(낮)아지면 개입이 효과적이었다고 판단할 수 있다.

ABA 디자인의 장점은 제2기초선을 추가함으로써 AB 디자인의 신뢰도가 낮은 문제점을 해결한다는 것이다. 반면, 단점은 개입의 효과를 평가하기 위하여 개입을 중단하는 것에 윤리적 문제가 있을 수 있으며, 제2기초선단계에서 문제가 악화되지 않았을 때 이것이 개입 이외의 다른 외적 요인들의 영향 때문인지 아니면 개입의 효과가 지속되고 있기 때문인지 알 수 없다.

3. ABAB 디자인

ABAB 디자인은 AB 디자인에 또 하나의 AB를 추가한 것으로서 기초선(A) → 개입(B) → 개입 중단(A) → 재개입(B)과정으로 이루어진 것이다. 이것은 외생변수를 보다 효과적으로 통제하기 위하여 제2기초선과 제2개입단계를 추가한 것으로, 제2기초선단계에서의 표적행동이 제1기초선단계에서의 표적행동과 유사하면 개입이 효과가 있다고 추정할 수 있다. 두 번째 개입 이후의 표적행동이 제2기초선단계와 비교했을 때 큰 차이를 보이면 개입의 효과를 더욱 확신할 수 있다.

ABAB 디자인의 장점은 AB 과정을 한 번 더 반복함으로써 AB 디자인이나 ABA 디자인의 단점인 개입 전후 시점에서의 외적 사건의 영향, 즉 외생변수의 영향을 통제하고 확인해 볼 수 있다는 점이다. 제2기초선단계에서 표적행동이 개입 이전의 상태로 복귀한다면 개입효과가 있다는 것을 명확히 확인할 수 있다. 두 번째 B단계에서 또다시 표적행동이 변화를 보인다면 외적 사건으로 인한 효과가 반복해서 우연히 나타났기 때문이라고 보기는 어렵다. 이 디자인은 개입의 효과를 가장 확신할 수 있기 때문에 실천현장에서 유용하다.

ABAB 디자인의 문제점은 첫 번째 개입단계에서 개입의 효과가 있음에도 불구하고 연구목적을 위하여 개입을 중단하고 일정 기간 관찰 후 다시 개입하는 인위적인 통제를 하는 것에 윤리적인 문제가 있을 수 있으며, 제2기초선단계와 제2개입단계의 표적행동이 매우 유사한 경우에 그 원인을 찾는 데 어려움이 있다는 점이다. [그림 7-3]과 같이 첫 번째 개입 이후에 표적행동이 변화하고 개입을 중단했을 때 원상태로 돌아갔다가 다시 개입하면 표적

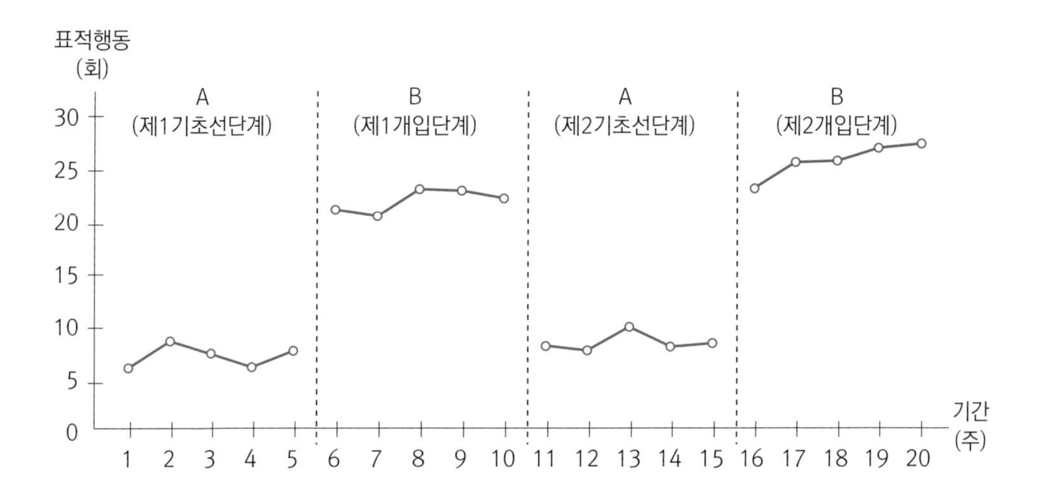

그림 7-3 ABAB 디자인

행동이 다시 변화한 경우에 개입이 단지 일시적인 효과만 있을 뿐이고 지속적인 효과가 없다는 것을 나타내는 것으로 해석할 수도 있다.

4. BAB 디자인

이것은 기초선 없이 바로 개입단계로 들어가는 것으로서, 개입한 후 개입을 중단하고 기초선단계를 가진 후에 다시 개입하는 것이다. 첫 번째 개입단계와 기초선을 비교하고, 다시 기초선과 두 번째 개입단계를 비교하여 개입의 효과를 판단한다.

BAB 디자인의 장점은 기초선 없이 바로 개입단계에 들어감으로써 조속한 개입에 유용하다. 예를 들어, 클라이언트가 위기상황에 있어서 즉각적인 개입이 필요한 경우에 사용하면 유용하다. 그리고 반복된 개입을 통하여 개입의 효과를 유발할 수 있다. 반면, 단점은 외생변수를 통제하기 어렵다는 점과 개입의 효과가 지속되는 경우에 기초선 단계와 제2개입단계에서의 표적행동이 유사하므로 개입의 효과를 판단하기 어렵다는 것이다.

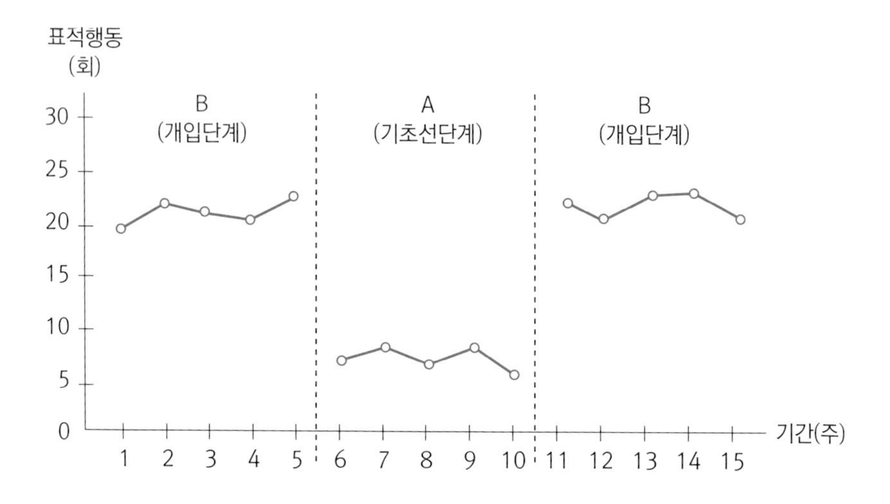

그림 7-4 BAB 디자인

5. ABCD 디자인(복수요소 디자인)

이것은 하나의 기초선 자료에 대하여 B, C, D 등 여러 개의 각기 다른 개입방법을 연속적으로 도입하는 것이다. 이전의 개입이 일정한 상태의 경향성을 보이면 다른 개입방법을 도입하고, 여기서 다시 안정된 경향성이 나타나면 또다시 새로운 개입방법을 적용하는 것이다.

ABCD 디자인의 장점은 각기 다른 개입방법에 대한 비교가 각각에 대한 기초선 없이 가능하므로 각기 다른 개입방법들의 효과를 동시에 측정할 수 있으며, ABC, ABCDE 등 융통적인 설계가 가능하여 연속적인 단계에서 옳다고 입증된 대로 개입계획을 변경할 수 있다는 점이다. 이 디자인은 클라이언트에게 도움이 되지 않는 개입을 수정하거나, 개입이 실제로 표적행동에 변화를 가져오는지 설명하고자 할 때 유용하다.

ABCD 디자인의 문제점은 C와 D단계에서의 개입효과는 이전의 개입으로 인한 선행효과와 섞여서 나타난다는 점이다. B단계의 개입이 C단계에, B와

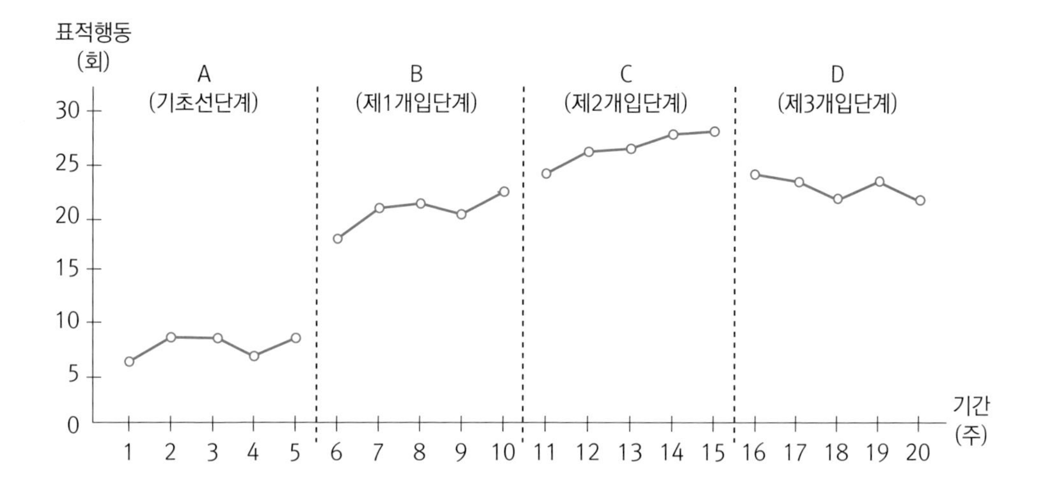

그림 7-5 ABCD 디자인

C단계의 개입이 D단계에 영향을 미칠 수 있는데, 이에 대한 통제가 어렵다.

6. 복수기초선 디자인

복수기초선 디자인(multiple baseline design)은 몇 개의 AB 디자인들로 이루어진 것으로서 하나의 동일한 개입방법을 둘 이상의 표적행동이나 다른 대상(사례)들 혹은 다른 상황들에 적용하는 것이다. 여기서는 둘 이상의 기초선과 둘 이상의 개입단계를 사용하며, 개입은 각 기초선의 서로 다른 시점에서 도입된다. 만약 각각의 개입이 이루어진 후에 표적행동에 변화가 없다면 이는 개입효과가 없다는 것을 의미한다. 또 표적행동의 변화가 개입한 시점과 다른 곳에서 발생했다면 이는 외적 사건에 의한 변화로 간주될 수 있다.

복수기초선 디자인은 문제 간 복수기초선 디자인, 상황 간 복수기초선 디자인, 대상자 간 복수기초선 디자인으로 구분할 수 있다.

문제 간 복수기초선 디자인은 하나의 개입방법이 같은 상황에서 같은 대상자가 가진 다른 문제의 해결에 효과가 있는지를 평가하기 위한 것이고, 상황 간 복수기초선 디자인은 하나의 개입방법이 같은 대상자가 가진 같은 문제를 둘 이상의 다른 상황에서 해결하는 데 효과가 있는지를 평가하기 위한 것이며, 대상자 간 복수기초선 디자인은 하나의 개입방법이 같은 상황에서 같은 문제를 가진 둘 이상의 서로 다른 대상자들에게 효과가 있는지를 평가하기 위한 것이다.

복수기초선 디자인의 장점은 ABAB 디자인처럼 개입 도중에 기초선 확보를 위하여 개입을 중단하고 다시 재개하는 인위적인 조작으로 인한 윤리적 문제가 없으며, 복수의 표적행동들, 사례들, 상황들에 대해 개입의 효과를 한 번에 보여 줄 수 있기 때문에 비용 면에서 효율적이다.

[그림 7-6]에서 사례 1, 2, 3은 각기 다른 시점에서 개입이 이루어졌는데, 이는 특정 시점에서 우연한 외적 사건으로 인하여 변화가 발생했을 가능성

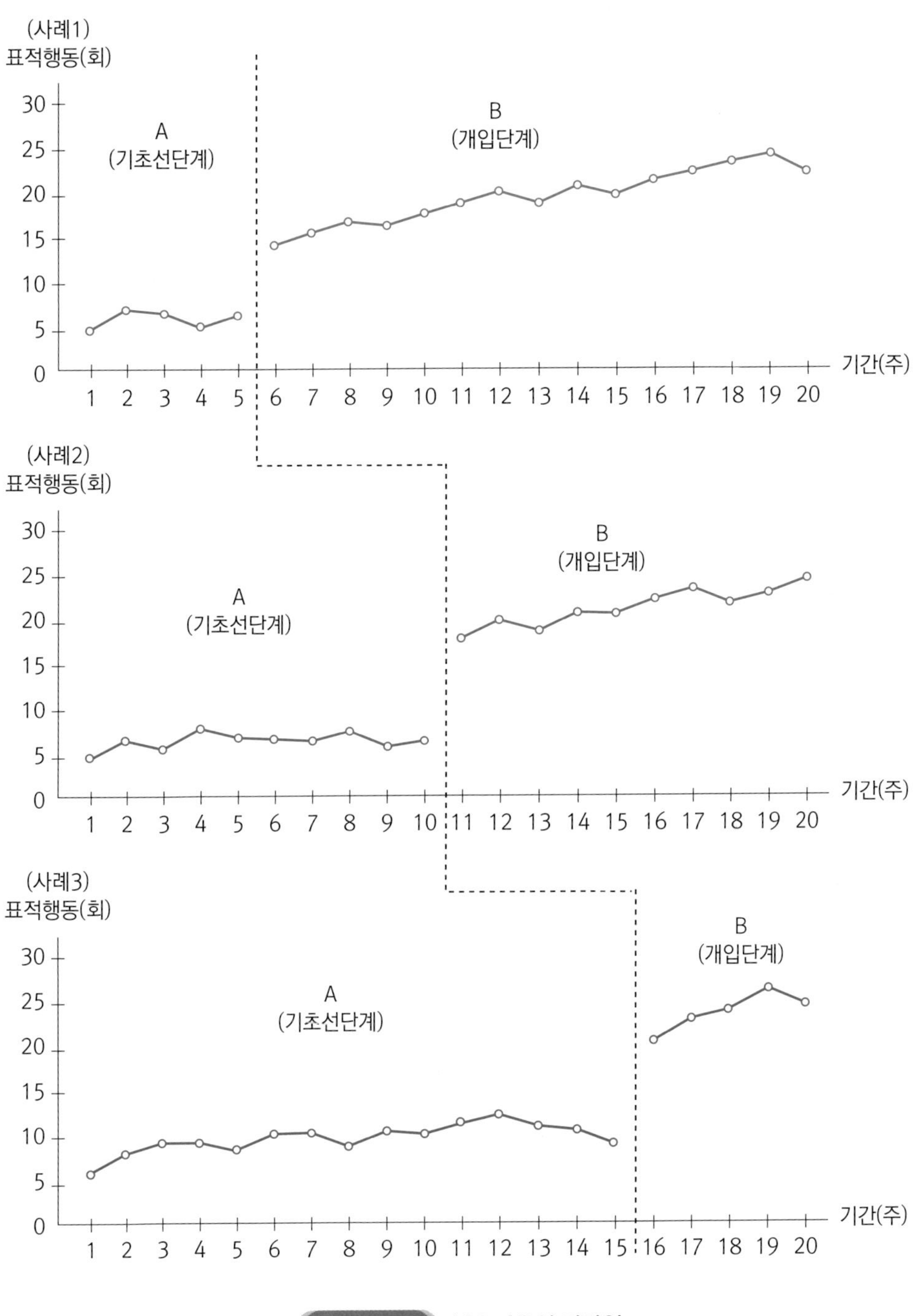

그림 7-6 복수기초선 디자인

을 확인하기 위한 것이다.

개입의 효과를 평가할 때 고려해야 할 기준으로는 다음과 같은 것들이 있다.

- **변화의 파동**: 표적행동이 시간의 경과에 따라 파동을 일으키면서 변화하는 정도를 말한다. 파동이 심한 경우에는 관찰횟수가 많아야 변화의 일정한 유형을 파악할 수 있고, 파동이 적은 경우에는 관찰횟수를 안정적인 유형이 나타날 때까지 증가시키는 것이 바람직하다.
- **변화의 경향**: 기초선 변화의 경향을 개입단계의 변화의 경향과 연결시켜서 검토한다. 기초선단계와 개입단계의 경향의 방향이 일치하면 개입의 효과를 판단하기 어렵고, 방향이 상반되면 개입효과에 대한 판단이 쉽다.
- **변화의 수준**: 표적행동의 점수를 말하는 것으로서 기초선단계의 점수와 개입단계의 점수 간에 차이가 클수록 개입의 효과에 대해 확신할 수 있다.

단일사례설계에서 도출된 결과를 분석하는 데는 다음과 같은 방법이 사용된다.

- **시각적 분석**: 그래프를 그려서 개입 이전과 이후에 표적행동에 변화가 있는지 알아보는 방법이다. 기초선과 개입기간 동안의 변화를 시각적으로 분석한다.
- **통계적 분석**: 자료에서 나타난 변화가 통계학적으로 의미 있는 것인지를 판단하기 위하여 기초선단계와 개입단계에서의 표적행동의 평균을 비교하는 것으로서 시각적 분석을 보완하기 위한 것이다.
- **실용적 분석**: 개입으로 인한 표적행동의 변화량이 실질적인 것인지를 임상적 관점에서 판단하는 것이다.

이러한 분석방법들은 상호보완적인 관계에 있는데, 시각적 분석이 가장 우선시된다. 일반적으로 시각적 분석을 사용하여 의미 있는 경향성의 변화가 있다고 판단한 후에 필요에 따라 다른 분석방법을 사용한다.

제8장

욕구조사

제1절 욕구의 정의와 유형

1. 욕구의 정의

욕구란 개인의 생존과 발전을 위해 필요한 것이 결핍되어 있어 이를 요구하는 상태로서 현재의 상태와 원하는 상태 간의 차이, 해결되어야 할 상태나 문제라는 의미를 내포한 개념이다. 개인이 가지고 있는 욕구를 개인적 욕구라고 하고, 대다수의 사회구성원이 가지고 있는 욕구를 사회적 욕구라고 한다. 사회적 욕구가 존재한다는 것은 곧 사회문제가 존재한다는 것을 의미한다.

일반적으로 유사한 상황이나 환경에 있는 사람들은 유사한 욕구를 가지기 쉬우므로 사회적 욕구가 존재하게 된다. 그러나 욕구에 대한 인지는 주관적이고 가치를 포함하므로 유사한 상황에 있는 사람들일지라도 서로 다른 개인적 욕구를 가질 수 있다. 욕구의 주체는 개인, 집단, 지역사회 등이며, 욕구의 객체는 각종 재화 및 서비스다.

2. 욕구의 유형

학자들은 욕구의 종류를 여러 가지로 구분하는데, Bradshow는 욕구를 다음과 같은 네 가지 유형으로 구분하고 있다.

1) 규범적 욕구

전문가들에 의해 정해진 기준이나 규범과 비교하여 여기에 미달된 상태일 때 욕구가 존재한다고 간주하는 것이다. 즉, 전문가들에 의하여 어느 정도 수준이 되어야 한다는 규범 내지 기준이 설정되고, 이러한 규범과 현 상태 간의 차이에 의해 욕구가 파악되는 것이다. 이처럼 규범적 욕구는 전문가들의 의견에 기초한 것이므로 이를 근거로 프로그램을 개발하는 경우 전문가 위주의 프로그램이 되어 클라이언트의 실제 욕구가 반영되지 않을 수 있는 문제점이 있다.

2) 체감적 욕구

욕구의 주체가 인지하고 느끼는 욕구로서 인지적 욕구라고도 한다. 이는 욕구의 주체가 인지하지 않는 욕구는 소용없다는 점을 강조한 개념이다. 체감적 욕구에 근거하여 프로그램을 개발하면 욕구를 인지하고 있는 사람들만 대상이 될 수 있고, 욕구를 인지하지 못하는 경우에는 실제로 존재하는 욕구를 잘못 파악할 수 있는 문제점이 있다.

3) 표현적 욕구

특정 프로그램에 대한 신청자 수와 같이 외부로 나타난 행동에 의해 파악되는 욕구다. 이처럼 표현적 욕구는 주로 현재 시행 중인 프로그램에 대한 수요에 근거한 것이므로 현상유지를 조장하는 문제점이 있다.

4) 비교적 욕구

타인과 비교하여 규정되는 욕구로서 상대적 욕구라고도 한다. 예를 들어, 현재 서비스를 받지 않고 있는 개인을 서비스를 받고 있는 유사한 상황에 있는 다른 개인과 비교할 때 나타나는 욕구다. 따라서 비교적 욕구는 누구를 비교의 대상으로 하는지에 따라 달라질 수 있다.

욕구조사를 할 때는 이와 같은 네 가지 욕구 중에서 한 가지 욕구만 파악하기보다는 두 가지 이상의 욕구를 파악하면 더 정확한 욕구사정이 될 수 있다. 예를 들어, 체감적 욕구를 파악함과 동시에 전문가들에 의해 규정된 기준과 현 상태를 비교하여 규범적 욕구를 파악하면 보다 더 정확하게 욕구를 파악할 수 있다.

Maslow는 인간에게는 5개 범주의 욕구가 있다는 욕구단계설을 주장하였는데, 가장 낮은 단계에 있는 생리적 욕구에서부터 가장 높은 단계에 있는 자아실현의 욕구로 단계적으로 충족된다고 보았다. 가장 낮은 단계인 생리적 욕구는 인간이 살아가는 데 있어 가장 기본적이고 필수적인 생존에 필요한 의식주 등과 관련된 욕구다. 두 번째 단계인 안전에 대한 욕구는 외부의 위험으로부터 신체적 안전을 보호받으려는 욕구다. 세 번째 단계인 소속과 애정에 대한 욕구는 집단에 소속되어 타인과 관계를 맺고 사랑받고 싶어 하는 욕구다. 네 번째 단계인 자아존중의 욕구는 타인으로부터 인정받고 존중받고 싶어 하는 욕구다. 가장 높은 단계에 있는 자아실현의 욕구는 그 아래 단계에 있는 네 가지 욕구가 충족되었을 때 발생하는 것으로서 자신의 잠재능력을 실현하고 싶어 하는 욕구다.

Maslow에 의하면 인간은 가장 하위단계인 생리적 욕구가 충족되었을 때 다음 단계인 안전에 대한 욕구를 추구하고, 안전에 대한 욕구가 충족되었을 때 그다음 단계에 있는 소속과 애정에 대한 욕구를 추구한다. 이러한

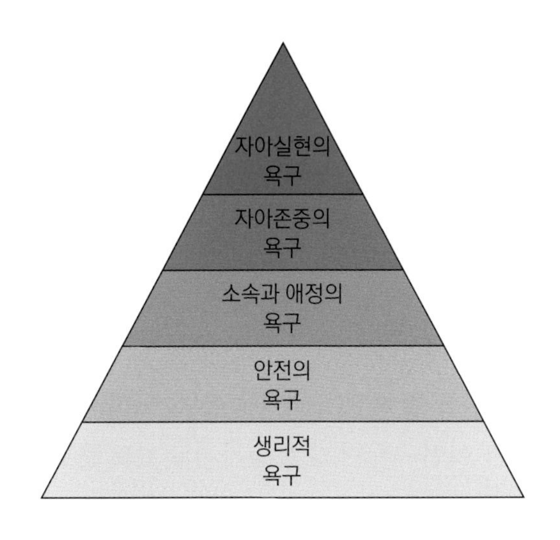

그림 8-1 Maslow의 욕구단계설

Maslow의 욕구단계설은 어떤 욕구를 우선적으로 충족시켜야 하고 어떤 서비스가 우선되어야 하는지를 시사해 주지만, Maslow가 주장하듯이 인간의 욕구가 계층화되어 있는지에 대하여 비판이 있다.

Alderfer는 ERG 이론을 주장하면서 욕구의 종류를 존재욕구(existence need), 관계욕구(relatedness need), 성장욕구(growth need)로 나누고 존재욕구보다 관계욕구가, 관계욕구보다 성장욕구가 상위욕구이며, 상위욕구가 충족되지 못할 때 하위욕구가 더 중요해진다고 보았다. 존재욕구는 의식주와 관련된 물질적 욕구와 생리적 욕구를 의미하는 것으로서 Maslow가 말한 생리적 욕구, 안전의 욕구와 유사한 것이다. 관계욕구는 타인과 관련된 욕구로서 Maslow의 안전의 욕구, 소속과 애정의 욕구와 유사한 것이다. 성장욕구는 자신의 능력을 최대한 발휘하고자 하는 욕구로서 Maslow의 자아존중의 욕구, 자아실현의 욕구와 유사한 것이다.

제2절 욕구조사의 의의와 필요성

욕구조사는 개인이나 집단, 지역사회 등과 같은 표적집단의 욕구 해소, 즉 문제 해결을 위하여 새로운 서비스를 개발하거나 기존 서비스를 보완하고자 할 때 표적집단의 욕구를 파악하기 위해 시행하는 응용조사의 일종이다. 욕구를 파악하는 것을 욕구사정(need assessment)이라고 하는데, 욕구조사는 곧 욕구사정조사다. 욕구사정은 욕구가 실제로 존재하고, 현재 제공되고 있는 서비스보다 더 광범위한 욕구가 있다는 점을 강조함으로써 서비스의 지속과 증대가 필요하다는 정당성을 부여해 준다. 욕구조사를 통하여 개인이나 집단, 지역사회가 어떤 욕구나 문제를 가지고 있고 문제의 원인은 무엇이며, 문제를 해결하기 위한 해결책은 무엇인지 그리고 문제의 해결을 위해 활용 가능한 자원에는 어떤 것들이 있는지 등을 파악하게 된다.

오늘날 사회복지기관은 적절한 서비스를 전문적 · 효율적 · 효과적으로 제공해야 하는데, 이러한 서비스의 계획, 조직, 운영, 평가 등을 위해 필요한 것이 욕구조사를 통해 수집된 자료다. 사회복지기관에서 특정 프로그램이나 서비스를 이용하는 클라이언트들의 욕구를 파악하기 위하여 욕구조사를 실시하는 것은 클라이언트 중심의 프로그램이나 서비스를 개발하기 위하여 필수적인 것이다. 사회복지기관에서 프로그램을 기획하는 전문가는 프로그램의 성공적인 시행을 위해서는 우선적으로 욕구조사를 실시하여 대상자들의 특성과 문제, 요구사항 등을 정확히 파악해야 한다. 지역주민들을 대상으로 한 욕구조사를 통하여 지역주민들의 욕구를 파악하는 것은 서비스를 실시하기에 앞서 반드시 해야 할 일이다. 욕구조사 결과는 프로그램의 계획과 우선순위의 결정, 집행, 평가, 자원의 배분 등에 있어 기초자료로 활용된다.

욕구조사는 다음과 같은 용도에 사용될 수 있다.

(1) 욕구조사는 클라이언트의 욕구를 파악함으로써 클라이언트 중심의 프로그램이나 서비스를 개발하는 데 필요한 기초자료를 제공해 준다.
(2) 욕구조사는 현재 시행 중인 프로그램이나 서비스의 문제점을 파악하고 평가하는 데 필요한 기초자료를 제공해 줌으로써 기존의 프로그램을 보완하고 개선하는 데 도움을 준다.
(3) 욕구조사를 통하여 욕구의 우선순위를 파악함으로써 인력, 예산 등의 자원을 배분함에 있어 우선순위를 정하는 데 기여한다.
(4) 욕구조사 결과에 근거하여 동일한 지역사회 내의 복지기관들 간에 중복되는 프로그램이나 부족한 프로그램을 조정할 수 있다.
(5) 사회복지기관이 욕구조사 결과에 기초하여 사업을 결정하고 시행함으로써 보다 효과적이고 체계적이고 전문적인 운영을 할 수 있다.
(6) 지역주민들의 욕구는 지속적으로 변화하는바, 욕구조사를 통하여 변화하는 주민들의 욕구를 파악함으로써 이에 부응하는 서비스나 프로그램을 제공하는 데 도움을 준다.

(7) 욕구조사를 통하여 복지기관의 사업을 홍보하고 지역주민들로 하여금 지역사회의 문제를 인식하게 함으로써 주민들의 참여와 지원을 유도할 수 있다.

(8) 사회복지기관이 욕구조사 결과에 근거하여 사업의 필요성을 합리화하고 주장함으로써 외부로부터의 예산 지원이나 관련입법 추진 등을 도모할 수 있다.

제3절 욕구조사의 내용

욕구조사에서는 욕구확인과 욕구추산을 해야 한다. 욕구확인은 어떤 욕구를 갖고 있는지를 파악하는 것이고, 욕구추산은 욕구들 간의 상대적 중요성이나 우선순위를 측정하고 욕구를 가진 사람들의 수를 파악하는 것과 같이 욕구를 양적으로 측정하는 것이다. 욕구확인은 욕구라는 질적 상태를 파악하는 질적 과정인 반면에 욕구추산은 욕구를 조작화하여 양화시키는 양적 작업이다.

욕구를 확인하는 일은 사회적인 성격을 지닌다. 기존의 자원을 가지고서 변화시킬 수 있는 상태가 욕구로 확인되고 변화될 가능성이 없는 경우에는 욕구로 확인되지 않는다. 또한 특정 조건이나 상태가 집단적 개입이나 해결책을 요구하는 것으로 확인되기 위해서는 정치적인 결정과정을 거쳐야 한다.

욕구조사에 포함되는 구체적인 내용은 조사대상이 노인인지 청소년인지 장애인인지 등에 따라 달라질 수 있다. 지역사회가 가지고 있는 욕구를 전체적으로 파악하고자 하는 경우에 일반적으로 조사해야 할 내용은, 첫째, 기초자료로서 지역사회의 일반적 특성에 관한 사항, 둘째, 지역주민들의 전반적인 생활실태에 관한 사항, 셋째, 기존 서비스의 평가에 관한 사항, 넷째, 새로운 서비스 개발에 필요한 사항, 다섯째, 서비스나 프로그램의 시행을 위해 활용 가능한 자원에 관한 사항이다(김성이, 채구묵, 1997). 구체적인 조사내용은 다음과 같다.

1. 지역사회의 일반적 특성에 관한 사항

가구규모, 지역주민들의 인구학적 특성(성, 연령, 종교, 혼인상태, 거주기간 등), 국민기초생활보장 수급자 수, 범죄율, 주택보급률 등으로서 이러한 자료는 조사대상지역의 전반적인 특성과 대상지역 내에 있는 하부지역의 인구학적, 구조적 특성에 관한 정보를 제공해 준다.

2. 지역주민들의 생활영역별 현 상태에 관한 사항

경제상태(소득수준, 지출수준, 소비형태, 신용상태 등), 고용상태(직업 종류, 직업 경력, 실업 여부, 취업 희망 여부 등), 교육상태(교육수준, 교육에 대한 욕구 정도, 학교교육에 대한 만족도, 학교 적응도, 학교 중퇴율 등), 주거상태(거주형태, 주택 소유형태, 주택 밀집도, 주택상태 등), 가정생활(부모 · 자녀관계, 부부관계, 형제관계, 아동양육상태, 노인부양상태 등), 건강상태(만성질환 및 장애 여부, 질병 발생률, 영양상태 등), 여가상태(여가활동, 문화활동, 스포츠활동 등), 생활만족도(개인적 생활만족도, 지역사회에 대한 만족도, 지역사회 결속도 등), 범죄상태(범죄율, 청소년비행률 등) 등으로서 이러한 자료는 지역주민들의 현재 상태와 바람직한 상태 간의 차이를 파악할 수 있게 함으로써 규범적 욕구를 파악하고, 새로운 서비스를 개발하거나 기존의 서비스를 평가하고 개선하는 데 기초자료로 활용될 수 있다.

3. 기존 서비스의 평가에 관한 사항

기존 서비스에 대한 인지도 및 활용도(서비스 인지도, 서비스 활용도, 서비스 확대나 축소 필요 여부 등), 서비스의 인지 및 활용에 대한 장애요인(접근성 등 물리적 장애 여부, 서비스 이용자에 대한 오명 등 심리적 장애 여부, 서비스에 대한 홍보 부족 여부, 시설의 낙후성 여부, 직원에 대한 서비스 이용자의 부정적 태도 여부, 직원의 전문성 부족 여부, 서비스 이용비 부담 정도 등) 등으로서 이러한 자료는 기존의 서비스를 평가하여 보완하고, 보다 적합하고 편리하게 이용할 수 있는 서비스를 개발하는 데 필요한 기초자료를 제공해 준다.

4. 새로운 서비스 개발에 관한 사항

대상지역의 사회문제, 필요하거나 희망하는 서비스의 종류 및 우선순위 등으로서 이러한 자료는 대상지역에서 필요로 하는 서비스를 서비스 제공자의 입장보다 서비스를 제공받는 지역주민들의 입장에서 파악하게 함으로써 지역주민들이 원하는 보다 현실적이고 유용한 서비스를 개발하는 데 필요한 자료를 제공해 준다.

5. 활용 가능한 자원에 관한 사항

서비스를 개발하고 시행하는 데 활용되는 인적 및 물적 자원인 지역사회 정보체계(공식적 및 비공식적 의사소통망과 매체), 지역사회자원(공적 및 사적 기금, 직원들의 개발 · 훈련에 필요한 인적 · 물적 자원, 새로운 프로그램 시행에 필요한 시설 및 기자재, 자원봉사자 등), 정치적 자원(지역주민들의 여론 및 지원, 관련 행정부서의 지원, 지방의회 의원들의 지원, 지역사회 지도자, 언론기관 및 시민단체의 지원 등) 등이다.

제4절 자료수집방법

욕구조사는 체계적이고 과학적인 조사방법을 사용하여 실제 상태를 객관적으로 측정해야 하며, 이를 위해 다양한 자료수집방법을 사용할 수 있다. 각각의 자료수집방법은 각기 장점과 단점을 가지고 있으므로 일반적으로 두 가지 이상의 자료수집방법을 병행하여 사용하는 것이 욕구조사의 정확도와 신뢰도를 제고할 수 있으므로 바람직하다. 자료수집방법을 선택할 때는 욕구조사의 목적, 욕구조사기관의 성격, 자료수집 비용, 자료에 대한 접근성 등을 고려해야 한다.

1. 지역주민 조사

대상지역 주민들 중에서 무작위로 표본을 추출하여 이들을 대상으로 면접이나 설문조사 등을 실시하는 방법이다. 전체 지역주민들을 대표할 수 있는 대표성 있는 표본을 잘 추출하면 적은 수의 표본을 가지고서 전체 주민들의 욕구를 파악할 수 있는 좋은 방법이다.

지역주민들을 대상으로 한 표본조사의 장점은 지역주민들로부터 직접 정보를 수집함으로써 잠재적 클라이언트들의 의견을 직접 파악할 수 있고, 비교적 타당도가 높은 자료를 얻을 수 있다는 점이다. 사회지표나 서비스 이용자료와 같은 이차적 자료 활용 시의 한계나 문제점을 피할 수 있다. 반면에 단점은 비용, 시간, 인력이 많이 들고 전문적인 조사기술이 필요하다는 점이다. 또 표본의 대표성이 있도록 표본추출에 신중을 기해야 하고, 조사기간이 긴 경우 조사기간 동안에 욕구가 변화할 수도 있다.

2. 표적집단 조사

복지기관의 서비스를 받을 필요가 있거나 받은 경험이 있거나 현재 받고 있는 사람과 같이 어떤 특성을 가진 집단을 대상으로 하여 면접이나 설문조사 등을 실시하는 방법이다. 지역주민 조사와 표적집단 조사를 병행하여 일반주민들에게 일반적인 문항들에 대한 의견을 물어보고 표적집단(focus group)에게 특수한 문항들에 대해 물어볼 수도 있다.

표적집단 조사의 장점은 기존 서비스 수혜 시의 애로사항이나 장애요인,

〈표 8-1〉 표적집단 조사의 실행과정

1단계	조사문제나 구체적인 질문을 정한다(그룹을 진행하는 동안에 제기할 질문항목들을 먼저 정리해 둔다).
2단계	참여자를 정한다(이때 가능한 한 그 집단을 대표할 수 있도록 다양하고 무작위적으로 선정한다).
3단계	6~8명의 참가자를 수용할 수 있는 조용하고 적당한 공간을 마련한다(일반적으로 6~8명의 참여자가 적당하지만 12명 정도까지도 가능하다).
4단계	집단에서 질문을 제기하고 이끌어 갈 조정자(moderator)를 정한다(이때 조정자는 토론에는 참여하지 않지만 질문을 구체화하거나 참가자의 응답을 명료하게 하기 위해 다른 방식으로 표현을 유도할 수 있다).
5단계	오디오녹음 및 비디오녹화가 필요하다면 장비를 갖추어야 하며, 이것이 가능하지 않을 때는 기록(노트)을 잘할 수 있는 보조원을 준비시켜 놓는 것이 바람직하다.
6단계	표적집단 조사 진행의 기본적인 규칙을 설명하고, 참여자가 모두 편안해질 수 있도록 가벼운 농담이나 아주 쉬운 연습을 해 본다. 그리고 참여자에게 정답이나 오답이 있을 수 없으며 단지 참여자 자신의 생각과 견해에 관심이 있음을 알려 준다.
7단계	데이터를 분석한다. 녹음한 것을 기록문으로 작성한 후 중심 주제나 핵심사항을 가려낸다. 이때 좀 더 객관적이고 합리적인 결과를 도출하기 위해서는 기록문을 3명 정도의 각기 다른 사람에게 읽고 확인하게 하여 조사자의 편향을 방지한다. 그리고 결과보고서는 최소한의 핵심사항과 주요 주제를 파악하여 제시하도록 한다.

자료: 황성동(2015). 알기 쉬운 사회복지조사방법론(2판). 서울: 학지사. p. 259.

희망하는 서비스 종류 등을 직접적이고 구체적으로 파악할 수 있다는 점이다. 단점은 시간과 비용이 비교적 많이 들고, 조사결과를 전체 주민들에게 일반화하기 어렵다는 점이다.

3. 주요 정보제공자 조사

주요 정보제공자(key informant) 조사는 조사대상지역의 공무원, 복지기관 직원, 지역 유지나 장기 거주자, 지도자 등과 같이 조사지역이나 대상집단에 대해 잘 알고 있는 사람들을 대상으로 면접이나 설문조사 등을 실시하여 자료를 수집하는 방법이다.

이 방법의 장점은 조사비용과 시간, 인력을 적게 들여서 대상지역의 전반적인 문제를 쉽게 파악할 수 있고, 공무원이나 지역 유지, 지도자와 같이 영향력 있는 사람들의 의견을 알 수 있다는 점이다. 반면, 단점으로는 누구를 정보제공자로 선정하는지에 따라서 조사결과가 달라질 수 있고, 정보제공자의 선정이 잘못될 수 있으며, 지역의 대표자나 지도자를 선정하는 기준이 불명확하다. 또한 수집된 자료에는 정보제공자의 주관적 견해나 이해관계가 개입될 가능성이 많고, 지역의 지도자를 정보제공자로 선정하는 경우에 이들과 친한 사람들의 의견만 대변하고 전체 주민들의 의견을 대변하지 않을 수 있다.

4. 서비스 제공자 조사

서비스 제공자 조사는 대상지역에서 현재 서비스를 제공하고 운영하는 사람들을 대상으로 면접이나 설문조사 등을 통하여 자료를 수집하는 방법이다.

이 방법의 장점은 클라이언트의 수와 특성, 서비스의 종류와 성격, 서비스 활용상의 특성, 서비스 전달체계의 적합성, 미충족 욕구에 대한 추정, 서비스

미실시지역 등에 관한 정보를 얻는 데 유용하고, 잘 알려져 있지 않거나 사회적으로 받아들여지기 어려운 욕구에 대한 정보를 얻을 수 있으며, 활용 가능한 자원에 대한 정확한 정보를 얻을 수 있다는 점이다. 또 문제의 원인을 파악하는 데 유용한 자료를 얻을 수 있고, 전문적인 판단에 근거한 의견을 제공해 줄 수 있다. 반면, 단점으로는 서비스 제공자는 표적집단에 의해 인지되지 않은 문제를 무시하는 경향이 있으므로 이런 문제를 해결하기 위한 서비스를 시행할 때 어려움이 발생할 수 있고, 서비스 제공자에 의해 인지된 문제는 표적집단의 문제라기보다 제공자의 주관적인 편견에 의해 인지된 문제일 수 있다. 또 서비스 제공자는 주로 서비스 수혜자들과 접촉하기 때문에 수혜자들의 의견만 반영하여 광범위한 욕구 파악이 어렵고, 자신이 근무하는 기관에서 제공하는 서비스로 충족될 수 있는 문제에만 관심을 갖기 쉽다.

5. 전문가 의견 조사(델파이기법)

델파이(delphi)기법이란 전문가들에게 우편으로 의견을 수집하여 그 결과를 분석하고, 분석한 결과를 다시 응답자들에게 보내어 만족스러운 결과를 얻을 때까지 계속해서 의견을 물어보는 방법으로서 주로 불확실한 사항에 대하여 전문가들의 합의를 얻고자 할 때 사용된다.

이 방법의 장점은 직접 전문가들을 방문할 필요가 없고, 전문가들이 응답하기 편리한 시간에 자유로이 응답할 수 있으며, 익명으로 응답하므로 참여하는 사람들의 영향력을 배제할 수 있다는 점이다. 단점은 반복하여 응답을 받아 내는 데 시간이 많이 걸리고, 조사를 반복하는 동안에 응답자 수가 줄어들 수 있다는 점이다.

6. 지역사회 공청회(포럼) 개최

지역사회에 거주하는 사람들이 참여하는 공개적인 모임을 개최하여 지역주민들이 의견을 발표하도록 하여 자료를 수집하는 방법이다. 지역사회 공청회는 주민들의 의견을 직접 들어 보는 데 의의가 있다. 공청회 개최 시 중요한 것은 다양한 계층의 사람들이 골고루 참석하도록 하는 것이다. 공청회 개최기관은 공청회의 목적, 장소, 일시, 주최기관 등을 알려 주는 공고를 적어도 개최일 1개월 전에 하고 적극적으로 홍보해야 한다. 공청회가 끝나면 참가자들에게 공청회를 통해 얻은 결과를 통보해 주는 것이 좋다.

이 방법의 장점은 비용과 시간이 적게 들고, 광범위한 계층과 다양한 사람들의 의견을 수집할 수 있으며, 계층이나 집단별로 상이한 문제의식을 파악할 수 있고, 예상치 못했던 새로운 문제를 고려할 수 있는 기회를 제공한다는 점이다. 지역사회의 전반적인 분위기를 파악하는 데 유용하며, 복지기관에 대한 홍보와 기관의 활동에 대해 주민들의 협조를 얻고 후원자를 개발하는 기회가 될 수 있다. 공청회 결과를 지역주민 조사를 위한 사전정보로 활용할 수 있다.

단점은 공청회에 참석하는 사람들을 통제하기 어렵기 때문에 관심 있는 사람들만 참여함으로써 전체 주민들의 의견보다는 소수의 의견만이 수렴되어 특정 집단의 이익만 대변될 수 있다는 것이다. 따라서 공청회 개최 시 가장 중요한 것 중의 하나는 대표성 있는 참석자들을 골고루 확보하는 것이다. 참석자들이 표적집단의 욕구에 대해 잘 알고 있는 사람들이 아닐 수도 있고, 편견을 지닌 사람들일 수도 있다. 주변의 압력으로 인해 참석자가 자신의 의견을 자유로이 개진하지 못할 수도 있다. 기대했던 것보다 많은 정보를 얻지 못할 수 있고, 수집된 정보가 지나치게 방만하거나 지나치게 협소할 수 있다. 또한 참석자들이 골고루 발언할 수 있게 하고 특정 방향으로 의견을 수렴해야 하는 등 고도의 의사진행 기술을 필요로 한다.

7. 서비스 이용 자료 분석

클라이언트에 대한 인구사회학적 자료, 서비스별 이용자 및 대기자 명단,

서비스 빈도 및 기간에 관한 자료, 클라이언트에 대한 면접일지나 사례관리 일지, 부서별 업무일지 등과 같이 복지기관이 갖고 있는 서비스 이용자들에 대한 자료를 분석하는 방법이다. 이 방법을 통하여 서비스를 받고 있는 클라이언트의 수와 특성에 기초하여 잠재적 클라이언트의 수와 서비스에 대한 욕구를 추정할 수 있다. 서비스 이용 자료는 욕구사정뿐 아니라 기관의 경영과 프로그램의 평가를 위해서도 도움이 된다.

이 방법의 장점은 비용과 시간이 적게 들고 자료수집이 용이하다는 점이다. 단점으로는 서비스 이용 자료는 서비스 이용자 집단에 한정된 것이므로 이 자료로는 일반적인 지역주민들의 성격을 파악하기 어렵고, 여기서 나온 결과를 전체 지역주민들에게 적용하기 어렵다. 또 클라이언트에 대한 비밀보장의 원칙 때문에 자료를 구하기 어려울 때가 많고, 서비스 이용자의 사생활 침해라는 윤리적 문제가 제기될 수 있다. 복수의 기관으로부터 자료를 수집하는 경우 기록양식이 표준화되어 있지 않고 기관마다 달라서 필요한 자료를 수집하거나 체계적으로 분석하기 어려운 경우가 있다. 그리고 서비스 이용 자료는 주로 기관 경영의 목적에서 만들어지므로 이를 욕구조사 목적으로 활용하기 어려운 경우가 많이 있다.

8. 사회지표 분석

사회지표(indicator) 분석은 인구주택총조사 자료, 한국의 사회지표, 경제활동인구연보, 노동통계, 보건의료통계 등과 같이 각종 정부기관 및 민간기관에서 작성하여 발표하는 통계자료를 수집하여 분석하는 방법이다. 욕구조사에서 많이 활용되는 주요 사회지표는 인구 분포, 성비, 혼인율, 이혼율, 가족 구성, 주택보급률, 소득수준, 질병률, 범죄율 등과 같이 주로 지역사회의 인구사회학적 특성을 나타내는 지표들이다. 이 방법은 기존의 사회지표가 미래의 서비스 활용도를 어느 정도 정확히 반영하는지에 따라서 유용성이 달라진다.

사회지표와 같은 기존자료를 사용할 때는 자료의 성격에 대해 정확하게 인식하고 자료가 갖고 있는 한계와 문제점을 인식하고 이해하는 것이 필요하다. 사회지표는 욕구를 직접적으로 나타내는 자료가 아니고 단지 간접적인 도구일 뿐이라는 점을 인식해야 한다. 때로는 자료의 한계를 벗어난 결과를 유추하는 오류를 범할 수 있으므로 주의해야 한다. 또한 자료가 누구에 의해 어떤 목적하에 어떤 방법으로 수집되었는지 확인하고 자료의 정확성에 대해 검토해야 한다.

이 방법의 장점은 자료가 객관적이고 비용과 시간이 적게 든다는 점이다. 장기간에 걸친 지역사회의 욕구 변화 추세를 파악하는 데 유용하게 사용될 수 있고, 복지기관과 서비스에 영향을 주는 전반적인 사회환경의 변화를 파악할 수 있게 하며, 서비스의 장기적인 목적 설정을 위하여 유용한 정보를 제공해 줄 수 있다. 또한 대상지역의 일반적 특성에 관한 기초자료를 제공해 주고, 서비스가 필요한 지역을 알아내거나 지역사회문제를 파악하는 데 유용한 자료를 제공해 준다.

단점은 자료의 신뢰도에 문제가 있을 수 있고, 욕구조사에 적합한 자료를 구하기 어려운 경우가 많이 있으며, 필요한 자료가 존재하더라도 접근하기 어려워서 자료 확보가 힘든 경우가 있다는 점이다. 또한 자료를 재구성하여 필요한 자료로 만들어야 하는 경우가 있는데, 이러한 경우 자료를 작성하는 기관마다 작성방식이 달라서 재구성 작업이 어렵다.

부록

2017년도 노인실태조사

승 인 번 호
제11771호

2017년도 노인실태조사

이 조사표에 기재된 내용은 통계법 제33조에 따라 비밀이 보장됩니다

작성기관: 한국보건사회연구원

가구 ID 1-6							가구원번호 7-8	
1						–		

읍·면·동 번호 9-15	조사구 번호 16-18	거처 번호 19-21	가구 번호 22-23	가구 내 완료 노인번호 24-25	조사구 내 완료 노인번호 26-27	CARD 28-29
						0 1

주소	도로명 주소	________시·도 ________시·군·구 ________읍·면 (도로명) ____________ (세부주소) ____________
	가구연락처	( ) ________–________

가구주 성명	응답자 1 (노인 조사 대상자)	성명		가구원 번 호	30-31	연락처	
		응답유형 32	(0) 본인 응답 (1) 동거인 대리 응답 (2) 비동거인 대리 응답	대상자와의 관계 33-34		※ 조사원: 〈별첨1〉[노인과의 관계] 코드를 참조하여 기입하시오.	
	응답자 2 (가구 사항)	성명		가구원 번 호	35-36	연락처	

조사표 완료 소요시간	37-39 총 ___ 분	총 방문 횟수	40 총 ___ 회	※ 미완 사유
1차방문	___월 ___일 ___시 ___분	방문결과 ① 완료 ② 미완	☞ 사유(번호 기입):	⓪ 비해당(완료) ① 늦은 귀가 ② 장기 출타 ③ 요양시설 또는 (요양)병원 입원 중 ④ 부재중(원인 미파악) ⑤ 일부 문항 미완 ⑥ 조사 거부 ⑦ 기타
2차방문	___월 ___일 ___시 ___분	방문결과 ① 완료 ② 미완	☞ 사유(번호 기입):	
3차방문	___월 ___일 ___시 ___분	방문결과 ① 완료 ② 미완	☞ 사유(번호 기입):	
최종방문	___월 ___일 ___시 ___분	방문결과 ① 완료 ② 미완	☞ 사유(번호 기입):	

조사원 이름	(인)	지도원 확인	① 완료 ② 미완	☞ 사유(번호 기입):	지도원	(인)

〈문의 및 연락처〉 한국보건사회연구원 고령사회연구센터 (☎ 044-287-8402, 8167)

보 건 복 지 부
한국보건사회연구원

2017년도 노인실태조사 안내 말씀

안녕하십니까?

한국보건사회연구원에서는 보건복지부와 공동으로 노인복지정책 수립에 필요한 기초자료를 수집하기 위하여 '2017년도 노인실태조사'를 실시하게 되었습니다. 이 조사의 목적은 우리나라 노인의 현재 생활 실태와 복지에 대한 욕구를 파악하여 노인복지 정책을 수립하는 데 필요한 기초자료를 마련하는 것입니다.

이 조사는 전국에서 노인 약 1만 명을 표본추출하여 실시하는 것으로, 귀하께서 조사대상으로 선정되셨습니다. 귀하께서 응답해 주신 내용은 앞으로 우리나라 노인복지정책 수립과 어르신들의 건강과 복지 향상을 위한 정책 자료로 활용됩니다. 바쁘시더라도 잠시 틈을 내셔서 조사원의 질문에 답변해 주시면 감사하겠습니다. 이 조사를 하는 데는 약 1시간이 걸리며, 질문 내용은 노인의 생활 전반과 관련된 것입니다.

귀하께서 말씀해 주신 모든 내용은 「통계법」과 「개인정보보호법」에 따라 비밀이 확실하게 보장되며, 통계 자료로만 이용되니 정확하고 솔직하게 응답해 주시기 바랍니다. 이 조사에 참여하시는 데 동의하시면 아래에 서명해 주시기 바랍니다.

감사합니다.

2017년 6월

한국보건사회연구원장 김상호

[2017년 노인실태조사 참여 동의서 및 답례품 수령 확인서]

본인은 '2017년도 노인실태조사'의 **조사대상으로 참여하는 것에 동의**합니다.	☐ 동의함
본인은 '2017년도 노인실태조사' **참여 완료 후 답례품을 수령하였음을 확인**합니다.	☐ 확인함
2017년 월 일	조사대상자 : ____________________(인)

A. 가구 일반 사항

※ 조사원 : 조사시점 주민등록을 현재 거주지에 두고 요양시설, 요양병원, 병원 등에 장기 거주하는 65세 이상 노인은 가구원에 포함하여 조사함. 또한 이들에 대해서는 조사표 A~D, N 영역에 대해 "대리응답"함

가구원 수	노인 (만 65세 이상) 가구원 수	조사완료 노인 수	노인가구 형태 〈별첨2〉【노인 가구 형태】 참조 기입
41-42	43	44	45-46

응답 노인의 동거자녀 수(실수 기입)				
계	남자	여자	미혼	기혼
47-48	49	50	51	52

가구원 중 요양시설에 입소하였거나 (요양)병원에 3개월 이상 계속 입원하고 있는 65세 이상 노인
53 ☐ 명

CARD	가구원 번호	■문A1. 이름	■문A2. 가구주와의 관계		■문A3. 성별	■문A4. 연령				■문A5. 혼인상태	■문A6. 교육수준			■문A7. 취업 여부	■문A8. 응답 노인과의 관계		■문A9. 노인 조사대상자 확인	■문A9-1. 대리응답 이유
						메모	■문A4-1. 출생년월		■문A4-2. 만연령		■문A6-1. 교육수준		■문A6-2. 교육 연수					
	※ 순서대로 기입	※ 가구원 이름	※ 가구주와의 관계는 주관식으로 기입 후 〈별첨3〉【가구주와의 관계】를 참조하여 코드를 기입하시오. ※ 가구주 정의: 호주나 세대주와는 관계없이 그 가구를 실질적으로 대표하고 사실상 생계를 책임지고 있는 사람		① 남자 ② 여자	띠	생년(生年)	생월(生月)	※ 〈별첨5〉【만연령조견표】를 참조하여 기입하시오.	① 미혼 ② 유배우(기혼) ③ 사별(기혼) ④ 이혼(기혼) ⑤ 별거(기혼) ⑥ 기타(___) ⑦ 사망 ⑨ 비해당 (만 14세 이하)	⓪ 미취학(만 10세 이하의 미취학자) ① 무학(글자 모름) ② 무학(글자 해독) ③ 초등학교 ④ 중학교 ⑤ 고등학교 ⑥ 대학(4년 미만) ⑦ 대학교 이상 ※ 중퇴 및 퇴학은 이전 학력으로 작성		※ 노인 응답자의 경우 총 교육 연수를 기입하시오. ⑨ 비해당 (만 64세 이하)	※ 지난 일주일 간 1시간 이상 수입을 목적으로 일한 경우(배우자/친인척이 운영하는 사업체에서 일주일 동안 18시간 이상 돈을 받지 않고 일한 경우 포함) ① 예 ② 아니요 ⑨ 비해당 (만 14세 이하)	※ 응답 노인과의 관계를 주관식으로 기입 후 〈별첨1〉【노인과의 관계】를 참조하여 코드를 기입하시오.		※ 64세 이하는 ⓪으로 기입하시고, 만 65세 이상 노인은 ①~⑤로 기입하여 주십시오. ⓪ 비대상자(64세 이하) ① 노인 조사대상자이면서 (만 65세 이상) 조사 완료 (본인응답) ② 노인 조사대상자이지만 (만 65세 이상) 조사 미완 ③ 대리응답 ⟶ (문A9-1로) ④ A9-1의 ①~③에 해당하는 대리응답 대상이지만 조사 미완	① 장기요양시설 입소(요양시설, 단기 보호) ② 요양병원 입원 ③ 병원 입원 ④ 와병 상태 ⑤ 정신 심리 상태의 불안정(치매 등) ⑥ 청각 장애 ⑦ 언어 장애 ⑧ 노쇠해서 ⑨ 기타(무엇:___)
			가구주와의 관계 (메모)	가구주와의 관계 코드		※ 주민등록상의 생년, 생월을 기입하여 주십시오. (이 조사는 2017. 6. 30.을 기준으로 합니다.)					교육수준 (메모)	코드			응답노인과의 관계(메모)	코드		
CARD 28-29 0 2	30-31 01		가구주	32-33	34		35-38	39-40	41-43	44		45	46-47 년	48		49-50	51	52-53
CARD 28-29 0 3	30-31 02			32-33	34		35-38	39-40	41-43	44		45	46-47 년	48		49-50	51	52-53
CARD 28-29 0 4	30-31 03			32-33	34		35-38	39-40	41-43	44		45	46-47 년	48		49-50	51	52-53
CARD 28-29 0 5	30-31 04			32-33	34		35-38	39-40	41-43	44		45	46-47 년	48		49-50	51	52-53
CARD 28-29 0 6	30-31 05			32-33	34		35-38	39-40	41-43	44		45	46-47 년	48		49-50	51	52-53

	가구원 번호	■문A1. 이름	■문A2. 가구주와의 관계		■문A3. 성별	■문A4. 연령				■문A5. 혼인상태	■문A6. 교육수준			■문A7. 취업 여부	■문A8. 응답 노인과의 관계		■문A9. 노인 조사대상자 확인	■문A9-1. 대리응답 이유
						메모	■문A4-1. 출생년월		■문A4-2. 만연령		■문A6-1. 교육수준		■문A6-2. 교육 연수					
	※ 순서대로 기입	※ 가구원 이름	※ 가구주와의 관계는 주관식으로 기입 후 〈별첨3〉【가구주와의 관계】를 참조하여 코드를 기입하시오. ※ 가구주 정의: 호주나 세대주와는 관계없이 그 가구를 실질적으로 대표하고 사실상 생계를 책임지고 있는 사람		① 남자 ② 여자	띠	생년(生年)	생월(生月)	※ 〈별첨5〉【만연령조견표】를 참조하여 기입하시오.	① 미혼 ② 유배우(기혼) ③ 사별(기혼) ④ 이혼(기혼) ⑤ 별거(기혼) ⑥ 기타(___) ⑦ 사망 ⑨ 비해당 (만 14세 이하)	⓪ 미취학(만 10세 이하의 미취학자) ① 무학(글자 모름) ② 무학(글자 해독) ③ 초등학교 ④ 중학교 ⑤ 고등학교 ⑥ 대학(4년 미만) ⑦ 대학교 이상 ※ 중퇴 및 퇴학은 이전 학력으로 작성		※ 노인 응답자의 경우 총 교육 연수를 기입하시오. ⑨ 비해당 (만 64세 이하)	※ 지난 일주일 간 1시간 이상 수입을 목적으로 일한 경우(배우자/친인척이 운영하는 사업체에서 일주일 동안 18시간 이상 돈을 받지 않고 일한 경우 포함) ① 예 ② 아니요 ⑨ 비해당 (만 14세 이하)	※ 응답 노인과의 관계를 주관식으로 기입 후 〈별첨1〉【노인과의 관계】를 참조하여 코드를 기입하시오.		※ 64세 이하는 ⓪으로 기입하시고, 만 65세 이상 노인은 ①~⑤로 기입하여 주십시오. ⓪ 비대상자(64세 이하) ① 노인 조사대상자이면서 (만 65세 이상) 조사 완료 (본인응답) ② 노인 조사 대상자이지만 (만 65세 이상) 조사 미완 ③ 대리응답 ──→ (문A9-1로) ④ A9-1의 ①~③에 해당하는 대리응답 대상이지만 조사 미완	① 장기요양시설 입소(요양시설, 단기 보호) ② 요양병원 입원 ③ 병원 입원 ④ 와병 상태 ⑤ 정신 심리 상태의 불안정(치매 등) ⑥ 청각 장애 ⑦ 언어 장애 ⑧ 노쇠해서 ⑨ 기타(무엇:___)
			가구주와의 관계 (메모)	가구주와의 관계 코드		※ 주민등록상의 생년, 생월을 기입하여 주십시오. (이 조사는 2017. 6. 30.을 기준으로 합니다.)					교육수준 (메모)	코드			응답노인과의 관계(메모)	코드		
CARD 28-29 0 7	30-31 06		가구주	32-33	34		35-38	39-40	41-43	44		45	46-47 년	48		49-50	51	52-53
CARD 28-29 0 8	30-31 07			32-33	34		35-38	39-40	41-43	44		45	46-47 년	48		49-50	51	52-53
CARD 28-29 0 9	30-31 08			32-33	34		35-38	39-40	41-43	44		45	46-47 년	48		49-50	51	52-53
CARD 28-29 1 0	30-31 09			32-33	34		35-38	39-40	41-43	44		45	46-47 년	48		49-50	51	52-53
CARD 28-29 1 1	30-31 10			32-33	34		35-38	39-40	41-43	44		45	46-47 년	48		49-50	51	52-53

CARD 28-29		A10. 2016년과 비교하여 현재 가구원 수 변화(실수 기입)		
0	1	⓪ 동일 ① 증가 ② 감소	54	2016년 가구원 수 55-56 명

※ **조사원**: 문항 중 ★표시가 있는 문항은 개인적 의견을 묻는 질문으로, 대리응답 불가

28-29

CARD	
1	2

B. 건강 상태

■★문B1. 귀하께서는 귀하의 평소 건강 상태가 어떻다고 생각하십니까?

(1) 매우 건강하다 (2) 건강한 편이다 (3) 그저 그렇다
(4) 건강이 나쁜 편이다 (5) 건강이 매우 나쁘다

B1 [ ] 30

■ 문B2. 다음은 귀하께서 3개월 이상 앓고 있는 만성질환(의사 진단 기준)에 관한 질문입니다. 만성질환 각각에 대하여 응답해 주십시오.

□ 문B2-1. 만성질환 유무: 의사에게 진단을 받고 3개월 이상 앓고 있는 만성 질환이 있습니까?

□ 문B2-2. 치료 여부: 이 질환에 대하여 현재 치료를 받고 있습니까?

질병명		□ 문B2-1. 의사진단 만성질환 유무 (1) 예 (2) 아니요	□ 문B2-2. 치료 여부 (1) 예 (2) 아니요 (9) 비해당	질병명		□ 문B2-1. 의사진단 만성질환 유무 (1) 예 (2) 아니요	□ 문B2-2. 치료 여부 (1) 예 (2) 아니요 (9) 비해당
순환기	1) 고혈압	31	32	암	17) 암(악성신생물)	63	64
	2) 뇌졸중(중풍, 뇌경색)	33	34	소화기	18) 위 · 십이지장궤양	65	66
	3) 고지혈증 (이상지질혈증)	35	36		19) 간염	67	68
	4) 협심증, 심근경색증	37	38		20) 간경변증	69	70
	5) 기타 심장질환	39	40	비뇨 생식기	21) 만성신장질환	71	72
내분비계	6) 당뇨병	41	42		22) 전립선비대증	73	74
	7) 갑상선 질환	43	44		23) 요실금	75	76
근골격계	8) 골관절염(퇴행성관절염), 류머티즘 관절염	45	46		24) 성병(매독 등)	77	78
	9) 골다공증	47	48	기타	25) 빈혈	79	80
	10) 요통, 좌골신경통	49	50		26) 피부병	81	82
호흡기계	11) 만성기관지염, 폐기종	51	52		27) 우울증	83	84
	12) 천식	53	54		28) 치매	85	86
	13) 폐결핵, 결핵	55	56		29) 골절, 탈골 및 사고 후유증	87	88
감각기	14) 백내장	57	58		30) 불면증	89	90
	15) 녹내장	59	60		31) 파킨슨병	91	92
	16) 만성중이염	61	62		32) 기타 (무엇:)	93	94

※ 조사원: 총 만성질환 수를 확인하여 기록하시오.(실수 기입) 총 ________개

95-96

B2-2 [|] 개

■ 문B3. 귀하께서 현재 3개월 이상 하루에 복용하는 의사 처방약은 몇 개(알)입니까?(실수 기입)

1일 _____개(알)

B3 [ ][ ] 개(알) (97-98)

□ 문B3-1. 이 외에 현재 3개월 이상 하루에 복용하는 의사 비처방약(건강 기능 식품은 제외)은 몇 개(알)입니까?(실수 기입)

1일 _____개(알)

B3-1 [ ][ ] 개(알) (99-100)

■ 문B4. 귀하께서는 지난 1개월 동안 병원, 의원, 보건(지 · 진료)소, 한의원, 치과 등 의료기관을 이용하신 적(외래)이 있으십니까?
이용하셨다면, 몇 회 이용하셨습니까?

(1) 있다 → (1개월 횟수: _____회) (2) 없다

B4 [ ] (101) B4-(1) [ ][ ] 회 (102-103)

■ 문B5. 귀하께서는 지난 1년간 아프거나 다쳐서 병의원에 입원한 적이 있으십니까? 입원하셨다면, 몇 회 입원하셨으며, 전체 입원 일수는 며칠입니까?

(1) 있다 → (1년 기간: ① _____회 ② _____일) (2) 없다

B5 [ ] (104) B5-(1)-① [ ][ ] 회 (105-106)

B5-(1)-② [ ][ ][ ] 일 (107-109)

■★문B6. 지난 일주일 동안 귀하의 생활이 아래 내용과 같으면 (1) 예, 그렇지 않으면 (2) 아니요로 응답하여 주십시오.

[보기] (1) 예 (2) 아니요	
1) 현재의 생활에 대체적으로 만족하십니까?	[ ] 110
2) 요즈음 들어 활동량이나 의욕이 많이 떨어지셨습니까?	[ ] 111
3) 자신이 헛되이 살고 있다고 느끼십니까?	[ ] 112
4) 생활이 지루하게 느껴질 때가 많습니까?	[ ] 113
5) 평소에 기분은 상쾌한 편이십니까?	[ ] 114
6) 자신에게 불길한 일이 닥칠 것 같아 불안하십니까?	[ ] 115
7) 대체로 마음이 즐거운 편이십니까?	[ ] 116
8) 절망적이라는 느낌이 자주 드십니까?	[ ] 117
9) 바깥에 나가기가 싫고 집에만 있고 싶습니까?	[ ] 118
10) 비슷한 나이의 다른 분들보다 기억력이 더 나쁘다고 느끼십니까?	[ ] 119
11) 현재 살아 있다는 것이 즐겁게 생각되십니까?	[ ] 120
12) 지금의 내 자신이 아무 쓸모 없는 사람이라고 느끼십니까?	[ ] 121
13) 기력이 좋은 편이십니까?	[ ] 122
14) 지금 자신의 처지가 아무런 희망도 없다고 느끼십니까?	[ ] 123
15) 자신이 다른 사람들의 처지보다 더 못하다고 생각하십니까?	[ ] 124

28-29 CARD 1 3

C. 건강 행태

■ 문C1. 귀하께서는 현재 담배를 피우십니까?

(1) 예(현재 피움) (2) 아니요

30 C1 [ ]

■ 문C2. 귀하께서는 지난 1년간 술을 얼마나 자주 마셨습니까?

(0) 최근 1년간 전혀 마시지 않았다 → **(문C3으로)**

(1) 연 1회 이상~12회 미만 (2) 한 달에 1회 정도

(3) 한 달에 2~3회 정도 (4) 일주일에 1회 정도

(5) 일주일에 2~3회 정도 (6) 일주일에 4~6회 정도

(7) 매일

31 C2 [ ]

□ 문C2-1. 술을 한 번 마실 때 평균 몇 잔 정도 마십니까?

평균 ______잔(아래 보기 참고)

32-32 C2-1 [|]잔

[보기] 잔에 대한 정의: 캔맥주 1개는 1.6잔, 맥주 1병(500cc)은 2잔, 막걸리 1병은 7잔, 소주 1병은 6.5잔, 와인 1병은 8잔, 양주는 병마다 잔 수가 다릅니다.

■ 문C3. 귀하께서는 평소 운동을 하십니까?

(※ 조사원: 주 1회 이상, 한 번에 연속적으로 10분 이상 운동을 한 경우)

(1) 예 (2) 아니요 → **(문C4로)**

34 C3 [ ]

□ 문C3-1. 일주일에 며칠 운동을 하십니까?

________일/주

35 C3-1 [ ]일

□ 문C3-2. 한번 운동할 때 몇 분 정도 하십니까?

________ 분/1회

36-38 C3-2 [| |]분

□ 문C3-3. 귀하께서 주로 하시는 운동은 무엇입니까?

(※ 조사원: 〈별첨6. 운동 목록 표〉 참조 코드 기입)

운동명:________________________

39-41 C3-3 [| |]

□ 문C3-4. 귀하께서 주로 운동하시는 장소는 어디입니까?

(1) 공설 운동시설(주민센터, 구립체육센터 등)
(2) 민간/상업 운동시설(헬스클럽, 수영장, 테니스장, 골프장 등)
(3) 각종 복지관(노인복지관, 사회복지관 등)
(4) 경로당
(5) 보건(지)소
(6) 민간 비영리시설(YMCA, YWCA, 교회, 아파트단지 내 체력단련실 등)
(7) 산, 바닷가, 강변 등(집에서 4km 이상 떨어진 장소)
(8) 집주변(집근처 공원 및 약수터, 학교 운동장, 거주지 및 아파트 주변 등)
(9) 집에서
(10) 기타(무엇: ______________________)

42-43
C3-4 [ ][ ]

■ 문C4. 귀하의 몸무게와 키는 어느 정도입니까?

1) 몸무게: _______kg 1)-1. 체중 측정 여부: (1) 측정 (2) 미측정

44-46 C4-1) 몸무게 [ ] kg 47 C4-1) -1 [ ]

2) 키 : _______cm 2)-1. 신장 측정 여부: (1) 측정 (2) 미측정

48-50 C4-2) 키 [ ] cm 51 C4-2) -1 [ ]

■ 문C5. 다음은 귀하의 1개월간 영양 관리 상태에 대한 질문입니다. 항목 각각에 모두 응답하여 주십시오.

[보기] (1) 예 (2) 아니요	
1) 질병(건강) 때문에 먹는 음식의 양이나 종류를 바꾸고 있다	[ ] 52
2) 하루에 채 두 끼를 못 먹는다	[ ] 53
3) 과일, 채소 또는 유제품(우유 등)을 거의 먹지 않는다	
3-1) 과일	[ ] 54
3-2) 채소	[ ] 55
3-3) 유제품	[ ] 56
4) 거의 매일 3잔 이상의 술을 마신다	[ ] 57
5) 치아가 좋지 않거나 입안이 헐어서 음식 먹기가 힘들다	[ ] 58
6) 돈이 부족해 필요한 음식을 구입 못할 때도 있다	[ ] 59
7) 거의 매번 혼자서 식사한다	[ ] 60
8) 하루에 세 가지 이상의 서로 다른 약(처방 및 비처방)을 복용한다	[ ] 61
9) 지난 6개월 사이 일부러 체중을 조절하지 않았는데도 불구하고 몸무게가 5kg 이상 줄거나 늘었다	[ ] 62
10) 장 보고, 음식 만들고, 식사하는 것이 감당하기 힘들 때도 있다	[ ] 63

■ 문C6. 귀하께서는 지난 1년간 경로식당 또는 식사(밑반찬) 배달 서비스를 이용하신 적이 있습니까? 이용하셨다면 얼마나 자주 이용하셨습니까?

[보기]			
	(0) 전혀 이용하지 않았다	(1) 거의 매일(주 4회 이상)	(2) 일주일에 2~3회 정도
	(3) 일주일에 1회 정도	(4) 한 달에 1~2회 정도	(5) 3개월에 1~2회 정도
	(6) 1년에 1~2회 정도		

항목	응답
1) 경로식당(복지관 식당)	□ 64
2) 식사(밑반찬) 배달 서비스(정부, 복지관 등에서 배달)	□ 65

■ 문C7. 귀하께서는 지난 2년간 건강검진과 치매검진을 받은 적이 있으십니까?
(※ 본인부담 종합건강검진, 산업장 특수건강검진, 건강보험 및 의료급여 1차 건강검진, 정부의 노인 건강검진 등)

[보기] (1) 예	(2) 아니요
1) 건강검진(단, 치매검진 제외)	□ 66
2) 치매검진	□ 67

질문내용	병의원	치과
■★문C8. 귀하께서는 지난 1년간 본인이 진료가 필요하다고 생각하였으나, 진료를 받지 못한 적이 있으십니까? (1) 예 (2) 아니요	□ 68	□ 71
□★문C8-1. 진료를 받지 못한 적이 있다면, 가장 큰 이유는 무엇입니까? (1) 경제적 어려움 (2) 교통이 불편해서 (3) 거동이 불편해서[동행할 가족(간병인 등)이 없어서] (4) 의료정보가 부족해서(어느 병원에 가야 할지 잘 몰라서) (5) 병원 예약이 힘들거나 또는 진료받기 위한 대기 (6) 증상이 가벼워서 (7) 진단받거나 치료과정이 두려워서 (8) 가사 등으로 시간이 없어서 (9) 기타(무엇: ______________)	□□ 69-70	□□ 72-73

■문C9. 귀하께서는 병원비를 보상받기 위해 민간보험에 가입했거나 보장받고 있습니까?
(※ 조사원: 질병보험, 암보험, 상해보험, 간병보험, 종신보험 등에 누가 가입하였는지, 누가 보험료를 내는지에 상관없이 본인이 수혜자로 가입되어 혜택을 받는 경우 '예'로 응답)
(1) 예 (2) 아니요

74
C9 □

28-29

CARD	
1	4

D. 기능 상태와 간병 수발

※ 다음은 시력, 청력, 씹기의 상태에 대한 질문입니다.

항목		■ 문D1. 시력 (텔레비전 보기, 신문 읽기)	■ 문D2. 청력 (전화 통화, 옆 사람과의 대화)	■ 문D3. 씹기 (고기나 딱딱한 것 씹기)
1) 보조기 사용 여부	(1) 예(사용) (2) 아니요(미사용)	□ 30	□ 32	□ 34
★2) 일상생활의 불편함	(1) 불편하지 않다 (2) 불편한 편이다 (3) 매우 불편하다	□ 31	□ 33	□ 35
※ 보조기 - 시력: 시력보조기(안경, 렌즈, 돋보기 등), 청력: 보청기, 씹기: 틀니(의치)				

■ 문D4. 다음은 귀하의 근력 상태를 파악하기 위한 것입니다. 의자나 침대에 앉았다가 일어나기를 5회 반복해 주세요. (양손을 앞으로 모아 두 손을 사용하지 않고 의자에서 일어서고 앉기를 5번 시행)

(1) 수행함 (2) 시도했으나, 수행 못 함(5회 못 한 경우)

(3) 수행 시도조차 못하는 상태(외상 노인, 기타 장애로 일어서기가 불가능한 경우)

36

D4 □

■ 문D5. 귀하는 다음과 같은 동작을 할 때 얼마나 어렵습니까?

[보기] (1) 전혀 어렵지 않다 (2) 약간 어렵다 (3) 매우 어렵다 (4) 전혀 할 수 없다 (5) 모르겠다	
1) 운동장 한 바퀴(400m) 정도 뛰기	□ 37
2) 운동장 한 바퀴(400m) 정도 걷기	□ 38
3) 쉬지 않고 10계단 오르기	□ 39
4) 몸을 구부리거나, 쭈그려 앉거나, 무릎을 꿇기	□ 40
5) 머리보다 높은 곳에 있는 것을 손을 뻗쳐서 닿기	□ 41
6) 쌀 1말(8kg) 정도의 물건을 들어 올리거나 옮기기	□ 42

■ 문D6. 귀하께서는 지난 일주일 동안 다음과 같은 동작을 수행하는 데 다른 사람의 도움이 어느 정도 필요하셨습니까?

[보기] (1) 완전 자립 (2) 부분 도움 (3) 완전 도움	
1) 옷 입기(옷 꺼내기, 단추 · 지퍼 · 벨트 채우기)	☐ 43
2) 세수, 양치질, 머리 감기	☐ 44
3) 목욕 또는 샤워하기(욕조 드나들기, 때밀기, 샤워)	☐ 45
4) 차려 놓은 음식 먹기	☐ 46
5) 누웠다 일어나 방 밖으로 나가기	☐ 47
6) 화장실 출입과 대소변 후 닦고 옷 입기	☐ 48
7) 대소변 조절하기	☐ 49

■ 문D7. 귀하께서는 지난 일주일 동안 다음과 같은 동작을 수행하는 데 다른 사람의 도움이 어느 정도 필요하셨습니까?

[보기] (1) 완전 자립 (2) 부분 도움 (3) 완전 도움	
1) 몸단장(빗질, 화장, 면도, 손톱 · 발톱 깎기)	☐ 50
2) 집안일(실내 청소, 설거지, 침구 정리, 집안 정리 정돈 등)	☐ 51
3) 식사준비(음식 재료 준비, 요리, 상 차리기)	☐ 52
4) 빨래(손이나 세탁기로 세탁 후 널어 말리기 포함)	☐ 53
5) 제시간에 정해진 양의 약 챙겨 먹기	☐ 54
6) 금전 관리(용돈, 통장 관리, 재산 관리)	☐ 55
7) 근거리 외출하기(가까운 거리 걸어서)	☐ 56

[보기] (1) 완전 자립 (2) 적은 부분 도움 (3) 많은 부분 도움 (4) 완전 도움	
8) 물건 구매 결정, 돈 지불, 거스름돈 받기	☐ 57
9) 전화 걸고 받기	☐ 58
10) 교통수단 이용하기(대중교통, 개인 차)	☐ 59

※ 조사원: 〈문D6~D7〉의 어느 한 항목이라도 부분 도움 또는 완전 도움일 경우 〈문D8〉로 가시오. 모두 완전 자립인 경우만 〈문D9〉로 가시오.

■ 문D8. 귀하께서는 일상생활을 수행하는 데 가족이나 가족 이외의 사람에게서 도움을 받으십니까?

(1) 예 (2) 아니요 → **(문D8-5로)**

D8 ☐ 60

□ 문D8-1. 누구의 도움을 받으십니까? 모두 말씀해 주십시오.(유료 · 무료 무관)

[보기] (1) 도움 받음 (2) 도움 받지 않음			
1) 동거 가족원	☐ 61	4) 개인 간병인이나 가사 도우미(파출부)	☐ 64
2) 비동거 가족원	☐ 62	5) 장기요양보험서비스(요양보호사 등)	☐ 65
3) 친척, 이웃 · 친구 · 지인	☐ 63	6) 노인돌봄서비스(가사 · 간병 서비스 등 각종 공공 돌봄 서비스)	☐ 66

※ 조사원: 귀하를 돌봐 주는 대상에 대한 질문입니다. 〈문D8-1〉에서
- 1)~3) 하나라도 '1) 도움 받음' → 〈문D8-2〉로 가시오.
- 4) '1) 도움 받음' → 〈문D8-3〉으로 가시오.
- 1)~6) 하나라도 '1) 도움 받음' → 〈문D8-4〉로 가시오.

□ 문D8-2. (가족, 친척, 이웃 등의 도움을 받는 경우) 지난 1개월 동안 어떤 도움을 어느 정도 받으셨습니까?

[보기] (0) 도움 받지 않음 (1) 거의 매일(주 4회 이상) (2) 주 2~3회 정도 (3) 일주일에 1일 정도 (4) 격주 1회 정도 (5) 월 1회 이하

	1) 청소, 빨래, 시장 보기	2) 외출동행	3) 식사준비(음식준비)	4) 목욕 등 신체기능유지지원
D8-2-1. 도움 빈도(보기 참고)	☐ 67	☐ 70	☐ 73	☐ 76
D8-2-2. 주 도움행위자 (별첨1) [노인과의 관계] 코드를 참조하여 기입	☐☐ 68-69	☐☐ 71-72	☐☐ 74-75	☐☐ 77-78

□ 문D8-3. (개인 간병인이나 가사도우미의 도움을 받은 경우) 1주일 동안 평균 몇 시간 이용하십니까?

________시간

D8-3 ☐☐ 79-80 시간

□★문D8-4. 귀하께서는 현재 가족이나 친척, 장기요양서비스 등을 통해서 받는 도움이 충분하다고 생각하십니까? → **(문D9로)**

(1) 매우 충분하다 (2) 충분하다 (3) 보통이다
(4) 부족하다 (5) 매우 부족하다

D8-4 ☐ 81

□★문D8-5. 누구의 도움도 받지 않는 경우, 그 이유는 무엇입니까?

(1) 도움이 필요 없어서(아직까지는 혼자서 할 수 있어서)
(2) 도움은 필요하지만, 가족 등에게 부담을 주고 싶지 않아서
(3) 도움은 필요하지만, 도와 줄 사람이 없어서
(4) 도움은 필요하지만, 비용이 부담될 것 같아서
(5) 도움은 필요하지만, 방법을 알 수 없어서
(6) 기타(무엇:__________________)

82 D8-5 □

■ 문D9. 귀하께서는 노인장기요양보험의 등급 신청을 한 적이 있습니까?

(1) 예 (2) 아니요 → **(문D9-2로)**

83 D9 □

□ 문D9-1. (등급인정신청을 한 적이 있다면) 가장 최근에 받은 등급은 무엇입니까?

(1) 1등급 (2) 2등급 (3) 3등급 (4) 4등급
(5) 치매특별등급(5등급) (6) 등급외 (7) 기타(무엇:________)

84 D9-1 □

□ 문D9-1-1. 귀하가 현재 이용하는 서비스는 무엇입니까? 모두 표시하여 주십시오. → **(문D10으로)**

[보기] (1) 예		(2) 아니요	
1) 방문요양	□ 85	5) 요양시설	□ 89
2) 방문간호	□ 86	6) 단기보호	□ 90
3) 방문목욕	□ 87	7) 복지용구	□ 91
4) 주야간보호서비스	□ 88		

□★문D9-2. (장기요양 등급신청을 한 적이 없다면) 그 이유는 무엇입니까?

(0) 건강이 양호해서(도움이 필요 없어서)
(1) 노인장기요양보험에 대해 알지 못해서
(2) 건강상태가 불량하지만 등급인정을 받지 못할 것 같아서
(3) 타인의 도움을 받고 싶지 않아서
(4) 비용이 부담될 것 같아서
(5) 노인요양시설보다 요양병원에 입원하는 것이 더 낫다고 생각해서
(6) 장기요양보험에는 원하는 서비스가 없어서
(7) 현재 이용하는 서비스(재가돌봄서비스, 개인적으로 이용하는 서비스 등)로 충분해서
(8) 기타(무엇: ______________________________)

92-93 D9-2 □□ 시간

■ 문D10. 귀하께서는 장애등급을 받으셨습니까?

(1) 예 (2) 아니요 → **(문E1로)**

94 D10 □

□ 문D10-1. 주된 장애유형과 등급은 무엇입니까?

[장애유형]	(1) 지체장애 (2) 뇌병변장애 (3) 시각장애 (4) 청각장애 (5) 언어장애 (6) 지적장애 (7) 자폐성장애 (8) 정신장애 (9) 신장장애 (10) 심장장애 (11) 호흡기장애 (12) 간장애 (13) 안면장애 (14) 장루 · 요루장애 (15) 뇌전증장애		
[장애등급]	(1) 1급 (2) 2급 (3) 3급 (4) 4급 (5) 5급 (6) 6급		
1) 장애유형	□□ 95-96	2) 장애등급	□ 97

28-29 CARD 1 5

E. 여가활동과 사회활동

■ 문E1. 귀하께서는 지난 1년간 TV시청 및 라디오 청취를 한 적이 있으십니까? 있다면 하루에 평균 몇 시간 시청하거나 청취하셨습니까?

(1) 예 → 1일(　　)시간　　(2) 아니요

30 E1 [ ]　31-32 E1-(1) [|] 시간

■ 문E2. 귀하께서는 지난 1년간 여행을 한 적이 있으십니까? 했다면, 몇 번 하셨습니까?

(1) 있다 → 국내(　　)회, 해외(　　)회　　(2) 없다

33 E2 [ ]　34-35 국내 [|] 회　36-37 해외 [|] 회

■ 문E3. 귀하께서는 지난 1년간 여가 · 문화 활동(TV시청 및 라디오 청취, 여행을 제외한 취미활동)을 하셨습니까?

(1) 예　　(2) 아니요 → **(문E4로)**

38 E3 [ ]

□ 문E3-1. (TV시청 및 라디오 청취, 여행을 제외하고) 주로 하는 여가 · 문화 활동을 2순위까지 말씀해 주십시오.

(※조사원: 〈별첨7. 여가활동 목록〉 참조 기입)

1순위(________________)　2순위(________________)

39-41 1순위 E3-1-① [| |]　42-44 2순위 E3-1-② [| |]

■★문E4. 귀하께서 앞으로 희망하는 여가 · 문화 활동을 TV시청 및 라디오 청취, 여행을 포함하여 2순위까지 말씀해 주십시오.

(※조사원: 〈별첨 7. 여가활동 목록〉 참조 기입)

1순위(________________)　2순위(________________)

45-47 1순위 E4-① [| |]　48-50 2순위 E4-② [| |]

■ 문E5. 귀하께서는 지난 1년간 배우기나 학습활동(TV 및 인터넷 강좌 등 온라인 학습활동 포함)에 참여하신 적이 있으십니까?

(1) 예　　(2) 아니요 → **(문E6으로)**

51 E5 [ ]

□ 문E5-1. 주로 어떤 영역의 교육에 참여하셨습니까?

(1) 건강관리(증진) · 운동 관련 교육

(2) 문화 예술(춤 · 가요 · 음악) 관련 교육

(3) 어학 교육　　(4) 인문학(시 · 수필) 교육

(5) 정보화 교육　　(6) 취업 교육 또는 직업 교육

(7) 기타(무엇: ______________________________)

52 E5-1 [ ]

□ 문E5-2. 주로 어디에서 하는 교육에 참여하셨습니까?

(1) 노인(종합)복지관/센터(노인여가복지시설)
(2) 경로당
(3) 대한노인회 운영 노인교실(대학)
(4) 종교기관 운영 노인교실(대학)
(5) 시 · 군 · 구민회관/주민센터
(6) 초 · 중 · 고 · 대학(교)
(7) 공공 문화센터((종합)사회복지관, 여성회관, 문화예술회관, 도서관, 박물관 등)
(8) 사설 문화센터(백화점, 마트, 신문사, 방송사 등), 학원
(9) 장소에 구애받지 않고 매체 활용(TV · 라디오 · 인터넷 강좌, 컴퓨터 · 인터넷 활용 학습, 책 · 전문잡지 등 인쇄매체)
(10) 기타(무엇: ________________________________)

53-54
E5-2 [|]

□ 문E5-3. 이 교육에 얼마나 자주 참여하셨습니까?

(1) 주 4회 이상　(2) 주 2~3회　(3) 주 1회
(4) 2주 1회　(5) 월 1회　(6) 월 1회 미만

55
E5-3 [ ]

■ 문E6. 귀하는 지난 1년간 동호회(클럽활동), 친목 단체(동창회, 계모임 등), 정치사회 단체 활동에 참여하셨습니까?

□ 문E6-1. 참여하였다면, 얼마나 자주 참여하셨습니까?

	1) 동호회 (클럽활동)	2) 친목 단체 (동창회, 계모임 등)	3) 정치사회 단체
■ 문E6. 참여여부 (1) 예 (2) 아니요 → **(문E7로)**	[ ] 56	[ ] 58	[ ] 60
□ 문E6-1. 참여빈도 (1) 주 4회 이상 (3) 주 1회 (5) 월 1회 (2) 주 2~3회 (4) 2주 1회 (6) 월 1회 미만	[ ] 57	[ ] 59	[ ] 61

■ 문E7. 귀하께서는 자원봉사활동을 해 본 경험이 있으십니까?(전생애)

(1) 현재 하고 있음
(2) 과거에 한 적은 있으나, 현재는 하고 있지 않음 → **(문E8로)**
(3) 평생 한 적이 없음 → **(문E8로)**

62
E7 [ ]

□ 문E7-1. 귀하께서는 주로 어떤 분야의 자원봉사활동을 하고 계십니까?

(1) 사회복지 분야(장애인, 아동, 노인 봉사 등)
(2) 문화, 체육 분야(박물관, 생활 체육 활동 지원 등)
(3) 교통질서(안전 지킴이, 기초 질서 캠페인 등)
(4) 환경 보호(환경 정비 활동, 재활용 운동 등)
(5) 보건, 의료 분야(의료 봉사, 호스피스 활동 등)
(6) 교육 활동(강의, 방과 후 교실, 도서관 지원 등)
(7) 기타(무엇: ______________________________)

63
E7-1 □

□ 문E7-2. 그러면 참여하시는 자원봉사활동은 주로 어떤 종류의 활동입니까?

(1) 단순한 노력 봉사활동
(2) 오랜 취미활동이나 (평생)교육 등을 통해 습득한 지식과 기술을 활용한 봉사활동
(3) 직업 경력, 자격증 등 전문성을 활용한 봉사활동
(4) 기타(무엇: ______________________________)

64
E7-2 □

□ 문E7-3. 귀하께서는 자원봉사활동을 얼마나 자주 하십니까?

(1) 주 4회 이상	(2) 주 2~3회	(3) 주 1회
(4) 2주 1회	(5) 월 1회	(6) 월 1회 미만

65
E7-3 □

□ 문E7-4. 귀하께서는 어떤 기관을 통해 자원봉사활동을 하고 계십니까?

(1) 연계 기관 없음	(2) 종교기관
(3) 경로당(대한노인회 포함)	(4) 각종 복지관 등 복지기관
(5) 시 · 군 · 구청/자원봉사 센터	(6) 민간단체, 비영리단체(NGO)

(7) 기타(무엇: ______________________________)

66
E7-4 □

■★문E8. 다음은 전자기기(휴대전화, 컴퓨터, 태블릿, PC, 인터넷 TV 등)을 이용한 활동에 대한 내용입니다. 귀하는 아래 각 항목의 내용을 이용하실 수 있습니까?

[보기] (1) 예		(2) 아니요	
1) 문자 받기	☐ 67	6) 게임	☐ 72
2) 문자 보내기	☐ 68	7) 동영상(영화, TV프로그램 등) 보기	☐ 73
3) 뉴스 · 날씨 등 정보 검색 및 조회	☐ 69	8) 소셜네트워크 서비스(밴드, 카카오톡, 트위터, 페이스북, 인스타그램, 텔레그램록 등)	☐ 74
4) 사진, 동영상 촬영	☐ 70	9) 온라인 쇼핑	☐ 75
5) 음악(MP3 등) 듣기	☐ 71	10) 기타(무엇: ____________)	☐ 76

■ 문E9. 귀하의 종교는 무엇입니까?

(0) 없음 → **(문E10으로)** (1) 불교
(2) 개신교(기독교) (3) 천주교
(4) 유교 (5) 원불교
(6) 기타(무엇: ________________________________)

E9 ☐ 77

□ 문E9-1. 귀하께서는 지난 1년간 종교와 관련된 활동(예배 · 예불, 종교기관에서의 봉사활동, 사교활동 포함)에 얼마나 자주 참여하셨습니까?

(0) 없음 (1) 주 4회 이상 (2) 주 2~3회 (3) 주 1회
(4) 2주 1회 (5) 월 1회 (6) 월 1회 미만

E9-1 ☐ 78

■★문E10. 다음은 귀하께서 앞으로 희망하시는 활동에 관한 내용입니다. 각각의 활동에 얼마나 참여하고 싶으십니까?

[보기] (1) 반드시 하고 싶음 (2) 될 수 있으면 하고 싶음 (3) 기회가 되면 할 생각이 있음 (4) 별로 할 생각이 없음 (5) 전혀 할 생각이 없음			
1) 자원봉사활동	☐ 79	4) 종교활동	☐ 82
2) 학습활동	☐ 80	5) 정치사회 단체활동	☐ 83
3) 취미 · 여가활동	☐ 81	6) 친목 단체활동	☐ 84

※ 다음은 경로당과 노인(종합)복지관 이용에 관한 질문입니다. 각각에 대하여 질문하시오.

질문내용	경로당	노인(종합) 복지관
■ 문E11. 귀하께서는 지난 1년간 경로당 또는 노인복지관을 이용하셨습니까? (1) 예 (2) 아니요 → **(문E11-5로)**	☐ 85	☐ 96
☐ 문E11-1. 일주일에 평균 며칠 정도 이용하셨습니까? 주 ______일	☐ 86	☐ 97
☐★문E11-2. 경로당(노인복지관)을 이용하시는 주된 이유는 무엇입니까? 2순위까지 말씀해주십시오. (1) 평생교육 프로그램 이용 (2) 취미여가 프로그램 이용 (3) 건강증진 프로그램 이용 (4) 식사서비스 이용 (5) 주간보호 등 돌봄 관련 서비스 이용 (6) 상담 · 정서지원 프로그램 이용 (7) 일자리 · 소득지원 프로그램 이용 (8) 자원봉사활동 참여 (9) 친목도모 (10) 기타(무엇:______)	1순위 ☐☐ 87-88 2순위 ☐☐ 89-90	1순위 ☐☐ 98-99 2순위 ☐☐ 100-101
☐★문E11-3. 경로당(노인복지관) 이용에 만족하십니까? (1) 매우 만족한다 → **(문E12로)** (2) 만족한다 → **(문E12로)** (3) 그저 그렇다 → **(문E12로)** (4) 만족하지 않는다 (5) 전혀 만족하지 않는다	☐ 91	☐ 102
☐★문E11-4. 경로당(노인복지관) 이용에 만족하지 않는 이유는 무엇입니까? → **(문E12로)** (1) 시설이 좋지 않아서(공간, 구조, 설비 등) (2) 좋은 프로그램이 없어서 (3) 거리가 너무 멀어서, 교통이 불편하여 (4) 이용하는 노인들과 맞지 않아서 (5) 경제적인 부담 때문에(프로그램 이용료 등) (6) 기타(무엇: ________________)	☐ 92	☐ 103
☐★문E11-5. 귀하께서 경로당(노인복지관)을 이용하지 않는 이유는 무엇입니까? (1) 시설이 좋지 않아서(공간, 구조, 설비 등) (2) 좋은 프로그램이 없어서 (3) 거리가 너무 멀어서, 교통이 불편하여 (4) 이용하는 노인들과 맞지 않아서 (5) 경제적인 부담 때문에(프로그램 이용료 등) (6) 시간이 없어서 (7) 몸이 불편해서 (8) 이용하기에는 젊다고 생각해서 (9) 시설이 없거나 유지되지 않아서 (10) 다른 여가시설을 이용해서 (11) 기타(무엇: ____________)	☐☐ 93-94	☐☐ 104-105
■★문E12. 귀하께서는 향후(계속) 경로당(노인복지관)을 이용하시겠습니까? (1) 이용하겠다 (2) 이용하지 않겠다	☐ 95	☐ 106

28-29

CARD	
1	6

F. 경제활동

■ 문F1. 귀하께서는 현재 수입이 있는 일을 하십니까?

(1) 현재 일한다
(2) 일한 경험은 있으나, 지금은 하지 않는다 → **(문F2로)**
(3) 평생 일을 하지 않았다 → **(문F3으로)**

30 F1 □

※ 조사원: 〈문F1-1〉~〈문F1-10〉은 현재 일하는 경우에만 질문하시오.

□ 문F1-1. 귀하께서는 현재 무슨 일을 하십니까?

(※조사원: 〈별첨8. 작업분류표〉 참조. 중분류로 코딩 기입)

하시는 일: ______________________________

31-33 F1-1 □□□

□ 문F1-2. 귀하께서 현재 하시는 일의 내용은 무엇입니까?

(1) 농림어업	(2) 경비 · 수위 · 시설관리	(3) 청소 업무
(4) 생산 작업	(5) 가사 · 돌봄	(6) 운전 · 운송
(7) 전문직	(8) 행정 사무	(9) 조리 · 음식업
(10) 택배 · 배달	(11) 현장 관리	(12) 환경 · 조경
(13) 건설 · 기계	(14) 문화 예술	(15) 공공질서 유지
(16) 폐휴지 수거	(17) 기타(무엇: ____________)	

34-35 F1-2 □□

□ 문F1-3. 귀하께서 하시는 일의 종사상 지위는 다음 중 어디에 해당합니까?

(1) 상용근로자 (2) 임시근로자
(3) 일용근로자 (4) 고용주 → **(문F1-4로)**
(5) 자영업자 → **(문F1-4로)** (6) 무급가족종사자 → **(문F1-4로)**
(7) 특수형태근로 종사자 → **(문F1-4로)**
(8) 기타(무엇: ______________) → **(문F1-4로)**

36-37 F1-3 □□

□ 문F1-3-1. 귀하께서 현재 하시는 일은 정부지원일자리(노인일자리, 공공근로 등) 입니까?

(1) 예 (2) 아니요

38 F1-3-1 □

□ 문F1-4. 귀하께서 현재 일하고 있는 곳은 다음 중 어디에 속합니까?

(1) 사업체 아님(농림 · 어업 등)
(2) 개인사업체(가게)
(3) 민간회사
(4) 중앙/지방정부 또는 기타 공공기관
(5) 비영리법인 시민단체 또는 종교단체
(6) 특정한 회사나 사업체에 소속되어 있지 않음
(7) 정식으로 등록되지 않은 사업장
(8) 기타(무엇: ______________________)

39-40
F1-4 [|]

□ 문F1-5. 귀하께서 현재 하시는 일의 일주일 평균 근무일수와 평균 근무시간은 얼마입니까?

주 ________일 / 주 ________시간

41
F1-5-1) [ ]일
42-43
F1-5-2) [|]시간

□ 문F1-6. 귀하께서 현재 하시는 일의 월 평균 소득은 얼마입니까?

월 ________만 원

44-46
F1-6 [| | |]만원

□ 문F1-7. 귀하께서 현재 하시는 일에 종사한 기간은 몇 년 몇 개월입니까?

________년 ________개월

47-48 49-50
F1-7 [|]년 [|]개월

□★문F1-8. 귀하께서 현재 일을 하시는 가장 큰 이유는 무엇입니까?

(1) 생계비 마련 (2) 용돈이 필요해서
(3) 건강 유지를 위해 (4) 사람들과 사귈 수 있으므로
(5) 시간을 보내기 위해 (6) 능력을 발휘하기 위해
(7) 경력을 활용하기 위해 (8) 기타(무엇: ______________)

51-52
F1-8 [|]

□★문F1-9. 귀하께서 현재 하시는 일에 만족하십니까?

(1) 매우 만족한다 → **(문F1-10으로)**
(2) 만족하는 편이다 → **(문F1-10으로)**
(3) 그저 그렇다 → **(문F1-10으로)**
(4) 만족하지 않는 편이다
(5) 전혀 만족하지 않는다

53
F1-9 [ ]

□★문F1-9-1. 귀하가 현재 하시는 일에 만족하지 않는 이유는 무엇입니까?

(1) 낮은 급여(소득) 수준 (2) 건강 상태와 맞지 않음
(3) 불안정한 일자리 (4) 근로시간
(5) 일(업무)의 내용 (6) 대인관계
(7) 기타(무엇: ______________)

54
F1-9-1 [ ]

□ 문F1-10. 현재 하시는 일이 인생에서 가장 오래 종사한 직업입니까?(※조사원: 직종이나 종사상의 지위가 하나라도 다른 경우는 현재 일자리와 다른 것으로 간주)

(1) 예 (2) 아니요

55
F1-10 [ ]

※ 〈문F2〉는 귀하께서 일생에서 가장 오래한 일(직업)에 대한 질문입니다.

■ 문F2. 귀하께서 일생 동안 가장 오래한 일의 내용은 무엇입니까?
(※ 조사원: 〈별첨8. 직업분류표〉 참조. 중분류로 코딩 기입)
하시는 일: ________________

56-58
F2 [| |]

□ 문F2-1. 귀하께서 일생 동안 가장 오래한 일의 종사상 지위는 다음 중 어디에 해당합니까?

(1) 상용근로자 (2) 임시근로자
(3) 일용근로자 (4) 고용주 → **(문F2-2로)**
(5) 자영업자 → **(문F2-2로)** (6) 무급가족종사자 → **(문F2-2로)**
(7) 특수형태근로 종사자 → **(문F2-2로)**
(8) 기타(무엇: ________) → **(문F2-2로)**

59-60
F2-1 [|]

□ 문F2-1-1. 귀하께서 일생 동안 가장 오래한 일은 정부지원일자리(노인일자리, 공공근로 등)입니까?

(1) 예 (2) 아니요

61
F2-1-1 [ ]

□ 문F2-2. 귀하께서 일생 동안 가장 오래한 일에 종사한 기간은 몇 년 몇 개월입니까?

________년 ________개월

62-63 64-65
F2-2 [|]년 [|]개월

※ 조사원: 〈문F2-3〉과 〈문F2-4〉는 1) 현재 하고 있는 일이 최장기 직업이 아니거나, 2) 일한 경험은 있으나 지금은 하지 않는 경우에만 질문하시오.

□ 문F2-3. 귀하께서 일생 동안 가장 오래한 일을 그만두신 이유는 무엇입니까?

(1) 정년퇴직
(2) 건강이 좋지 않아서
(3) 정리해고, 명예퇴직, 폐업, 휴업
(4) 가사문제(육아, 가사, 간병 등)
(5) 근로조건 및 환경이 나빠서
(6) 이직, 창업, 승진
(7) 일할 필요가 없어서
(8) 기타(무엇: ________________)

66-67
F2-3 [|]

□ 문F2-4. 최장기 일자리 퇴직 이후 다른 근로활동(가교 일자리)을 하셨습니까?
(1) 예 (2) 아니요

68 F2-4 [ ]

■★문F3. 귀하께서는 앞으로 일을 하고 싶으십니까?
(1) 일을 하고 싶지 않다 → **(문F4로)**
(2) 지금 하고 있는 직종의 일을 계속 하고 싶다
(3) 지금과는 다른 일을 하고 싶다
(4) 지금은 일하지 않으나 앞으로 일을 하고 싶다

69 F3 [ ]

□★문F3-1. 귀하께서 일을 하고 싶으신 가장 큰 이유는 무엇입니까?
(1) 생계비를 마련하기 위해
(2) 용돈이 필요해서
(3) 건강을 유지하기 위해서
(4) 사람들과 사귈 수 있어서
(5) 능력(경력)을 발휘하기 위하여
(6) 시간을 보내기 위해서
(7) 사회적으로 기여하기 위해서
(8) 기타(무엇: ______________________)

70-71 F3-1 [|]

□★문F3-2. 귀하께서 희망하는 근로시간은 주당 몇 시간입니까?
주 ________시간

72-73 F3-2 [|]시간

□★문F3-3. 귀하께서 희망하는 월 소득은 얼마 정도입니까?
월 ________만 원

74-76 F3-3 [| |]만 원

□★문F3-4. 귀하께서는 지난 1년간 일자리를 구하기 위해 어떤 노력을 하셨습니까? 다음의 해당되는 것 중 주요한 것 2가지만 말씀해 주십시오.
1순위(____________) 2순위(____________)
(0) 노력하지 않음
(1) 취업지원센터(주민센터, 구청, 대한노인회, 고용센터, 복지관 등) 의뢰
(2) 개인적 인맥 의뢰
(3) 신문, 잡지, 컴퓨터 등 검색
(4) 자기소개서 및 이력서 작성, 면접컨설팅 참여
(5) 직업 상담, 집단 상담 프로그램, 일자리 박람회 등 참여
(6) 직업 교육 훈련 참여
(7) 기타(무엇: ______________________)

77 F3-4 1순위 [ ]
78 2순위 [ ]

※ 다음은 노인일자리사업 및 사회활동지원사업에 관한 질문입니다.

■ 문F4. 귀하께서는 노인일자리사업 및 사회활동지원사업에 참여한 경험이 있으십니까?

(1) 현재 참여하고 있다
(2) 참여한 적이 있다 → (**문F5로**)
(3) 신청했으나 참여 기회가 없었다 → (**문F5로**)
(4) 신청한 적이 없다 → (**문F5로**)

79 F4 □

□ 문F4-1. 귀하께서 현재 참여하고 있는 노인일자리사업 및 사회활동지원사업은 어떤 유형입니까?

(1) 공익형
(2) 재능나눔형
(3) 시장형사업단(공동작업형, 제조판매형, 전문서비스형)
(4) 인력파견형
(5) 시니어인턴십, 고령자친화기업, 기업연계형

80 F4-1 □

■★문F5. 귀하께서는 앞으로 노인일자리사업 및 사회활동지원사업에 참여할 의향이 있으십니까?

(1) 예 (2) 아니요 → (**문G1으로**)

81 F5 □

□★문F5-1. 귀하께서 앞으로 참여하고 싶은 노인일자리 및 사회활동지원사업 유형은 무엇입니까?

(1) 노노케어(노인 가정을 방문하여 안부, 말벗, 생활안전점검 등)
(2) 취약계층지원(취약계층에게 상담, 교육, 정서적 지원 등)
(3) 공공시설봉사(복지시설, 교육시설 등에서 활동)
(4) 경륜전수활동(자신의 경험과 지식을 아동, 청소년, 노인 등에게 전수)
(5) 시장형 사업단(소규모 매장, 사업단 등을 노인들이 공동으로 운영하는 일자리)
(6) 인력파견형 사업단[수요처(기업)에서 파견되어 근무하는 일자리]
(7) 시니어인턴십, 고령자친화기업, 기업연계형

82 F5-1 □

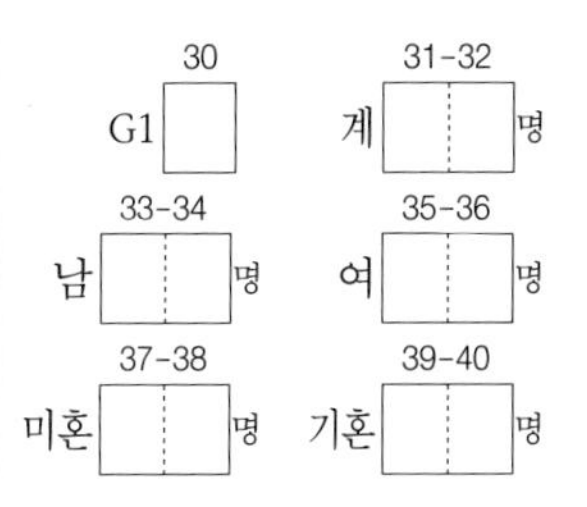

G. (손)자녀 · 배우자와의 관계 및 가구 형태

28-29 CARD 1 7

※ 귀하의 (손)자녀에 관한 질문입니다. 현재 해외에 거주하고 있는 (손)자녀도 포함하여 응답하여 주십시오(단, 행방불명은 제외).

■ 문G1. 귀하는 현재 따로 살고 있는 생존자녀(자녀의 배우자 포함)가 있습니까? 그 자녀의 성과 결혼상태는 어떻습니까? (※ 결혼한 자녀와 양자녀의 수를 모두 포함하여 실수로 기록해 주십시오.)

(1) 따로 살고 있는 생존자녀가 있다 → G1-(1) 계_____명
남_____명, 여_____명, 미혼_____명, 기혼_____명

(2) 따로 살고 있는 생존자녀는 없지만, 사망한 자녀의 배우자는 있다

(3) 따로 살고 있는 생존자녀나 자녀의 배우자가 전혀 없다
→ (**문G4로**)

G1 (30) 계 (31-32) 명 / 남 (33-34) 명 여 (35-36) 명 / 미혼 (37-38) 명 기혼 (39-40) 명

■ 문G2. 귀하는 지난 1년간 따로 살고 있는 자녀 전체(자녀의 배우자 포함)와 얼마나 자주 만났습니까?
(※ 조사원: 아래 [왕래 및 연락 빈도] 참조 기록)__________

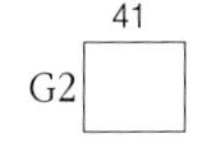

G2 (41)

□ 문G2-1. 귀하는 지난 1년간 따로 살고 있는 자녀 전체(자녀의 배우자 포함)와 얼마나 자주 연락(전화, 휴대전화, 문자, 이메일, 편지 등으로 서로 연락)을 주거나 받았습니까?
(※ 조사원: 아래 [왕래 및 연락 빈도] 참조 기록)__________

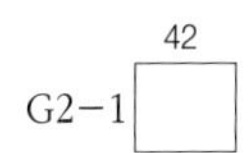

G2-1 (42)

■ 문G3. 따로 사는 자녀(자녀의 배우자 포함) 중 가장 많이 접촉한(방문, 전화, 휴대전화 문자, 이메일, 편지 포함) 자녀는 누구입니까?
(※ 조사원: 〈별첨1. 노인과의 관계〉 참조 기입)__________

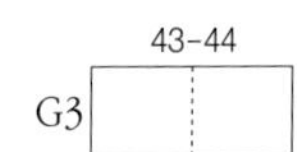

G3 (43-44)

□ 문G3-1. 그 자녀(자녀의 배우자 포함)가 사는 곳까지 가는 데 시간이 얼마나 걸립니까?

(1) 걸어서 10분 미만 (2) 걸어서 10분~30분 미만
(3) 자동차로 30분 미만 (4) 자동차로 30분~1시간 미만
(5) 자동차로 1시간~2시간 미만 (6) 자동차로 2시간~3시간 미만
(7) 자동차로 3시간 이상 (8) 해외 거주
(9) 기타(무엇: _____)

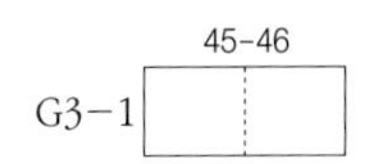

G3-1 (45-46)

[왕래 및 연락 빈도]

(0) 왕래(연락)를 거의 하지 않는다 (1) 거의 매일(주 4회 이상)
(2) 일주일에 2~3회 정도 (3) 일주일에 1회 정도
(4) 한 달에 1~2회 정도 (5) 3개월에 1~2회 정도
(6) 1년에 1~2회 정도 (7) 기타(무엇:_________)

□ 문G3-2. 귀하는 지난 1년간 그 자녀(자녀의 배우자 포함)와 얼마나 자주 만났습니까?
(※ 조사원: 아래 [왕래 및 연락 빈도] 참조 기록)____________________

47 G3-2 ☐

□ 문G3-3. 귀하는 지난 1년간 그 자녀(자녀의 배우자 포함)와 얼마나 자주 연락(전화, 휴대전화 문자, 이메일, 편지 등을 통한 상호연락)을 주거나 받았습니까?
(※ 조사원: 아래 [왕래 및 연락 빈도] 참조 기록)____________________

48 G3-3 ☐

■ 문G4. 귀하는 지난 1년간 자녀와 갈등을 경험한 적이 있으십니까?
(1) 예 (2) 아니요 → **(문G5로)**

49 G4 ☐

□★문G4-1. 갈등의 원인 중 가장 심각한 것은 무엇입니까?
(1) 자녀와의 동거 여부를 둘러싼 갈등
(2) 나 또는 배우자의 수발 관련 갈등
(3) 자녀가 경제적 도움 요구
(4) 나 또는 배우자 생활비 보조와 관련한 갈등
(5) 나 또는 배우자의 자녀 편애
(6) 자녀의 진로, 이성 교제, 결혼 문제
(7) 기타(무엇: ____________________)

50 G4-1 ☐

■ 문G5. 귀하는 따로 사는 (친/외) 손자 · 손녀가 있으십니까? 있다면 몇 명입니까?
(1) 예 → (____명) (2) 아니요 → **(문G6으로)**

51 G5 ☐ 52-53 G5-(1) 계 ☐☐ 명

□ 문G5-1. 귀하는 지난 1년간 따로 살고 있는 손자 · 손녀 전체와 얼마나 자주 만났습니까?
(※ 조사원: 아래 [왕래 및 연락 빈도] 참조 기록)____________________

54 G5-1 ☐

□ 문G5-2. 귀하는 지난 1년간 따로 살고 있는 손자 · 손녀 전체와 얼마나 자주 연락(전화, 휴대폰 문자, 이메일, 편지 등으로 서로 연락)을 주거나 받았습니까?
(※ 조사원: 아래 [왕래 및 연락 빈도] 참조 기록)____________________

55 G5-2 ☐

[왕래 및 연락 빈도]	
(0) 왕래(연락)를 거의 하지 않는다	(1) 거의 매일(주 4회 이상)
(2) 일주일에 2~3회 정도	(3) 일주일에 1회 정도
(4) 한 달에 1~2회 정도	(5) 3개월에 1~2회 정도
(6) 1년에 1~2회 정도	(7) 기타(무엇: ________)

※ 귀하의 배우자에 관한 질문입니다.
(조사원: 배우자가 없으면 〈문G6〉과 〈문G7〉은 비해당(9) 처리한 후 〈문G8〉로 가시오)

■ 문G6. 귀하의 배우자의 평소 건강 상태는 어떻다고 생각하십니까?
(1) 매우 건강하다 (2) 건강한 편이다 (3) 그저 그렇다
(4) 건강이 나쁜 편이다 (5) 건강이 매우 나쁘다

56
G6 ☐

■ 문G7. 귀하는 지난 1년간 배우자와 부부 동반 외출을 얼마나 자주 하셨습니까?
(0) 없음 (1) 거의 매일(주 4회 이상)
(2) 일주일에 2~3회 정도 (3) 일주일에 1회 정도
(4) 한 달에 1~2회 정도 (5) 3개월에 1~2회 정도
(6) 1년에 1~2회 정도

57
G7 ☐

※ 귀하의 가구형태와 관련한 질문입니다.
조사원: • 노인부부가구, 독거노인 → 〈문G8〉~〈문G10〉질문 [〈문G11〉~〈문G12〉 비해당(9) 처리]
• 기혼자녀 동거가구 → 〈문G11〉와 〈문G12〉질문 [〈문G8〉~〈문G10〉 비해당(9) 처리]
• 미혼자녀 동거가구와 그 외 가구 → 〈문G13〉질문 [〈문G8〉~〈문G12〉 비해당(9) 처리]

※ 조사원: 〈문G8〉~〈문G10〉은 노인부부가구와 독거노인가구만 질문하시오.

■ 문G8. 귀하는 언제부터 혼자 또는 두 분끼리만 사셨습니까?
______년 ______월

58-61 62-63
G8 ☐☐☐☐년 ☐☐월

■★문G9. 귀하가 부부 또는 혼자서 사는 가장 큰 이유는 무엇입니까?
(1) 경제적으로 능력이 있어서
(2) 건강해서
(3) 개인생활 또는 부부생활을 누리기 위해서
(4) 살고 있는 곳에서 떠나기 싫어서
(5) 자녀가 결혼해서
(6) 자녀가 따로 살기를 원해서
(7) 자녀가 직장(학업) 때문에 다른 지역에 있어서
(8) 자녀의 경제적 형편이 되지 않아서
(9) 기타(무엇: ________________________)

64-65
G9 ☐☐

■★문G10. 귀하가 부부 또는 혼자 사실 때 가장 힘든 점은 무엇입니까?

(0) 없음
(1) 아플 때 간호해 줄 사람이 없음
(2) 가사 등 일상생활 문제를 처리하기 어려움
(3) 경제적 불안감
(4) 안전에 대한 불안감
(5) 심리적 불안감 또는 외로움
(6) 기타(무엇: ______________________)

66
G10 ☐

※ 조사원: 〈문G11〉~〈문G12〉는 기혼자녀 동거가구만 질문하시오.

■★문G11. 귀하가 기혼자녀와 함께 사는 가장 큰 이유는 무엇입니까?

(1) 자녀와 같이 사는 것이 당연하다고 생각
(2) 혼자 또는 배우자와 사는 것만으로는 외로워서
(3) 나 또는 배우자를 돌봐 줄 사람이 필요해서
(4) 내가 경제적 능력이 없어서
(5) 자녀에게 가사, 육아 등의 도움을 주기 위하여
(6) 자녀가 경제적 능력이 없어서
(7) 기타(무엇: ______________________)

67
G11 ☐

■ 문G12. 귀하는 함께 사는 자녀와 가사 등의 일상생활을 어떤 방식으로 분담하십니까?

(1) 나 또는 배우자가 수행 (2) 자녀가 수행
(3) 공동 수행 (4) 각자 알아서 따로 하는 편

68
G12 ☐

※ 노후 생활과 관련한 귀하의 가치관에 관한 질문입니다.

■★문G13. 귀하는 자녀 중 적어도 한 명은 노부모와 함께 살아야 한다고 생각하십니까?

(1) 예 (2) 아니요 → **(문G14로)**

69
G13 ☐

□★문G13-1. 귀하는 자녀 중 누가 부모와 함께 살아야 한다고 생각하십니까?

(1) 장남
(2) 아들 중 누군가
(3) 장녀
(4) 딸 중 누군가
(5) 딸 · 아들 상관없이 형편이 되는 자녀
(6) 딸 · 아들 상관없이 마음이 맞는 자녀
(7) 기타(무엇: ______________________)

70
G13-1 ☐

■★문G14. 귀하는 노후 생활비를 어떻게 마련하는 것이 가장 좋다고 생각하십니까?

(1) 본인 스스로 마련하는 것이 좋다
(2) 자녀들이 마련해 주어야 한다
(3) 사회보장제도(연금 등) 등 국가적 차원에서 보장되어야 한다
(4) 본인과 자녀가 함께 마련
(5) 본인과 사회보장제도(연금 등)가 함께 마련
(6) 기타(무엇: ______________________________)

71
G14 [ ]

28-29
CARD
1 8

H. 형제자매, 친인척, 친구 · 이웃 · 지인과의 관계

■ 문H1. 귀하는 살아 있는 형제자매가 있으십니까? 있다면, 몇 명입니까?
(1) 예 → (_____명) (2) 아니요

30 H1 [ ] 31-32 H1-(1) 계 [ ] 명

■ 문H2. 귀하는 지난 1년간 따로 사는 형제자매를 포함한 친인척과 얼마나 자주 만났습니까?
(※ 조사원: 아래 [왕래 및 연락 빈도] 참조 기록)_______________

33 H2 [ ]

□ 문H2-1. 귀하는 지난 1년간 따로 사는 형제자매를 포함한 친인척과 얼마나 자주 연락(전화, 휴대전화 문자, 이메일, 편지 등으로 서로 연락)을 주거나 받았습니까?
(※ 조사원: 아래 [왕래 및 연락 빈도] 참조 기록)_______________

34 H2-1 [ ]

■ 문H3. 귀하는 지난 1년간 친구 · 이웃 · 지인과 얼마나 자주 만났습니까?
(※ 조사원: 아래 [왕래 및 연락 빈도] 참조 기록)_______________

35 H3 [ ]

□ 문H3-1. 귀하는 지난 1년간 친구 · 이웃 · 지인과 얼마나 자주 연락(전화, 휴대전화 문자, 이메일, 편지 등으로 서로 연락)을 주거나 받았습니까?
(※ 조사원: 아래 [왕래 및 연락 빈도] 참조 기록)_______________

36 H3-1 [ ]

[왕래 및 연락 빈도]	
(0) 왕래(연락)를 거의 하지 않는다	(1) 거의 매일(주 4회 이상)
(2) 일주일에 2~3회 정도	(3) 일주일에 1회 정도
(4) 한 달에 1~2회 정도	(5) 3개월에 1~2회 정도
(6) 1년에 1~2회 정도	(7) 기타(무엇: ________)

■★문H4. 귀하께서 가깝게 지내는(마음을 털어놓을 수 있는) 형제자매를 포함한 친인척과 친구 · 이웃 · 지인은 각각 몇 분 정도 계십니까? (실수 기입)
1) 형제자매를 포함한 친인척 ________명
2) 친구 · 이웃 · 지인 ________명

37-38 H(4-1) [ ] 명
39-40 H(4-2) [ ] 명

28-29

CARD	
1	9

I. 자녀 · 부모 · 배우자와의 부양의 교환

■ 문I1～I4. 지난 1년간 귀하께서 자녀, 부모, 배우자와 어느 정도 도움을 주고 받았습니까?
(※ 조사원: 해당자가 없으면 다음 대상자로 넘어가시오.)

			I1. 동거자녀	I2. 비동거자녀	I3. 본인(배우자) 부모	I4. 배우자
해당자 존재 여부 (※ 조사원 확인사항)		(1) 있음 (2) 없음	☐30	☐43	☐56	☐69
[보기] (1) 매우 그렇다 (2) 그런 편이다 (3) 그렇지 않은 편이다 (4) 전혀 그렇지 않다						
1) 고민 상담 (정서적 도움)		(1) 도움 받음	☐31	☐44	☐57	☐70
		(2) 도움 줌	☐32	☐45	☐58	☐71
2) 청소 · 식사준비 · 세탁 (도구적 도움)		(1) 도움 받음	☐33	☐46	☐59	☐72
		(2) 도움 줌	☐34	☐47	☐60	☐73
3) 간병 · 수발 · 병원동행 도움 (신체적 도움)		(1) 도움 받음	☐35	☐48	☐61	☐74
		(2) 도움 줌	☐36	☐49	☐62	☐75
[보기] (1) 있다 (2) 없다						
4) 경제적 도움	4-1) 정기적 현금 지원	(1) 도움 받음	☐37	☐50	☐63	
		(2) 도움 줌	☐38	☐51	☐64	
	4-2) 비정기적 현금 지원	(1) 도움 받음	☐39	☐52	☐65	
		(2) 도움 줌	☐40	☐53	☐66	
	4-3) 현물지원	(1) 도움 받음	☐41	☐54	☐67	
		(2) 도움 줌	☐42	☐55	☐68	

■ 문I5. 지난 1년간 귀하는 다음과 같은 항목에 대하여 대체로 어떤 방식으로 비용을 지불하셨습니까?

[보기] (0) 지불 상황 없었음 (1) 대부분의 경우 나와 배우자가 전액 부담
(2) 나 또는 배우자가 부담하는 편이지만 특별한 경우는 자녀가 보조
(3) 대부분의 경우 자녀가 일정 부분 부담 (4) 대부분의 경우 자녀가 전액 부담
(5) 자녀 외의 친인척이 대부분 부담 (6) 사회복지기관 등이 대부분 부담
(7) 기타(무엇: ______________________)

1) 생활비	☐76	2) 의료비	☐77	3) 간병 비용	☐78

■ 문I6. 지난 1년간 귀하께서 직접 돌봐 주신 10세 미만의 (친/외)손자 · 손녀가 있습니까? 있다면 몇 명입니까? 함께 살거나 따로 사는 것에 관계없이 응답해 주십시오.
(1) 예(있다) → (_____명) (2) 아니요(없다)

79: I6 ☐ 80-81: I6-(1) 계 ☐☐ 명

28-29

CARD	
2	0

J. 생활환경

■ 문J1. 귀하께서는 다음과 같은 기관(시설 포함)을 이용하기 위해서는 시간이 얼마나 걸립니까?

[보기] (1) 걸어서 5분 미만 (2) 걸어서 5분~10분 미만
(3) 걸어서 10분~30분 미만 (4) 걸어서 30분 이상(약 2km)

1) 시장, 슈퍼 등 일상용품 구매 장소	☐ 30	4) 노인(종합)복지관	☐ 33
2) 병의원, 보건소 등 보건의료기관	☐ 31	5) (종합)사회복지관, 장애인복지관, 여성회관 등	☐ 34
3) 주민센터	☐ 32	6) 버스 정류장 · 지하철역	☐ 35

■ 문J2. 귀하께서 외출할 때 주로 이용하시는 교통수단은 무엇입니까?
(0) 없음(도보만) (1) 버스 (2) 지하철 (3) 택시
(4) 자가용 (5) 자전거 (6) 오토바이 (7) 기타(무엇: ____)

36 J2 ☐

■★문J3. 귀하께서 평소 외출할 때 가장 불편하신 점은 무엇입니까?
(0) 없음
(1) 버스(전철) 타고 내리기
(2) 계단이나 경사로 오르내리기
(3) 교통수단 부족
(4) 이동하기에 불편한 도로 상태
(5) 노인을 배려하지 않은 교통 편의 시설
(6) 차량이 많아 다니기에 위험함
(7) 기타(무엇: ________________)

37 J3 ☐

■ 문J4. 귀하께서는 현재 운전을 하십니까?
(1) 현재 한다
(2) 전에는 했으나, 지금은 하지 않는다 → **(문J4-3으로)**
(3) 평생 한 적이 없다 → **(문J5로)**

38 J4 ☐

□★문J4-1. 귀하께서는 현재 운전하면서 어려움을 느끼십니까?
(1) 매우 그렇다
(2) 그런 편이다
(3) 그저 그렇다
(4) 그렇지 않은 편이다 → **(문J5로)**
(5) 전혀 그렇지 않다 → **(문J5로)**

39 J4-1 ☐

□★문J4-2. 귀하께서 운전을 하면서 겪는 가장 큰 어려움은 어떤 것입니까? → **(문J5로)**

(1) 시력 저하
(2) 청력 저하
(3) 팔 · 다리의 반응속도 저하
(4) 판단력 저하(신호, 교차로 등 도로상황)
(5) 속도감 둔화
(6) 기타(무엇: ____________________)

J4-2 [ ] 40

□ 문J4-3. 귀하께서는 몇 세 때 운전을 그만두셨습니까?

만 ________세

J4-3 [|] 세 41-42

■ 문J5. 귀하께서는 지난 1년간 낙상(넘어짐, 미끄러짐 또는 주저앉음) 경험이 있으십니까? 있다면 몇 번입니까?

(1) 예(있다) → (____회) (2) 아니요(없다) → **(문J6로)**

J5 [ ] 43 J5-(1) [|] 회 44-45

□ 문J5-1. 낙상으로 병원 치료를 받으셨습니까?

(1) 예 (2) 아니요

J5-1 [ ] 46

□ 문J5-2. 귀하께서 낙상을 경험한 가장 큰 이유는 무엇이었습니까?

(1) 바닥이 미끄러워서 (2) 사람이나 사물에 부딪혀서
(3) 보도나 문의 턱에 걸려 (4) 경사가 급해서
(5) 조명이 어두워서 (6) 다리를 접질려서(발을 헛디뎌서)
(7) 갑자기 어지러워서
(8) 다리에 힘이 풀려서(갑자기 주저앉아서)
(9) 기타(무엇: ____________________)

J5-2 [|] 47-48

■ 문J6. 지난 1년간 가정 내에서 안전사고(화재, 가스누출, 누수 등)가 일어난 적이 있습니까?

(1) 예 (2) 아니요

J6 [ ] 49

■★문J7. 귀하께서는 지난 1년간 다음과 같은 범죄 피해를 당한 적이 있으십니까? 항목 각각에 모두 응답하여 주십시오.

[보기] (1) 예(있다) (2) 아니요(없다)	
1) 재산범죄(강도, 절도, 장물, 사기, 공갈, 횡령, 배임)	[ ] 50
2) 폭력 및 강력범죄(폭력행위, 폭행, 상해, 협박, 공갈, 약취 및 유인, 체포 및 감금, 손괴, 살인, 강도, 강간, 방화)	[ ] 51
3) 노인 대상 사기성 물건 구매 경험	[ ] 52
4) 사기전화(보이스 피싱) 피해 경험	[ ] 53

28-29

CARD	
2	1

K. 노후 생활과 삶의 질

■★문K1. 귀하께서는 노인은 몇 세 이상이라고 생각하십니까?

만 ______세 이상

30-31
K1 [|] 세

■★문K2. 귀하께서는 다음과 같은 삶의 부분에 대하여 어느 정도 만족하십니까?

[보기] (1) 매우 만족함 (2) 만족함 (3) 그저 그렇다 (4) 만족하지 않음 (5) 전혀 만족하지 않음			
1) 자신의 건강 상태	32	4) 자녀와의 관계(생존자녀가 있는 경우만)	35
2) 자신의 경제 상태	33	5) 사회 · 여가 · 문화 활동	36
3) 배우자와의 관계(유배우자만)	34	6) 친구 및 지역사회와의 관계	37

■★문K3. 귀하는 다음과 같은 사항을 어떻게 느끼십니까?

[보기] (1) 매우 좋아 보인다 (2) 좋아 보이는 편이다 (3) 그저 그렇다 (4) 별로 좋아 보이지 않는다 (5) 전혀 좋아 보이지 않는다			
1) 노인이 재혼하는 것	38	3) 노인이 새로운 것을 배우는 것	40
2) 노인이 일하는 것	39	4) 노인이 젊어 보이려고 외모를 가꾸는 것	41

■★문K4. 귀하께서는 일상생활에서 노인이기 때문에 차별 당했다고 느낀 경험이 있으십니까?

(1) 예(있다) (2) 아니요(없다) → **(문K5로)**

42
K4 [ ]

□★문K4-1. 귀하께서 다음 중 가장 자주 차별을 경험하는 경우는 무엇입니까?

(1) 대중교통수단 이용 시
(2) 식당, 커피숍 이용 시
(3) 대형마트 및 백화점 등 판매 시설 이용 시
(4) 주민센터, 구청 등 공공기관 이용 시
(5) 의료시설 이용 시
(6) 일터
(7) 기타(무엇: ______________________________)

43
K4-1 [ ]

■★문K5. 귀하께서는 지난 1년간 다음과 같은 일을 경험한 적이 있으십니까? 경험하신 경우, 누가 그러한 행위를 하였습니까?

항목	(1) 예(있다) (2) 아니요(없다)	※ 조사원: 〈별첨1〉 [노인과의 관계] 코드를 참조하여 기입하시오.
1) 타인에게 신체적인 고통을 당하였다(밀치거나 때리는 행위 등).	☐ 44	☐☐ 45-46
2) 타인에게 성폭력을 당하거나 성적 수치심을 일으키는 말이나 행동을 경험하였다.	☐ 47	☐☐ 48-49
3) 타인의 말과 행동이 내 감정을 상하게 만들었다(대화 기피, 의견 무시, 못 들은 척, 짜증, 불평등).	☐ 50	☐☐ 51-52
4) 타인에게 금전적으로 피해를 입었다(내 동의 없이 돈을 쓰거나 강제로 명의 변경 등).	☐ 53	☐☐ 54-55
5) 가족이나 보호자가 나(건강하지 않을 때)를 돌봐 주지 않았다(간병, 청결유지 등의 도움을 주지 않음).	☐ 56	☐☐ 57-58
6) 가족이나 보호자가 거의 찾아오지 않거나 생활비 등을 전혀 주지 않았다.	☐ 59	☐☐ 60-61

■★문K6. 귀하께서는 노인학대를 목격하게 되면 어떻게 대응하시겠습니까?

(1) 노인보호전문기관에 신고한다
(2) 경찰에 신고한다
(3) 주민센터 등에 근무하는 공무원에게 도움을 요청한다
(4) 주변(가족이나 이웃 등)에 도움을 요청한다
(5) 모르는 척한다
(6) 기타(무엇: ______________________)

62
K6 ☐

■★문K7. 귀하께서 재산 처리 방식으로 가장 좋다고 생각하는 것은 무엇입니까?

(1) 모든 자녀에게 골고루 상속
(2) 장남에게 더 많이 상속
(3) 장남에게만 상속
(4) 효도한 자녀에게 전부/더 많이 상속
(5) 경제 사정이 나쁜 자녀에게 전부/더 많이 상속
(6) 전체 또는 일부 사회에 환원
(7) 나 자신(배우자)을 위해 쓰겠다
(8) 기타(무엇: ______________________)

63-64
K7 ☐☐

■★문K8. 귀하께서는 죽음에 대비하여 다음과 같은 준비를 하셨습니까?

[보기] (1) 예		(2) 아니요	
1) 수의	65	4) 유서 작성	68
2) 묘지(납골당 포함)	66	5) 죽음준비 교육 수강	69
3) 상조회 가입	67		

■★문K9. 귀하께서는 본인의 장례를 어떻게 치르기를 원하십니까?

(1) 화장 후 납골당
(2) 화장 후 자연장(수목 · 잔디 · 화초장 · 매장)
(3) 화장 후 산골(산 · 강 · 바다에 뿌리는 것)
(4) 매장
(5) 시신 기증
(6) 기타(무엇: ______________________________)
(7) 아직 생각해 보지 않음

70 K9 ☐

■★문K10. 귀하께서는 의식불명이거나 살기 어려운데도 살리려고 의료 행위(연명치료)를 하는 것에 대하여 어떻게 생각하십니까?

(1) 매우 찬성한다 (2) 찬성하는 편이다
(3) 그저 그렇다 (4) 반대하는 편이다
(5) 매우 반대한다

71 K10 ☐

■★문K11. 귀하께서는 만 60세 이후 자살을 생각해 본 적이 있으십니까?

(1) 예(있다) (2) 아니요(없다) → **(문L1로)**

72 K11 ☐

☐★문K11-1. 귀하께서 자살을 생각하신 주된 이유는 무엇입니까?

(1) 건강문제
(2) 경제적 어려움
(3) 외로움
(4) 배우자 · 가족 · 지인의 사망
(5) 배우자 · 가족 · 지인과의 갈등
(6) 배우자 · 가족의 건강 및 수발문제
(7) 기타(무엇: ______________________________)

73 K11-1 ☐

☐★문K11-2. 귀하께서는 만 60세 이후 자살을 시도해 본 적이 있으십니까? 있다면 몇 번입니까?

(1) 예(있다) → (_____회) (2) 아니요(없다)

74 K11-2 ☐ 75-76 ☐☐ 회

28-29

CARD	
2	2

L. 정책적 이슈에 대한 노인의 인식

■ 문L1. 귀댁은 자가(귀하 또는 귀하 배우자 또는 가구원 소유)입니까? 전 · 월세입니까?

30
L1 □

(1) 자가 → **(문L2로)**
(2) 전세 → **(문L2로)**
(3) 보증금 있는 월세 → **(문L2로)**
(4) 보증금 없는 월세(사글세) → **(문L2로)**
(5) 무상 → **(문L1-1로)**

□ 문L1-1. 무상인 이유는 무엇입니까?

31
L1-1 □

(1) 주택을 자녀에게 사전 증여 후 거주
(2) 자녀 소유 · 임대 주택에 거주
(3) 친척 또는 지인 소유 · 임대 주택에 거주
(4) 지방 자치 단체의 무상전세임대 지원
(5) 기타 기업 · 복지재단 등의 경제적 지원

■★문L2. 귀하께서는 현재 살고 있는 주택 전반에 대해 얼마만큼 만족하십니까?

32
L2 □

(1) 매우 만족하는 편이다 → **(문L3로)**
(2) 만족하는 편이다 → **(문L3로)**
(3) 그저 그렇다 → **(문L3로)**
(4) 만족하지 않는 편이다
(5) 전혀 만족하지 않는 편이다

□★문L2-1. 현재 살고 있는 주택에 만족하지 않는 이유는 무엇입니까?

33
L2-1 □

(1) 식사, 빨래 등 일상생활을 하기에 불편한 구조라서
(2) 주방, 화장실, 욕실 등이 사용하기 불편해서
(3) 냉난방 등 편의시설이 갖추어지지 않아서
(4) 방음이나 채광에 문제가 있어서
(5) 안전관리, 보수 등 관리가 힘들어서
(6) 개보수 등 주거관리 비용이 많이 들어서
(7) 기타(무엇: ______________________________)

■★문L3. 귀하께서는 현재 거주지의 주거환경 전반(주거위치 포함)에 대해 얼마만큼 만족하십니까?

(1) 매우 만족하는 편이다 → **(문L4로)**
(2) 만족하는 편이다 → **(문L4로)**
(3) 그저 그렇다 → **(문L4로)**
(4) 만족하지 않는 편이다
(5) 전혀 만족하지 않는 편이다

34
L3 ☐

□★문L3-1. 현재 거주지의 주거환경(주거위치 포함)에 만족하지 않는 이유는 무엇입니까?

(1) 시장과 대형 마트, 은행 등 각종 생활 시설이 부족하거나 이용하기에 불편해서
(2) 대중교통이 부족하거나 이용하기에 불편해서
(3) 녹지공간, 공원 등이 부족하거나 이용하기에 불편해서
(4) 의료시설이 부족하거나 이용하기에 불편해서
(5) 각종 사회복지시설(여가, 문화 포함)이 부족하거나 이용하기에 불편해서
(6) 범죄가 자주 발생하거나 발생할 우려가 높은 지역이라서
(7) 자녀 또는 친구와 멀리 떨어져 있어서
(8) 기타(무엇: ______________________________)

35-36
L3-1 ☐☐

※ 다음은 귀하의 거주관련 욕구에 관한 질문입니다.

■★문L4. 귀하께서는 건강이 유지된다면 어디에서 거주할 생각입니까?

(1) 현재 집(아파트 등)에서 계속 산다
(2) 거주환경이 더 좋은 집으로 이사 한다
(3) 식사, 생활편의 서비스 등이 제공되는 주택(양로시설, 노인복지주택 등)에 들어간다
(4) 기타(무엇: ______________________________)

37
L4 ☐

■★문L5. 귀하께서는 만약 거동이 불편해지신다면 어디에서 거주할 생각입니까?

(1) (재가서비스를 받으며) 현재 살고 있는 집에서 계속 산다
(2) 배우자, 자녀 또는 형제자매(친인척 포함)와 같이 산다(거처를 옮기거나 옮겨 오도록 해서)
(3) 돌봄, 식사, 생활편의 서비스 등이 제공되는 노인요양시설 등에 들어간다
(4) 기타(무엇: ______________________________)

38
L5 ☐

※ 조사원: 〈문L4〉에서 (3)으로 응답한 경우는 〈1) 건강할 때〉에 질문하시고, 〈문L5〉에서 (3)으로 응답한 경우는 〈2) 거동이 불편할 때〉에 대하여 각각 질문하시오. 그 외의 경우는 L7로 가시오.

질문 내용		1) 건강할 때	2) 거동이 불편할 때
■★문L6. 귀하께서는 양로시설, 노인복지주택/노인요양시설에서 다음과 같은 유료 서비스를 어느 정도 이용하고 싶으십니까? 각각의 문항에 응답해 주십시오.			
[보기] (1) 반드시 하고 싶음 (2) 될 수 있으면 하고 싶음 (3) 기회가 되면 할 생각이 있음 (4) 별로 할 생각이 없음 (5) 전혀 할 생각이 없음	1) 식사 서비스	39	48
	2) 청소 및 빨래 서비스	40	49
	3) 운동・문화・여가 서비스	41	50
	4) 의료서비스	42	51
	5) 돌봄서비스	43	52
□★문L6-1. 다음은 시설에서 생활하는 데 필요한 기본적인 공간에 대한 것입니다. 각각의 문항에 대하여 응답해 주십시오.			
[보기] (1) 혼자(또는 부부)만 사용하고 싶음 (2) 다른 사람과 공유해도 무방함	1) 방	44	53
	2) 거실	45	54
	3) 욕실	46	55
□★문L6-2. 귀하께서는 한 달 생활비(주거비・월세 및 관리비 등 포함, 식비, 프로그램 이용비 등(1인 기준)로 얼마를 지불할 의향이 있으십니까? (1) 30만 원 미만 (2) 30만 원 이상~50만 원 미만 (3) 50만 원 이상~100만 원 미만 (4) 100만 원 이상~150만 원 미만 (5) 150만 원 이상~200만 원 미만 (6) 200만 원 이상		47	56

■★문L7. 귀하께서는 지하철 무임승차제도(65세 이상 무료)에 대하여 어느 정도 동의하십니까?

(1) 매우 동의한다 → **(문L8로)**
(2) 동의하는 편이다 → **(문L8로)**
(3) 그저 그렇다
(4) 동의하지 않는 편이다
(5) 전혀 동의하지 않는다

L7 57

□★문L7-1. (그저 그렇거나 또는 동의하지 않는 편이라면) 무임승차 대상연령을 높이는 것에 대해서는 어느 정도 동의하십니까?

(1) 매우 동의한다　(2) 동의하는 편이다
(3) 그저 그렇다　(4) 동의하지 않는 편이다
(5) 전혀 동의하지 않는다

58 L7-1 □

□★문L7-2. (그저 그렇거나 또는 동의하지 않는 편이라면) 운임의 일부를 본인이 부담하는 것으로 바꾸는 것에 대해서는 어느 정도 동의하십니까?

(1) 매우 동의한다　(2) 동의하는 편이다
(3) 그저 그렇다　(4) 동의하지 않는 편이다
(5) 전혀 동의하지 않는다

59 L7-2 □

■★문L8. 귀하의 생활에서 성(性)이 얼마나 중요하다고 생각하십니까?

(1) 매우 중요하다　(2) 중요한 편이다
(3) 그저 그렇다　(4) 별로 중요하지 않다
(5) 전혀 중요하지 않다

60 L8 □

■★문L9. 귀하께서는 노인을 대상으로 하는 성교육 · 성상담을 받아 본 적이 있습니까?

(1) 예(있다)　(2) 아니요(없다)

61 L9 □

■★문L10. 귀하께서는 노인을 대상으로 하는 성교육 · 성상담이 필요하다고 생각하십니까?

(1) 필요하다　(2) 필요 없다

62 L10 □

M. 인지기능

28-29 CARD 2 3

※ 조사원: 응답자가 문항을 보지 않게 하십시오. 응답내용은 꼭 기록하시오.

■★문M1. 지금부터 귀하의 기억력과 집중력을 알아보기 위해 몇 가지 질문을 드리겠습니다. 질문 중 몇 가지는 쉽지만 몇 가지는 어려울 수도 있습니다.

[보기] (0) 틀림 (1) 맞음	
1. 올해는 몇 년도입니까?	□ 30
2. 지금은 무슨 계절입니까?	□ 31
3. 오늘은 며칠입니까?	□ 32
4. 오늘은 무슨 요일입니까?	□ 33
5. 지금은 몇 월입니까?	□ 34
6. 우리가 있는 이곳은 무슨 도/특별시/광역시입니까?	□ 35
7. 여기는 무슨 시/군/구입니까?	□ 36
8. 여기는 무슨 동/읍/면입니까?	□ 37
9. 우리는 지금 이 건물의 몇 층에 있습니까?	□ 38
10. 이 장소의 이름이 무엇입니까?	□ 39
11. 제가 세 가지 물건의 이름을 말씀드리겠습니다. 끝까지 다 들으신 다음에 세 가지 물건의 이름을 모두 말씀해 보십시오. 그리고 몇 분 후에는 그 세 가지 물건의 이름들을 다시 물어볼 것이니 들으신 물건의 이름을 잘 기억하고 계십시오. 나무 자동차 모자 이제 ○○○ 님께서 방금 들으신 세 가지 물건 이름을 모두 말씀해 보세요.	
나무	□ 40
자동차	□ 41
모자	□ 42
12. 100에서 7을 빼면 얼마가 됩니까?	□ 43
거기에서 7을 빼면 얼마가 됩니까?	□ 44
거기에서 7을 빼면 얼마가 됩니까?	□ 45
거기에서 7을 빼면 얼마가 됩니까?	□ 46
거기에서 7을 빼면 얼마가 됩니까?	□ 47

13. 조금 전에 제가 기억하라고 말씀드렸던 세 가지 물건의 이름이 무엇인지 말씀하여 주십시오.	
나무	☐ 48
자동차	☐ 49
모자	☐ 50
14. (실제 시계를 보여 주며) 이것을 무엇이라고 합니까?	☐ 51
(실제 연필을 보여 주며) 이것을 무엇이라고 합니까?	☐ 52
15. 제가 하는 말을 끝까지 듣고 따라해 보십시오. 한 번만 말씀드릴 것이니 잘 듣고 따라 하십시오.	
간장공장공장장	☐ 53
16. 지금부터 제가 말씀드리는 대로 해 보십시오. 한 번만 말씀드릴 것이니 잘 들으시고 그대로 해 보십시오. 제가 종이를 한 장 드릴 것입니다. 그러면 그 종이를 오른손으로 받아, 반으로 접은 다음, 무릎 위에 올려놓으십시오.	
오른손으로 받는다.	☐ 54
반으로 접는다.	☐ 55
무릎 위에 놓는다.	☐ 56
17. (겹친 오각형 그림을 가리키며) 여기에 오각형이 겹쳐져 있는 그림이 있습니다. 이 그림을 빈 곳에 그대로 그려 보십시오.	☐ 57
18. 옷은 왜 빨아서 입습니까?	☐ 58
19. '티끌 모아 태산'은 무슨 뜻입니까?	☐ 59
총점	60-61 ☐ /30

N. 경제 상태

28-29
CARD 2 4

■ 문N1. 작년 한 해(2016. 1. 1. ~ 2016. 12. 31.) 귀하를 위한 지출항목별 지출 유무 및 월평균 지출액을 말씀하여 주십시오. 천 원단위는 반올림하십시오.

항목	(1) 있음/(2) 없음	월평균 금액(만 원)
1) 보건의료비(건강보험료 제외)	☐ 30	31-33 백만 십만 만 만 원
2) 간병수발비(장기요양 본인부담금, 개인간병·가사, 기저귀 등의 용품 등)	☐ 34	35-37 백만 십만 만 만 원
3) 문화여가비	☐ 38	39-41 백만 십만 만 만 원
4) 경조사비	☐ 42	43-45 백만 십만 만 만 원

■ 문N2. 귀하께서는 현재 다음 중 어디에 해당하십니까?

(1) 국민기초생활보장수급자
(2) 국민기초생활보장수급자는 아니지만 의료급여수급자
(3) 국민기초생활보장수급자도 의료급여수급자도 아님

46
N2 ☐

※ 조사원: 〈문N3-2〉와 〈문N4〉~〈문N6〉은 가구 경제상황을 잘 아는 가구원에게 질문하십시오.
〈문N3-3〉의 경우는 질문하지 않고, 〈문N3-1〉과 〈문N3-2〉를 합산하여 기록하십시오.

■ 문N3. 귀하 및 귀댁의 작년 한 해(2016. 1. 1. ~ 2016. 12. 31.) 수입에 관한 질문입니다. 해당되는 경우 응답 노인의 수입과 귀댁의 소득을 소득항목별로 소득유무와 소득 금액(세금 및 사회보험료 공제 후, 천 원 단위 반올림), 연 총수입을 말씀해 주십시오.

■ 문N4. 귀댁의 작년 한 해(2016. 1. 1. ~ 2016. 12. 31.) 월평균 소비 지출액을 말씀해 주십시오. (※ 세금, 사회보험료 등의 비소비지출과 부동산 등의 자산축적을 위한 지출, 차입금 상환 등의 현금 지출 등 기타지출은 제외하며, 천 원단위는 반올림)

월 ____________만 원

30-33
N4 천만 백만 십만 만 만 원

				28-29 CARD 2 5		28-29 CARD 2 6
항목		□ 문N3-1. 응답 노인의 수입		□ 문N3-2. 그 외 가구원의 수입		□ 문N3-3. 가구소득 (※ 조사원이 문N3-1과 문N3-2를 합산하여 기록)
	(1) 있음 (2) 없음	연간 금액(만 원)	(1) 있음 (2) 없음	연간 금액(만 원)	(1) 있음 (2) 없음	연간 금액(만 원)
1) 근로소득	47 □	48-53 십억 억 천만 백만 십만 만	30 □	31-36 십억 억 천만 백만 십만 만	30 □	31-36 십억 억 천만 백만 십만 만
2) 사업소득	54 □	55-60 십억 억 천만 백만 십만 만	37 □	38-43 십억 억 천만 백만 십만 만	37 □	38-43 십억 억 천만 백만 십만 만
3) 재산소득(금융소득, 임대수입)	61 □	62-67 십억 억 천만 백만 십만 만	44 □	45-50 십억 억 천만 백만 십만 만	44 □	45-50 십억 억 천만 백만 십만 만
4) 개인연금	68 □	69-74 십억 억 천만 백만 십만 만	51 □	52-57 십억 억 천만 백만 십만 만	51 □	52-57 십억 억 천만 백만 십만 만
5) 퇴직연금	75 □	76-81 십억 억 천만 백만 십만 만	58 □	59-64 십억 억 천만 백만 십만 만	58 □	59-64 십억 억 천만 백만 십만 만
6) 주택연금, 농지연금	82 □	83-88 십억 억 천만 백만 십만 만	65 □	66-71 십억 억 천만 백만 십만 만	65 □	66-71 십억 억 천만 백만 십만 만
7) 사적이전소득	89 □	90-95 십억 억 천만 백만 십만 만	72 □	73-78 십억 억 천만 백만 십만 만	72 □	73-78 십억 억 천만 백만 십만 만
공적이전소득 8) 공적연금(국민연금, 특수직역 연금)	96 □	97-102 십억 억 천만 백만 십만 만	79 □	80-85 십억 억 천만 백만 십만 만	79 □	80-85 십억 억 천만 백만 십만 만
9) 기초연금	103 □	104-109 십억 억 천만 백만 십만 만	86 □	87-92 십억 억 천만 백만 십만 만	86 □	87-92 십억 억 천만 백만 십만 만
10) 국민기초생활보장급여 (생계급여)	※ 국민기초생활보장급여는 가구단위로 지급되는 급여로 가구소득으로만 파악함				93 □	94-99 십억 억 천만 백만 십만 만
11) 국민기초생활보장급여 (주거급여)					100 □	101-106 십억 억 천만 백만 십만 만
12) 국민기초생활보장급여 (교육급여)					107 □	108-113 십억 억 천만 백만 십만 만
13) 기타공적급여(보훈급여, 고용보험급여, 산재보험급여, 장애수당, 장애인연금 등)	110 □	111-116 십억 억 천만 백만 십만 만	93 □	94-99 십억 억 천만 백만 십만 만	114 □	115-120 십억 억 천만 백만 십만 만
14) 기타 소득 (무엇: __________)	117 □	118-123 십억 억 천만 백만 십만 만	100 □	101-106 십억 억 천만 백만 십만 만	121 □	122-127 십억 억 천만 백만 십만 만
15) 총수입	127 □	125-130 십억 억 천만 백만 십만 만	107 □	108-113 십억 억 천만 백만 십만 만	128 □	129-137 십억 억 천만 백만 십만 만

28-29
CARD
| 2 | 7 |

□ 문N4-1. 이 중 월평균 주거비 지출액은 얼마입니까?

월 ____________만 원

N4-1 [34-36: 백만 | 십만 | 만] 만 원

※ 조사원: 주거비는 실제주거비(월세 등), 주택 유지 및 수선비, 관리비, 냉난방비, 수도비 등을 포함하는 개념입니다.

■ 문N5. 귀댁에서 지출하는 생활비 중 가장 부담이 되는 항목은 무엇입니까?

(0) 없음
(1) 식비(주식비와 부식비)
(2) 교육비
(3) 월세
(4) 주거 관련비(주택관리비, 냉난방비, 수도비 등)
(5) 보건의료비(건강보험료 제외)
(6) 간병수발비(장기요양 본인부담금, 개인간병비, 용품 등)
(7) 가구 · 집기 · 가사용품
(8) 피복비(옷, 신발 등 구입비)
(9) 교양오락비
(10) 교통비(차량 구입비 제외)
(11) 통신비(전화, 인터넷, 휴대전화 사용료 등)
(12) 경조사비
(13) 부채상환
(14) 기타(무엇: ____________________)

N5 [37-38: |]

■ 문N6. 현재 귀댁의 자산 및 부채 현황을 아래의 항목별로 말씀하여 주십시오. 천 원단위는 반올림하십시오.

항목	(1) 있음/(2) 없음	금액(만 원)
1) 부동산자산	[ ] 39	40-45 십억 | 억 | 천만 | 백만 | 십만 | 만 만 원
2) 금융자산	[ ] 46	47-52 십억 | 억 | 천만 | 백만 | 십만 | 만 만 원
3) 기타자산	[ ] 53	54-59 십억 | 억 | 천만 | 백만 | 십만 | 만 만 원
4) 부채	[ ] 60	61-66 십억 | 억 | 천만 | 백만 | 십만 | 만 만 원

28-29	
CARD	
2	8

조사원 확인 사항

■1. 주택의 종류는 무엇입니까?

(1) 단독주택 (2) 아파트
(3) 연립 · 다세대주택 (4) 기타(무엇: ______________)

조사원 확인 1 [30] ☐

■2. 주거의 위치는 어디입니까?

(1) 지하 또는 반지하 (2) 지상 (3) 옥탑

조사원 확인 2 [31] ☐

■3. 이 가구에서 사용하고 있는 방(잠자는 방, 기타 용도로 사용하는 방(옷방, 서재 등), 거실, 식사용 방 포함)은 몇 개입니까?

방: ______개

조사원 확인 3 [32-33] ☐☐ 개

■4. 조사원께서는 노인의 주택이 노인이 생활하기에 편리하다고 생각하십니까?

(1) 생활하기 불편한 구조이다
(2) 생활하기 불편한 구조는 아니지만, 노인을 배려한 설비는 없다
(3) 노인을 배려한 설비(문턱 없애기, 경사 조절, 손잡이 설치 등)를 갖추고 있다
(4) 기타(무엇: ______________________)

조사원 확인 4 [34] ☐

■5. 응답 노인의 배우자의 노인실태조사 실시 여부를 확인하여 주십시오.

(1) 배우자 조사 완료 → 배우자 조사표상의 ID를 기록하시오.

조사원 확인 5 [35] ☐

가구 ID (36-41)		가구원 번호 (42-43)
1 ☐☐☐☐☐	–	☐☐

	읍 · 면 · 동 번호 (44-50)	조사구 번호 (51-53)	거처 번호 (54-56)	가구 번호 (57-58)	가구 내 완료 노인번호 (59-60)	조사구 내 완료 노인번호 (61-62)
조사원 확인 5-1)	☐☐☐☐☐☐☐	☐☐☐	☐☐☐	☐☐	☐☐	☐☐

(2) 배우자 조사 미실시(65세 이상)
(3) 배우자 조사 비해당(65세 미만)
(4) 배우자 없음(미혼, 사별, 이혼, 별거, 비동거 배우자)

***** 설문에 응답해 주셔서 대단히 감사합니다 *****

참고문헌

강영걸, 박성복, 정영숙(2004). 사회복지조사론. 경기: 현학사.
김경동(1990). 현대의 사회학. 서울: 박영사.
김경동, 이온죽(1995). 사회조사연구방법. 서울: 박영사.
김동일 외(1997). 사회과학방법론 비판. 서울: 청람문화사.
김성이, 채구묵(1997). 욕구조사론. 서울: 아시아미디어리서치.
김영종(1999). 사회복지조사방법론. 서울: 학지사.
김태성 외(2005). 사회복지조사론. 서울: 청목출판사.
남궁평, 박옥희, 홍종선(2001). 조사방법과 엑셀을 이용한 자료분석. 서울: 박영사.
남세진, 최성재(1998). 사회복지조사방법론. 서울: 서울대학교출판부.
박성희(2004). 질적 연구방법의 이해: 생애사 연구를 중심으로. 서울: 원미사.
보건복지부(2018). 정신건강사업안내.
사회복지사 1급 시험연구회(2004). 1급 사회복지사 사회복지조사론. 서울: 나눔의집.
신경림 외(2004). 질적 연구방법론. 서울: 이화여자대학교 출판부.
오혜경(2005). 사회복지조사론. 서울: 창지사.
이익섭, 이윤로(2004). 사회복지 조사방법의 이해. 서울: 학지사.
이팔환, 설진화, 박영준(2004). 사회복지조사방법론. 서울: 신정.
이효선(2005). 사회복지실천을 위한 질적 연구. 경기: 학현사.
조용환(1999). 질적연구: 방법과 사례. 서울: 교육과학사.
채구묵(2005). 사회복지조사방법론. 경기: 양서원.
최병수 외(2002). 엑셀을 이용한 사회조사분석. 서울: 탐진.
홍두승(1992). 사회조사분석. 서울: 학지사.

황성동(2015). 알기 쉬운 사회복지조사방법론(2판). 서울: 학지사.

Creswell, J. 저, 조흥식 외 공역(2005). 질적 연구방법론: 다섯 가지 전통. 서울: 학지사.
Crotty, M. 저, 신경림, 공병혜 공역(2001). 현상학적 연구. 서울: 현문사.
Mason, J. 저, 김두섭 역(2004). 질적 연구방법론. 서울: 나남출판.
Padgett, K. 저, 유태균 역(2001). 사회복지 질적연구방법론. 서울: 나남출판.
Rubin, A. 저, Babbie, E., 성숙진 외 공역(1998). 사회복지조사방법론. 서울: 나남출판.

Anastas, J. (2000). *Research design for social work and the human services*. New York: Columbia University Press.
Babbie, E. (1973). *Survey research methods*. California: Wadsworth Publishing Company.
Babbi, E. (1992). *The practice of social research*. Belmont, CA: Wadsworth Publishing Company.
Bailey, K. (1982). *Methods of social research*. New York: The Free Press.
Berg, B. (1989). *Qualitative research methods for the social science*. Needham Heights, MA: Allyn and Bacon.
Blalock, H. (1982). *Conceptualization and measurement in the social sciences*. Beverly Hills, CA: Sage.
Blalock, H., & Blalock, A. (Eds.). (1968). *Methodology in social research*. New York: McGraw-Hill.
Burgess, R. (Ed.). (1991). *Field research: A sourcebook and field manual*. New York: Champion and Hall Inc.
Campbell, D., & Stanley, J. (1963). *Experimental and quasi-experimental designs for research*. Chicago: Rand McNally College Publishing Co.
Creswell, J. (2002). *Research design: Qualitative, quantitative, and mixed methods approaches*. Thousand Oaks, CA.: Sage.
Denzin, N., & Lincoln, Y. (Eds.). (1994). *Handbook of qualitative research*. Thousand Oaks, CA: Sage.
Dillman, D. (1978). *Mail and telephone surveys: The total design method*. New York: Wiley.
Fortune, A., & Reid, W. (1998). *Research in social work*. New York: Columbia University Press.

Glaser, B., & Strauss, A. (1967). *The discovery of grounded theory: Strategies for qualitative research*. Chicago: Aldind de Gruyter.

Grinnell, R. (Ed.). (1981). *Social work research and evalvation*. Itasca, Ill.: Peacock.

Grinnell, R. (2000). *Social work research and evaluation: Quantitative and qualitative approaches*. Itasca, Ill.: Peacock.

Heise, D. (Ed.). (1975). *Sociological methodology*. San Francisco: Jossey-Bass.

Holsti, O. (1969). *Content analysis for the social sciences and humanities*. Reading Mass.: Addison Wesley.

Kaplan, A. (1964). *The conduct of inquiry: Methodology for behavioral science*. San Francisco: Chandler.

Kerlinger, F. (1986). *Foundations of behavioral research*. New York: Holt, Rinehart and Winston.

Lin, N. (1976). *Foundations of social research*. New York: McGraw-Hill.

Miller, D. (1983). *Handbook of research design and social measurement*. New York: Longman.

Montgomery, D. C. (1984). *Design and analysis of experiments*. New York: John Wiley & Sons.

Nachmias, D., & Nachmias, C. (1981). *Research methods in the social sciences*. New York: St. Martin's Press.

Nagel, E. (1961). *The structure of science: Problems in the logic of scientific explanation*. New York: Harcourt, Brace and World.

Neuman, W. (1991). *Social research methods*. Needham Heights, MA: Allyn and Bacon.

Osgood, C., Suci G., & Tannenbaum, P. (1957). *The measurement of meaning*. Urbana: Univ. of Illinois Press.

Philips, B. (1985). *Sociological research methods: An introduction*. Homewood, IL: Dorsey Press.

Popper, K. (1968). *The logic of scientific discovery*. London: Hutchinson.

Reid, W., & Smith, A. (1981). *Research in social work*. New York: Columbia University Press.

Reynolds, P. (1979). *A primer in theory construction*. Indianapolis, Indiana: Bobbs Merrill.

Rosenberg, M. (1968). *The logic of survey analysis*. New York: Basic Books.

Rossi, P., Wright, J., & Anderson, A. (Eds.). (1983). *Handbook of survey research*. New York: Academic Press.

Sedlack, R., & Stanley, J. (1992). *Social research: Theory and methods*. Needham Heights, MA: Allyn and Bacon.

Simon, J. (1978). *Research methods in social science*. New York: Harper & Row.

Stinchcombe, A. (1968). *Constructing social theories*. New York: Harcourt, Brace, Jovanovich.

Strauss, A. (1987). *Qualitative analysis for social scientists*. Cambridge, MA: Cambridge University Press.

Strauss, A., & Corbin, J. (1990). *Basics of qualitative research*. Newbury Park, CA: Sage.

Tripodi, T. (1983). *Evaluative research for social workers*. Englewood Cliffs, N.J.: Prentice-Hall.

Wallace, W. (1971). *The logic of science in sociology*. Chicago: Aldine Atherton.

Warwick, D., & Lininger, C. (1975). *The sample survey: Theory and practice*. New York: David McKay.

Yin, R. (1984). *Case study research: Design and methods*. Beverly Hills, CA: Sage.

찾아보기

저자 소개

박옥희 Park, Ok-Hee

이화여자대학교 사회학과 졸업(학사)
미국 Iowa State University 사회학과 졸업(석사, 박사)
현 명지전문대학 사회복지과 교수

〈주요 저서〉

사회복지개론(학지사, 2016)
21세기 한국가족(공저, 경문사, 2005)
우리 시대 이혼이야기(공저, 양서원, 2005)
신사회복지론(공저, 유풍출판사, 2003)
가족의 사회학적 이해(공저, 학지사, 2002)
변화하는 사회 다양한 가족(공저, 양서원, 2001)
장애인복지론(학문사, 2001)
조사방법과 엑셀을 이용한 자료분석(공저, 박영사, 2001)
대중매체와 가족(공저, 양서원, 2000)
사회심리학(공저, 학지사, 2000)

사회복지조사론(2판)

Research Methods in Social Welfare (2nd ed.)

2006년 1월 16일 1판 1쇄 발행
2019년 4월 10일 1판 9쇄 발행
2020년 1월 30일 2판 1쇄 발행

지은이 • 박옥희
펴낸이 • 김진환
펴낸곳 • (주) 학지사
04031 서울특별시 마포구 양화로 15길 20 마인드월드빌딩
대표전화 • 02)330-5114 팩스 • 02)324-2345
등록번호 • 제313-2006-000265호

홈페이지 • http://www.hakjisa.co.kr
페이스북 • https://www.facebook.com/hakjisa

ISBN 978-89-997-2017-8 93330

정가 18,000원

이 도서의 국립중앙도서관 출판시도서목록(CIP)은 서지정보유통지원시스템 홈페이지(http://seoji.nl.go.kr)와 국가자료공동목록시스템(http://www.nl.go.kr/kolisnet)에서 이용하실 수 있습니다.
(CIP 제어번호: CIP2019053203)